■ 2023年浙江省哲学社会科学规划后期资助课题，课题编号：23HQZZ09YB

■ 浙江师范大学出版基金资助

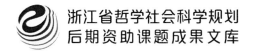
浙江省哲学社会科学规划
后期资助课题成果文库

时空社会学视角下
青少年体质健康促进模式研究

朱厚伟 著

ZHEJIANG UNIVERSITY PRESS
浙江大学出版社
·杭州·

前　言

　　关注青少年体质健康,制定实施青少年体质健康促进策略,是党的十八届五中全会提出的推进健康中国建设新目标的重要组成部分,对于促进青少年体质健康、建设健康中国和人力资源强国,实现中华民族伟大复兴的中国梦具有重要意义。《"健康中国 2030"规划纲要》对健康中国建设的具体要求作了战略性部署,要求"突出解决青少年等重点人群的健康问题",强调拥有健康身体的青少年是实现中华民族伟大复兴中国梦的根本。全面建设小康社会和构建社会主义和谐社会,要求在生产力发展和生产方式变革的同时,促进人们生活方式的深刻变革;在提高人民生活水平的同时,提高人民的生活质量。加强青少年体育工作实际上是这一历史性过程的有机组成部分,必然牵动社会生活方方面面的变化。

　　为了全面了解我国学生的体质与健康状况,自 1985 年以来我国开展了 7 次全国学生体质与健康调研。调研报告显示,我国学生形态发育(身高、体重、胸围)水平不断提高,营养状况得到较好的改善,常见病的患病率(蛔虫感染率、龋齿率)持续下降,但学生超重率、肥胖率持续增高(国家卫生健康委指出,我国青少年超重率已高达 16%),近视率居高不下(我国青少年近视率位居世界第一,其中小学生的近视率约 40%,初中生约 60%,高中生约 80%,大学生约 90%),耐力素质持续下降,等等。这些体质健康问题将严重影响青少年的健康成长。

　　20 世纪七八十年代,健康教育和健康行为领域曾把个体的行为作为研究的重点。然而,人们渐渐意识到,如果仅仅关注导致健康问题的下游因素而忽略了上游原因,就会错失很多促进健康的机会。至此,健康促进应运而生。此时,关注的焦点转向更广泛的健康的社会决定因素,而对个体的健康教育也演变为以系统改变为基础的社会行动的倡导。所有这些既包括传统的健康教育的知识传播和技能增进,又综合考虑了影响健康的社会、经济、政治等方面的因素。为了创造支持性环境,政策、倡导和组织改变等策略被不断应用。诚然,随着研究的不断深入,体质健康促进问题被逐渐认定为一项涵盖学校健康促进、社会体育公共服务、家庭健康环境支持、医疗系统保障的综合性、系统性与整体性社会问题。如何从社会学的角度分析我国青少年体质健康问题的本质和青少年体质健康促进的困境,构建有效的青少年体质健康促进模式,成为当前青少年体质健康促进的研究重点。

西方发达国家的社会进程先于我国,在面对青少年体质健康问题时,西方发达国家从个人水平、人际水平、社区水平和综合模式等层面提出了很多青少年体质健康促进模式和理论,其理论的有效性也不断地在一些国家得到验证。我国学者在借鉴国外先进理论的基础上相应提出了多层次的青少年体质健康促进模式和理论,国家也相应出台了一系列政策并将青少年体质健康问题放在国家战略的高度。但是,目前我国青少年体质健康问题仍然十分突出,没有得到根本性的解决。其主要原因是,青少年体质健康促进是一个社会性问题。从我国的国情来讲,我国是一个国土面积广阔、人口基数极大的国家,社会问题纷繁复杂;改革开放以来,我国的社会结构转型和社会经济的跨越式发展无法用西方的社会进化理论来解释;同时,我们自己也常常低估了我国国情的复杂性,西方追求的单一性和简单化的社会逻辑下产生的青少年体质健康促进理论和模式无法有效应对我国复杂的(城乡差异、民族差异、区域差异等)现状。因此,我国青少年体质健康促进模式的构建,必须立足于当前我国的国情和青少年体质健康发展的现状,分析青少年体质健康问题出现的社会本源和青少年体质健康促进难以有效推进的现实困境,用中国的社会理论来解决中国的社会问题。

随着技术的不断革新,人类发展的时空也在不断变化,劳动方式、生活方式、思维方式发生了巨大的改变,推动社会不断向前发展。现代社会学研究中出现了时空转向,一些研究开始有意识地将时空特性作为研究的内在变量或内在因素,使时空视角成为研究社会的重要手段。时空社会学应运而生。时空社会学是以社会的时间和空间为研究视角,运用时空分析方法,研究社会的空间结构和时间变化的社会学。虽然,时空社会学最早可以追溯到马克思等经典大师的奠基性贡献,但时空社会学的兴起主要是面对现代社会关于全球化与本土化、中心与边缘、传统与现代,以及不公平与不平衡发展等问题的挑战所作出的理论回应。在国内,时空社会学理论应用于改革开放以来我国社会结构的转型和变化、社会流动和阶层分化等实践过程。时空社会学逐渐成为一门解读"中国发展模式"的本土社会学科。青少年体质健康促进是我国社会转型期凸显的社会现象和问题,因此从社会时空视角分析影响青少年体质健康和青少年体质健康促进的社会因素,构建适用于我国青少年体质健康促进的模式,成为解决当前青少年体质健康水平下滑这一时代难题的契机。基于此,本书以社会时空为研究视角,以社会时空的话语对我国青少年体质健康问题和青少年体质健康促进困境进行系统剖析,力求在围绕着力解决青少年体质健康水平不断下滑这一时代难题的背景下,对我国青少年体质健康促进理论进行深入探索,以期取得突破。

人民健康是民族昌盛和国家富强的重要标志,预防是最经济、最有效的健康策略。党中央、国务院发布《"健康中国2030"规划纲要》,提出了健康中国建设的目标和任务。党的十九大作出实施健康中国战略的重大决策部署,强调坚持预防为主,倡导健康文明的生活方式,预防控制重大疾病。而青少年被认为是最需要关注的群体之一。本书在对我国青少年体质健康的时空演变特征和青少年体质健康促进与社会发展关联分析的基础上,探究青少年体质健康问题的内在时空要素,提出从时空社会学考察视角,考察我国青少年体质健康促进的时空特征,解析影响我国青少年体质健康因素的时空转变,进而分析我国青少年体质健康促进政策的时序演变、社会时空困境和健康促进的基本逻辑。在此基础上,结合经典健康促进理论的时空观念,构建立足于我国国情的青少年体质健康促进"时空社会学模式",有助于转变当前青少年体质健康问题单一的运动干预模式,可为政府部门进行青少年体质健康促进提供决策支持;研究所构建的实施路径和改革举措可为有效落实青少年体质健康促进提供实践指导,提升青少年体质健康促进水平,最终有效改善青少年的体质健康。

目 录

第一章 青少年体质健康促进研究的时空逻辑

青少年体质健康促进的最终目的是改变青少年体质健康决定因素的控制能力,最终使青少年的体质健康状况得到改善。体质健康促进工作的有效性在于针对某一群体,在恰当的情境下采用恰当的理论和实践策略。群体不同、情境不同,应用的理论和策略也不尽相同。因此,理论往往与事实存在紧密的联系,某一理论形成的最终目的在于应用于实践,而理论也是基于事实建立起来的。体质健康促进工作的特定内容与方法决定了其理论基础必须涉及诸多学科,例如行为学、心理学、生态学、社会学、传播学、教育学及政治学等。近半个世纪以来,前人在上述学科中进行了积极的探索,形成了诸多健康促进理论并应用于健康促进实践。中华人民共和国成立以来,国家不断出台大量政策文件促进青少年体质健康水平的提高,但自 1985 年以来我国青少年体质健康水平一直呈现下滑趋势,青少年体质健康促进工作没有取得良好的效果。青少年体质健康水平的下降是一个多因素交互影响的结果,社会学视角下青少年体质健康水平的下降与社会发展存在较大的关联,理解青少年体质健康问题就必须厘清青少年体质健康促进与社会发展之间的联系,进而寻求青少年体质健康促进的方法与路径。时空社会学从时间和空间的视角分析社会发展和社会问题,将时空社会学的理论应用于青少年体质健康促进研究,有助于厘清青少年体质健康促进与社会发展的关联,进而寻求青少年体质健康促进的新方法。

第一节 青少年体质健康促进研究的时空需求

一、行为改变与环境创建：健康促进的时空塑造

体质健康促进的最终目的是要人们采取健康的行为，建立健康的生活方式，最终实现促进体质健康、提高生活质量的目标。所有健康促进理论关注的重点都是如何改变目标人群的不健康行为和促进健康行为的形成，这源于几乎所有的人类行为都与健康有关。人类行为既是健康状态的反映，同时又对人类健康产生巨大影响。个体行为与生活方式是青少年体质健康促进影响因素的基点，所有影响因素最终都以影响个体行为方式为终点。特别是当代流行病学的研究表明，人类的疾病谱已经发生了巨大变化，传统的传染病已让位于非传染病，例如糖尿病、心血管疾病、癌症等，而这些疾病与不健康的饮食行为、久坐的生活方式和体力活动不足高度相关。饮食行为主要以每日总能量摄入、饮食时间或速度、食物种类、卫生状况、食物的营养均衡状况（蛋白质、碳水化合物、脂肪比例）等为组成要素。一方面，适量的营养摄入会保障青少年体质健康、促进青少年生长发育；另一方面，营养不足会阻碍青少年生长发育，而营养过剩则会导致青少年超重、肥胖。体力活动主要以活动频率、持续时间、活动强度、活动类型等为组成要素。而体育锻炼行为则是体力活动的主要组成部分，是一种有目的、有计划、有组织的体力活动。在《中共中央、国务院关于加强青少年体育增强青少年体质的意见》《关于深化体教融合促进青少年健康发展的意见》等国家级青少年体质健康促进政策文件中，体育锻炼一直扮演着非常重要的角色。有研究指出，体力活动不足和静坐少动时间过长的青少年的体质健康水平偏低。[1] 因此，保持良好的饮食习惯、开展体育锻炼、增加体力活动、减少久坐时间是促进青少年体质健康的重要保障。

---

[1] 周誉,冯强.北京市西城区高一学生静坐少动行为研究[J].中国运动医学杂志.2018.37(10):833-838.

越来越多的人发现,环境(人类生存的空间及其中可以直接或间接影响人类生活和发展的各种因素)在行为改变中的重要性。体质健康促进过程如果没有环境的支持,则很多行为难以改变,或者很多行为难以持续。《渥太华宪章》指出,体质健康促进是一个涵盖社会变迁和政治改革的综合过程,它不仅加强个人的技能和能力,还改变社会、环境和经济条件以减少它们对大众和个体健康的影响。社会变迁和政治改革的最终目的是追求社会发展,社会发展给大众和个体的健康带来的影响具有两面性,而体质健康促进的意义在于消除社会、环境和经济变化对大众和个体健康带来的消极影响,在适宜的社会情境下保障大众和个体的健康。除了促进目标人群健康行为的形成外,创建健康促进环境以保障目标人群的健康行为改变和持续是健康促进的一个目标。在实现这一目标之前,首先需要了解目标人群生活的社会环境发生了哪些转变,以及如何进行健康促进环境的创建。在体质健康促进研究中,可以将环境分为社会环境和物质环境。狭义的社会环境是指组织生存和发展的具体环境,即组织与各种公众的关系网络。广义的社会环境则包括社会政治环境、经济环境、文化环境和信息环境等,它们与组织的发展息息相关。物质环境是指影响人类生存和发展的各种天然的和经过人工改造的自然因素的总体。物质环境包括自然环境和建成环境。物质环境作为社会生活的空间载体,对青少年体质健康的影响作用不容忽视。越来越多的科学研究证明了物质环境对个人健康行为的形成具有直接作用。

大多数健康促进理论的最终目标是健康行为的形成和支持环境的创建。健康信念模式、计划行为理论和阶段变化理论等通过改变目标人群的个体心理,促进目标人群健康行为的形成。社会网络、社会支持理论和社会认知理论等通过人际关系、社会支持网络以及环境支持对目标人群的影响,促进目标人群健康行为的形成。组织机构改变理论、社区组织和社区建设理论、健康促进的创新扩散理论以及健康传播研究和实践理论等主要在机构或者社区层面通过创造以机构或社区为单位的健康促进环境,达到改变大部分机构或社区人群行为的目的。健康促进的生态学模型和基于生态学模型构建的健康促进格林模式将社会环境分为多个层面(政策环境、行为背景、生活环境、环境感知、个体层面等),并分析不同层面的交互及其对目标人群健康行为的影响。

二、青少年体质代际差异:体质健康的时空变化

20 世纪 50 年代,曼海姆在社会学研究中提出"代际差异"一词,以描述不同代际的人在思想和行为方式上的差异和冲突。不同人群的行为方式与其生命阶段、生命历程存在较大关系,青少年的个体行为和生活方式也并非一成不变,而是随着社会的发展不断转变,青少年体质健康促进的内容在不同的社会进程中也存在较大差异。例如,如何理解青少年体质健康行为的转变,或者青少年体质健康促进的代际差异,或许从时间和空间的角度可以让我们窥知一二。代际差异与社会变迁、人们生活时空的变化是分不开的,青少年的个体行为和生活方式同样存在代际差异,而这种代际差异可以从社会时空的视角进行分析,理解青少年个体行为、生活方式以及环境的变化,有助于对青少年体质健康问题的因素分析。

时空是时间与空间的概念集合,时空是存在的基本属性。时空可以有很多种分类,例如社会时空与物理时空(又称自然时空)、现实时空与虚拟时空、物理时空与哲学时空等。时空社会学是从时间和空间特别是社会时空的特性和视角,运用时空分析方法,研究社会结构和过程的一门分支社会学。简而言之,它是研究社会的空间结构和时间变化的社会学。时间和空间是现代社会生产和生活的构成性要素,社会时空是构建社会理论的核心范畴,社会时空成为理解现代社会的重要视角和方法。国内关于社会时空的看法主要有:区别于自然时空的社会时空源于社会实践;时间是事物发展的顺序性和持续性,空间是事物存在范围的广延性和伸展性;事物的空间展开对应事物的时间序列发展等。时间与空间不仅仅是理解宏观社会过程和社会制度的逻辑起点,更是分析微观个体和群体日常生活行为的重要工具。社会时间是社会现象的内在因素,它对于社会行动、社会生活和社会过程具有构成性意义。

首先,从时空社会学的角度分析我国青少年体质健康问题的时空变化。从时间维度来看,我国青少年体质健康促进内容不断变化。20 世纪 90 年代,我们关注的是如何降低青少年的营养不良率、蛔虫病率和龋齿率;在 21 世纪的今天,这些问题已得到充分解决,我们转而关注近视、肥胖和耐力下降等问题。在通过补充营养、保持饮食卫生和坚持牙齿清

洁使得营养不良、蛔虫病和龋齿等体质健康问题持续减少的同时，身体素质下降、近视、肥胖、骨质疏松以及青少年心理健康问题如何得到有效解决是目前青少年体质健康促进研究的关键。从空间维度来看，我国青少年体质健康水平的下降与社会变迁相关联。社会变迁导致我们的生产生活方式发生了翻天覆地的变化：通过工业革命，我们收获了工业化、城镇化和生产生活便利化等现代化的繁荣与富足；同时也产生了由生态环境、生活方式不断改变带来的新挑战，例如环境恶化、人口老龄化、人类疾病谱巨变等。对于青少年来说，改革开放以来我国青少年体质健康指标的整体变化规律为青少年身体形态指标（身高、体重、坐高、胸围等）呈现提高趋势，身体素质中的力量素质呈现上升趋势、耐力素质呈现下降趋势，身体机能（肺活量）呈现下降趋势，蛔虫病率和龋齿率逐渐降低，肥胖率和近视率不断增高。而肥胖以及与肥胖直接相关的高血压、高血糖等疾病在世界卫生组织公布的世界主要死亡危险因素中排在前五名。[1] 此外，青少年体力活动不足和静坐少动的行为方式也会引起心血管疾病（高血压、心脏病、动脉硬化、高胆固醇血症等）、肌肉骨骼失调（腰背疼痛、骨质软化、骨质疏松、骨折和结缔组织撕裂等）、代谢失调（肥胖、超重、糖尿病等）、肿瘤（结肠、乳腺、前列腺、肺部肿瘤等）、呼吸系统疾病（肺气肿、哮喘、慢性支气管炎等）、精神状况失调（沮丧）等。青少年期，肥胖、呼吸和心血管系统机能的下降是导致和诱发中老年期糖尿病、冠心病等多种高致命性疾病的原因。青少年期的体质健康问题，将对中老年期的身体健康构成巨大隐患。这些疾病的病根形成于青少年期、发病于成年期，将严重影响青少年未来的学习、工作和生活，同时给社会医疗系统带来沉重的负担。

其次，从社会时空的角度分析环境变化对我国青少年饮食行为的影响。我们经常用"回头看"（时间变化）和"突然发现"（空间变化）来描述社会变迁对人们生活方式的影响。回头看，我们的经济水平、饮食结构和生活方式发生了很大的变化；突然发现，我们的生活空间已万象更新。2020 年 6 月 8 日，美国桥水投资公司董事长瑞·达利欧表示，35 年来中

---

① World Health Organization. WHO | global health risks: Progress and challenges[J]. Bulletin of the World Health Organization，2009，87(9)：646.

国的人均收入增加了 22 倍,贫困率从 88% 下降到不到 1%,中国 GDP 占世界的比重从 2% 上升到 22%。改革开放以来,社会经济的快速发展、人均 GDP 的不断提高,使得人民的饮食结构发生了巨大变化。① 我们调查了 1993—2013 年居民的饮食结构,发现城镇居民的人均食物消耗总量呈增长趋势;在食物类型中,谷物等提供的能量呈下降趋势,动物类食物提供的能量呈上升趋势;在饮食结构中,蛋白质和脂肪的摄入量增加,饮食结构的改变和营养状况的改善是青少年身体形态指标提高的主要原因。此外,饮食健康状况和卫生安全状况随着社会经济的发展不断得到改善。由此,乡村青少年蛔虫病的患病率持续降低。城市化发展和运输成本的降低,使得青少年获取食物的能动性更大。在经济富足的当下,家庭的食物储备充足,家庭、学校、社区周围的 24 小时便利店、超市、食品店、零食店的空间分布更加密集,食物的可获得性更高,青少年能够很便捷地在任何时间和小范围的空间内获取食物,使得青少年的饮食结构和饮食时间发生了巨大改变。

再次,从时空社会学的角度分析环境变化对我国青少年体力活动的影响。从时间角度分析,与 20 世纪相比,由于交通运输技术和通信技术的进步,以及居住环境设施自动化程度的不断加深,居民的出行方式逐渐由步行变为自行车出行,又在短时间内转变为自驾车或公交地铁等出行。出行方式的改变导致青少年日常体力活动时间和体力活动量减少。除了交通性体力活动量和体力活动时间的变化外,家庭性体力活动时间和体力活动量也急剧减少。在现代社会文化中,为了提高生活水平,人们大量使用机械化、智能化设备,导致人们的体力劳动减少。对于很多人来说(不仅仅是青少年),体力活动的每日能量消耗远远低于维持健康所需的能量消耗。此外,学业压力的增大、学习时间的增长,电视、电脑、智能手机等娱乐设备的普及,导致青少年的静坐少动时间不断增加。从空间角度分析,智能手机的普及直接导致青少年静坐少动行为的增加和体力活动的减少,青少年的身体被"囚禁"在很小的空间内,而青少年精

---

① 达利欧.达利欧最新演讲 疫情将导致全球损失近 23 万亿美元[EB/OL].(2020-06-08)[2022-11-21]. https://finance. sina. cn/hy/2020-06-08/detail-iircymk5952087. d. html.

神活动的空间正在不断扩大,青少年的步行空间越来越小,青少年的行为空间越来越大(借助汽车、飞机等交通工具实现远距离移动)。生活方式的改变导致青少年丧失了很多体力活动的机会。上述青少年行为方式在时间和空间上的改变与青少年体质健康水平下降存在较大关联。目前,青少年仅有的体力活动主要集中在学校体育课堂、课间和校外体育锻炼中。从时空角度来看,由于近年来相关政策支持和执行力度的不断加大,我国学校的体育课程时间呈增加趋势,学校体育的锻炼空间得到了一定的扩展。

最后,从时间维度来看,社会变迁导致饮食结构、生活方式、体力活动、静坐少动行为等的改变;从空间维度来看,社会变迁和发展也影响着青少年体质健康的变化。一是城乡差异。随着社会发展速度的不断加快,城市化进程也在加快,一些巨型城市和大都市的出现导致社会空间的中心化和再中心化过程不断变化,越接近城市中心越可以享受更加便捷的社会服务和公共资源(包括健身资源)。城市化进程的加快导致城镇与乡村学校的空间布局和设施资源在分配方面存在较大差异,使得青少年体质健康状况的城乡差异明显。二是通过城乡差异透射出的是社会经济阶层之间的差异。相关研究指出,肥胖症与社会经济阶层之间的负相关关系以及与城市化相关的发展中国家肥胖症的长期发展趋势清楚地证明了环境对体重增加的影响。三是除城乡差异外,区域差异也是影响青少年体质健康的事实因素。这种差异不仅仅是由单纯的地理位置差异造成的,经济发展水平的差异同样是导致青少年体质健康区域差异的重要原因。

总体而言,虽然社会变迁不是导致青少年体质健康问题的直接因素,但是以社会经济快速发展为推动力,青少年的生活环境、行为方式、思想观念等都随着社会变迁不断发生改变。这种变化不仅仅产生在时间序列和空间变量中,不平衡发展、城乡差异、社会阶层分化都是导致青少年体质健康问题的因素。青少年体质健康问题不仅要从时间的角度分析其历史变化,预计其未来发展趋势,还要解决不平衡性、中心性、边缘性、传统性和现代性等时空问题带来的区域和城乡发展的不平衡和社会阶层分化等现象对青少年体质健康的影响。因此,青少年体质健康问题的根源是社会问题,需要从社会变迁的角度分析导致青少年体质健康问题的原因,从中寻求解决青少年体质健康问题的办法。

第二节　青少年体质健康促进问题的时空转变

一、时空压缩:青少年体质健康促进的新境遇

时空压缩(compression of time and space)是一种研究因交通运输技术和通信技术的进步而引起人际交往在时间和空间方面变化的理论。这一理论认为,一定地域范围内人际交往所需的时间和距离,随着交通运输技术和通信技术的进步而缩短。"时空压缩"的概念最初由麦肯齐在其1933年出版的《都市社区》一书中提出。时空压缩对健康促进的影响主要体现在以下三个方面:(1)时空压缩表明了社会交往的近距离化;(2)时空压缩是"时间的空间化"的过程;(3)时空压缩导致了现代社会的集约化特征。

时空压缩表明了社会交往的近距离化。时空压缩使得人们的空间界限被不断打破,大大提高了空间的可达性。尤其是飞机、高铁等高速交通系统的建设,使得人们的生活和社交呈网络化,人与人之间的交往更加近距离化。社会交往的近距离化使得"出行时间"和"出行距离"被重新定义,信息化的发展导致"零距离"的出现。时空压缩使得出行方式被重新定义,人们的出行方式从步行和骑行等以体力消耗为主的出行方式转变为电瓶车、汽车、火车、飞机等"无体力消耗"的出行方式;人们的沟通方式从面对面的对话转变为电话、视频通话,消除了距离带来的社交问题同时也减少了社交中的能量消耗,人们不再需要移动到对方面前进行交谈,实现了"零距离"沟通。时空压缩所展现的社会交往的近距离化大大降低了人们日常交通性体力活动量。很多研究指出,世界各国民

众的体力活动量正在飞速下降(见表 1-1)。① 不同国家的下降幅度存在较大差异,体力活动量的下降幅度与社会发展水平存在较大关联。世界卫生组织在《2020 年世界卫生报告》中指出,肥胖和缺乏体力活动是导致慢性疾病的主要因素,全世界 23％的成年人和 81％的青少年(11—17岁)没有进行足够的体力活动。一定的日常体力活动量是体质健康的根本保障,而日常体力活动量的下降会导致健康促进的压力增大,从而不得不创造出更多其他的体力活动时间与空间以维持和促进体质健康的发展。

表 1-1　五国民众"体力活动"量飞速下降

国　　家	历经年数	年　　份	每周小时梅脱② 下降/％	每周小时梅脱	预测 2030 年 每周小时梅脱
英　　国	44	1961—2005	20.0	230～140	>125
美　　国	44	1961—2005	32.0	280～190	>130
巴　　西	5	2002—2007	5.6	225～212	>150
中　　国	18	1991—2009	45.0	410～225	>200
印　　度	5	2000—2005	2.3	240～234	>210
说　　明	运动医学追踪实验证实:正常人每周最佳(维持健康)小时梅脱的范围是 500(老人)～1000(青年)				

时空压缩是"时间的空间化"的过程。"时间的空间化"强调时间相对于空间的优越性。在当前信息技术的支持下,人们可以消耗极少的时间实现空间上的跨越,足不出户地体验世界美景、都市繁华。随着虚拟现实(VR)技术和 5G 技术的快速发展,时间的空间化越发明显。同样,随着时间消耗的缩减,体力活动时间也不断被缩短,身体的空间化转变

---

① 乔玉成,王卫军.全球人口体力活动不足的概况及特征[J].体育科学,2015,35(8):8-15;Nilsson A,Bo Andersen L,Ommundsen Y,et al. Correlates of objectively assessed physical activity and sedentary time in children:A cross-sectional study(The European Youth Heart Study)[J]. BMC Public Health,2009,9(1):322.

② 梅脱一般指代谢当量,是维持静息代谢所需要的耗氧量,表示相对能量代谢水平。

为思维的空间化，身体出现了"脱域"现象（社会交往从传统地方性场景中脱离出来）。现实空间和虚拟空间的分离导致了"脱域"现象，加剧了健康促进的压力。人们在虚拟空间中的活动逐渐增加，有了不同于现实时空中的角色、社会活动和休闲方式。体育锻炼或者健康行为习惯出现了新的时间竞争对手，虚拟空间抢夺的时间越多，人们在现实空间中健康促进的压力越大。

时空压缩导致现代社会的集约化特征。时空压缩的集约化最为常见的是食物和休闲运动场所的集中化。集约化生产提高了生产效率，降低了资本消耗，而集约化经济模式给人们提供了更多的便利性。社会的发展使得人们周围的生活空间更加集中，无论生活在市中心还是乡村，集中化的综合大型超市逐渐取代了街边小摊位，商品被更加集中地聚集在一个区域内便于人们选择和购买，增加了人们获取食物和商品的便利性。同时，越来越多的体育运动场所向市中心或高消费区域进发，导致体质健康促进中的便捷性降低，健康促进项目的组织难度增加。

二、时空延伸：青少年体质健康促进的新挑战

吉登斯认为"时间虚化"是"空间虚化"的前提，是超越空间的因果关系。① 时空延伸以时空的抽象化为前提，以区域化与例行化为实践结构，是社会互动背景与权力展开的过程。人类的社会活动正逐渐打破原有的时空界限，向其他时空延伸，时空延伸给体质健康促进带来了新的问题与挑战。时空延伸对体质健康促进的影响主要表现在以下三个方面：(1)时空延伸导致现实时空向虚拟时空延伸；(2)时空延伸导致社会的不平衡发展和城乡二元化；(3)时空延伸使权力得以展开。

时空延伸导致现实时空向虚拟时空延伸。时空延伸的前提是时空的抽象化，时间和空间的界限变得模糊，人们的社会互动由现实场景逐渐向虚拟场景转移。比如，以往人与人的交流需要一个固定的场所或者场景面对面地进行交流，而实现面对面的过程需要通过人们的移动（体力活动）来打破空间的界限。现在，随着信息化技术的发展，人们的社交活动突破了现实时间和空间的界限，通过建立虚拟的场景实现人与人之

---

① 吉登斯.现代性的后果[M].田禾,译.南京：译林出版社.2003.

间的交流。虚拟时空是与现实时空既相互联系又相互区别的时空形态，是通过运用特殊的时空构筑手段，变换既定的时空运动方式，营造超长的时空运作状态，勾画特殊的时空维度，展现新奇的时空场景，从而给人以特殊的时空感觉和体验。人们的实践活动呈现出由现实时空向虚拟时空的延伸，越来越多的人通过虚拟空间工作、学习、社交、购物等。虚拟时空的到来使得人们对现实和虚拟的界限越来越模糊，"脱域"成为一种现实状态，而时空延伸本身就是跨越个体在场的局限性。虽然人们的身体处于狭小的空间，但思维遨游于天际。虽然人们的社会互通通过时空延伸突破了原有的空间限制，但是身体仍长期处于狭小的空间（如教室、办公室、卧室等），从而导致人们体力活动的减少，这一转变成了体质健康促进的新问题。

　　时空延伸导致社会的不平衡发展和城乡二元化。时空延伸是一种区域化与例行化的实践结构。时空延伸就是共同在场情境下的互动系统在大规模的时空范围内伸展的过程、结构和系统。我国经济发展的城乡差异是普遍存在的现实问题，城乡差异像是对时空进行了区划分割，城市与乡村形成了截然不同的场景，在经济、生活、教育、医疗等方面呈现出时空的差异性。而城乡二元化的发展导致很多乡村居民为了获得更多的经济收入，以及让孩子获得更好的教育而向城镇移动，呈现出由乡村向城市的时空延伸。当然，随着精准扶贫和西部扶持计划的实施，城市的产品、生活方式等逐步向乡村延伸；随着虚拟空间的完善，乡村学校通过网络化教学使学生得到更好的教育资源，呈现出由城市向乡村的时空延伸，城乡的差异正在缩小。城乡二元化与东西部差异阻碍了我国青少年体质健康促进的进程。比如，当前西部地区和乡村地区的体育锻炼场地及体育器材并不完善，甚至很多地区都没有完备的体质健康测试仪器，增加了青少年体质健康促进工作的难度。此外，社会的不平衡发展也导致了青少年的时空割裂。在校园内，所有的青少年都以学生的身份学习、活动等，学生的时空行为可以保持基本一致。在校园外，青少年卸下学生的角色，在家庭、社区周围进行活动。经济水平高的家庭能够为青少年提供更加完备的保障，比如电脑、手机，使青少年足不出户即可与外部世界连接，其时空延伸的程度要远高于经济水平低的家庭。时空延伸的差异性导致社会的不平衡和城乡二元化，同时也为青少年体质健康促进工作带来了新的困扰。

时空延伸使权力得以展开。时空延伸是"结构的二重性"(吉登斯为克服社会理论中如主体与客体、个人与社会等二元对立而创造的,其包括社会结构和个人行动,两者并非对立关系,结构是规则和资源,是行动的选择条件或目的)的关键,社会互动发生在一定的时空界限内。社会互动通过时空的分离、重组不断延伸,基于时空延伸视角看社会互动,可以揭示权力的展开和运动机制。当前,基层学校、家长和社会仍持有"重智育、轻体育"的传统思想。时空延伸促进了智育权力的展开,智育权力通过时间表制定(课程时间、课外学习及复习时间)、场所选择(学校、家庭、辅导班)、资源分配(教师、家庭辅导等)等实现权力的现代化运作,而体育权力或者体质健康权力则被无限挤压。

第三节 青少年体质健康促进模式的时空突破

一、立足本土:创建体质健康促进的中国特色

中华人民共和国成立以来,青少年作为祖国的未来和希望,其健康问题一直受到党中央和政府的高度重视。尤其是改革开放以来,一系列针对青少年体质健康的调研和促进政策为了解和增强我国青少年体质健康做了很多工作,如在各省级单位专门成立省级青少年体质健康促进中心等都体现了国家对青少年体质健康问题的重视。在学术层面,每年有 60~70 篇的高质量论文(来自 CSSSCI 数据库)是关于青少年体质健康研究的,内容包含从数据现状调查、影响因素的研究到促进模式、治理模式的研究。这体现了青少年体质健康问题受到了学术界的高度关注。1985 年以来的 7 次全国学生体质与健康调研报告显示,我国学生形态发育(身高、体重、胸围)水平不断提高,营养状况得到较好的改善,常见病患病率(蛔虫感染率、龋齿率)持续下降,力量素质(引体向上)下降幅度在一定程度上得到遏制并有所改善,但耐力素质仍呈现持续下降的趋势。令人担忧的是,学生超重率、肥胖率持续增高(国家卫生健康委指出,我国青少年超重率已高达 16%),近视率居高不下(我国青少年近视

率位居世界第一,其中小学生的近视率约 40％,初中生约 60％,高中生约 80％,大学生约 90％),颈部肌肉僵硬、腰背痛、青少年骨质疏松、扁平足以及青少年心理疾病(注意力缺陷障碍、抑郁、焦虑等)等疾病的发病率逐渐升高,这些疾病将严重影响青少年的健康成长。

虽然,青少年体质健康促进模式已经得到了深入的探讨,健康促进的社会生态模型、格林模式、健康信念模式等在其他国家和地区起到了较好的干预效果,在国内青少年人群中也得到了一定的应用,但是我国青少年体质健康状况仍然没有得到完全有效的改善。其主要原因是代际差异(社会发展的进程差异)和时空变化(时空压缩、时空延伸)导致青少年的社会结构和个体行动发生了较大的变化,不断地给青少年带来新的问题和压力。西方发达国家的经济和社会发展进程先于我国,且整个过程较为平稳漫长,而我国社会经济的发展属于跨越式发展。改革开放以来,我国经济、城市化等均处于快速发展阶段,导致了区域发展不平衡。虽然近年来国家积极推动精准扶贫,但城镇与乡村的差异依然较大,呈现出"中心性与边缘性"的发展差异,导致社会呈现出"传统性、现代性和后现代性"并存的状态,人民的生活观念和生活方式也存在"传统性和现代性"的差异。因此,我国的现代化进程与西方的现代化进程存在一定的差异,这些差异可能是导致我国青少年体质健康问题较为突出的原因。此外,我国是一个国土面积广阔、人口基数极大、社会问题纷繁复杂的国家,把西方的单一理论应用于我国这样一个复杂的社会中,可能很难达到相同的效果。例如,张一民在"运动与健康中国 2030 国际高峰论坛"上与荷兰学者谈论体质健康调研问题时指出,中国仅在全国学生体质与健康调研中使用统一的肺活量测量仪器都是一件相当困难和浩大的工程,更别提全国青少年体质健康促进工作了。因此,针对中国的青少年体质健康促进问题需要运用新的研究视角,立足于中国的社会发展背景,从社会时空的角度分析中国青少年体质健康问题和促进困境,力图将西方的青少年体质健康促进模式本土化,构建适应中国社会发展模式的青少年体质健康促进模式。

二、创新理论:探寻时空社会学与体质健康的内在联系

景天魁等在《时空社会学:理论和方法》中将时空研究领域的重要问

题总结为五个部分(宏观与微观问题、全球化与本土化问题、中心与边缘问题、传统与现代问题、不平衡问题),并从两个方面(第一,透析焦点社会现象,归纳时空特性的概念和范畴;第二,新研究视角和方法,包括面向日常生活的社会转型研究和社会变迁研究)揭示了未来时空研究的趋向。① 青少年体质健康促进研究并不仅针对单一的健康问题或者体质问题,就学科角度而言,其涉及体育、教育、卫生、医疗、文化、社会学、公共管理等学科领域,因此问题的研究可能涉及多个层面。

首先,青少年体质健康研究涉及宏观和微观的问题。从宏观的角度分析问题产生的根源,青少年体质健康问题的产生与健康教育、健康观念、社会发展程度、体育干预状况、公共卫生水平、国家政策调控能力等方面因素的交叉影响有关。从微观的角度分析问题产生的根源,其与饮食习惯的改变和体力活动的减少有关。而从体质健康促进的角度,依然需要从宏观和微观两个方面进行考虑。例如,知信行促进理论、计划行为理论等属于微观促进的范畴,社会生态促进模式和格林模式属于宏观促进的范畴。

其次,青少年体质健康研究涉及传统和现代的问题。改革开放至今也仅仅 40 多年、两代人的时间,但是中国的发展在短短 40 多年内走过了许多发达国家花费两三百年所走的路,并走出了中国特色社会主义道路。这是人类历史上前所未有的奇迹。青少年体质健康水平下降也是在短短几十年内发生的。中国的发展是史无前例的"大转变",其社会结构、社会阶层、文化观念、社会心态、政经模式等都发生了深刻的变化,传统和现代之间出现了冲撞。例如,在儿童青少年家庭教育方面,爷爷奶奶与孩子父母存在较大分歧,爷爷奶奶会更加溺爱孩子,给孩子喂饭时一定要多吃、吃饱(源于饥荒年代的生活经历),可能会导致儿童因摄入过多能量而肥胖;同时,年轻父母多喜欢使用电子产品,使青少年在很小的时候就接触电子产品,若不加以控制则容易导致久坐、近视、体力活动减少等问题。此外,传统文化和现代文化形成了一种冲突。很多家长秉持读书至上、成绩第一的思想,过多地将青少年的自由时间变为学习时

---

① 景天魁,何健,邓万春,等. 时空社会学:理论和方法[M]. 北京:北京师范大学出版社,2012.

间,而失去自由时间对青少年的健康势必会造成一定的影响。因此,青少年体质健康问题还是一个传统和现代的问题。

再次,青少年体质健康研究涉及不平衡的问题。从 1985 年第一次全国学生体质与健康调研开始,城乡差异、性别差异、区域差异等问题一直影响着青少年的体质健康。虽然经济的发展和青少年体质健康促进政策(尤其是加强乡村青少年的体质健康促进政策)的颁布与实施在一定程度上缓解了青少年体质健康的城乡差异,但区域差异、社会阶层差异越发明显。如何解决这些不平衡问题也是青少年体质健康促进的关键。

最后,青少年体质健康研究是时空研究的新视角。青少年体质健康促进是《"健康中国 2030"规划纲要》的重要组成部分。改革开放至今,国家层面出台了 100 多条政策意见以增强青少年体质健康。这说明,近年来体质健康问题已经成为健康研究领域的新热点,并且这一研究主题也是日常生活的一部分。因此,青少年体质健康研究也是时空研究的新视角。

综上,青少年体质健康研究涉及宏观和微观的问题、传统和现代的问题、不平衡的问题,也是时空研究的新视角,而这些问题恰恰是时空社会学理论研究的重要问题。因此,青少年体质健康研究与时空社会学研究存在较好的契合性,社会时空视角是透析青少年体质健康促进的全新视角,有助于青少年体质健康促进理论体系的完善。

三、追根溯源:寻求行为与环境变化的时空动因

体质健康促进的本质是实现目标人群行为和生活环境的改变,体质健康促进的过程是目标人群行为和生活环境改变的过程。行为的改变并非一蹴而就,环境的改变更加缓慢。体质健康本身是社会结构和个人行动互动的结果,也就是说体质健康状况是社会互动结果的一种。因此,体质健康问题的分析需要结合社会结构(环境)和个人行动(行为)的关系,以时空社会学为主要理论,探究社会结构和个人行动背后的时空变化和时空转向。

工业革命实际上是技术、经济、科学、教育和社会变革的结合体。从第一次工业革命开始(蒸汽机革命——机械代替手工),我们先后经历了

电力技术革命(人类进入机械化程度更高的电力时代)和信息技术革命(人类进入信息时代),目前正朝着第四次工业革命(人工智能、虚拟现实、核聚变等)进发。工业革命使得人类在不到 10 代人的时间里,完全彻底地改变了自己的生存方式和周围环境。人类社会的发展像是以一种动态稳定的模式进行运作。换句话说,社会随着工业革命的更迭而不断加速变化,而社会规模和速度的变化依赖于人类对时间和空间概念解读的变化。当今时代,人工智能、5G 技术、区块链等信息技术不断成熟,智能化、网络化、主动化、泛在化的万物互联时代已经来临,城市化建设程度不断加深,地球村逐渐形成,人类社会互动的地理——空间格局不断变动,社会转型及空间运行的变化使得新的时空关系发生了新的变化,这种变化不仅体现在时间和空间的优先性和互动机制上(时空压缩、时空延伸),还体现在人们对于时空的知觉、思维和利用法则的转变上。① 青少年的生活方式、物理环境、社会环境随着社会时空的转换也发生了变化。物理环境和社会环境对青少年生活方式和体质健康的影响是一个社会互动的过程,回顾物理环境和社会环境时空转换的历史特质,把握青少年生活方式的时空模式,是解决青少年体质健康问题的根本。以青少年体质健康影响因素为聚焦点,对分析其时空转换具有重要意义。

景天魁等对中国改革开放以来所取得的成就与西方发达国家的发展进行比较,从时空社会学的角度提出了"时空转换:似曾相识不相识""时空改换:道是平凡却不凡""时空变换:文武之道在于度"等观点,充分揭示了改革开放以来社会发展的中国特色。② 而社会结构的变化导致了青少年体质健康环境和行为的不同,因此,在分析青少年体质健康影响因素的时空转向时,仍须针对中国情境、中国现象、中国模式的时空转变进行分析,尝试从时空转变的视角解读中国发展中的青少年体质健康之谜。

---

① 胡潇. 当代社会行为方式嬗变的时空关系论[J]. 天津社会科学,2019(1):29-38.

② 景天魁,何健,邓万春,等. 时空社会学:理论和方法[M]. 北京:北京师范大学出版社,2012.

四、时空超越:探索青少年体质健康促进新模式

进化论由达尔文提出,是关于生物从简单到复杂,从低级到高级的演变过程的学说。斯宾塞等一些思想家,将进化论引入社会学,从而形成了早期的社会进化论。早期的社会进化论分为两个学派,即生物进化论和自然进化论。生物进化论认为,社会制度的发展与生物进化一样存在一定的规律性,这种规律性决定了制度渐进性和持续性的变化;自然进化论强调,社会是自然的一部分,受到自然规律的支配,其中包括人类学中认为的人的本性、人种特征和遗传因素对社会生活具有的决定性影响。由于初期的社会进化理论过于粗浅、狭窄,20 世纪六七十年代,为了解释发展中国家存在的社会问题,很多社会学家重新对社会进化论进行界定和发展,形成了现代社会进化论。与早期的社会进化论不同,现代社会进化论主要研究不同社会发展的变化模式,认为社会发展不只是直线式的、渐进的过程,它可以借助文化传播跨越某个或某些发展阶段。早期社会进化论和现代社会进化论都陈述了这样一个事实:社会的发展是从低级到高级的过程,发展中国家必须经历西方发达国家的社会发展过程,或者学习西方的文化以加速发展,并将其冠以"西方中心论"或"西方优越论"。这些理论思想不断被发展中国家的实践经验所驳斥。马克思也曾对社会进化论进行过科学的批判,并阐明社会的发展是一个历史过程,社会发展的总趋势是从低级向高级发展,但是社会发展的形式并不唯一。①

中国作为最大的发展中国家,成立 70 多年以来一直在马克思主义、毛泽东思想、邓小平理论、"三个代表"重要思想、科学发展观和习近平新时代中国特色社会主义思想的指导下探索适合中国社会发展的特色模式,且在社会发展的过程中一直受到西方发达国家的时空压缩,其中包括政治、经济、文化、国际关系等在内的各个方面的挤压、围堵、胁迫等。目前,虽然中国仍是世界上最大的发展中国家,但是改革开放以来中国社会取得了跨越式的进步,中国的 GDP 已跃居世界第二,人民生活得到

---

① 谢辉元.社会进化论与马克思主义历史哲学观念的递嬗[J].人文杂志.2018,62(5):7-14.

了巨大改善。世界银行的数据显示，1999 年，中国的 GDP 仅为美国的 11.3%，人均 GDP 排在世界第 137 位。① 此时，西方很多政治家以社会进化论唱衰中国，甚至用"中国崩溃论"来打压中国。中国迫切需要新的学术话语来打破西方的"封锁"。"超越进化"的概念由中国社会科学研究院学部委员景天魁教授提出，其从时空社会学的角度分析中国社会的发展，从空间性的角度讨论了诸如经济规模、收入差距等空间性特征的社会意义，从时间性的角度讨论了诸如机遇、速度等时间性特性的社会学意义，运用"超越进化"这一概念阐述了改革开放以来中国不同于西方发达国家的社会发展进程，中国的"跨越式"发展用事实证明了马克思对社会进化论的科学批判。

正如马克思所指出的，社会发展的总趋势是从低级向高级发展，社会发展的形式并不是唯一的，中国正逐步探索不同于西方发达国家的社会发展道路。但是，在社会发展的过程中必然会存在一些问题，而体质健康水平下降就是其中的问题之一。相关学者试图用"失配性假说"来解释当前人们体质健康水平下降和慢性疾病患病率猛增的原因。"失配性假说"指出，体质健康水平下降和慢性疾病患病率猛增是由于社会的进化速度与人类基因的进化速度不匹配，石器时代的身体无法适应工业社会的生活方式，并且这一假说得到了相关实验的证实。②③"失配性假说"从侧面证实了体质健康问题与社会发展存在较大的关联。同样地，早在 20 世纪六七十年代，很多西方发达国家已经出现了青少年身体素质下降、肥胖率增高、体力活动不足、近视率增高等问题。上述问题逐渐在中国显现，尤其是近年来青少年肥胖率和近视率逐渐增高、身体素质逐步下降，体质健康问题没有得到有效的解决。中国社会"跨越式"发展的背后是青少年体质健康问题的凸显。近年来，社会对于青少年体质健康问题的关注度越来越高。基于社会时空视角，"超越进化"概念为青少

---

① 世界银行数据库. 1999 年世界各国 GDP 数据[EB/OL]. (2020－08－07)[2022-10-22]. https://databank.worldbank.org/.

② 利伯曼. 人体的故事[M]. 蔡晓峰，译. 杭州：浙江人民出版社，2017：383.

③ Lea A J, Martins D, Kamau J, et al. Urbanization and market integration have strong, nonlinear effects on cardiometabolic health in the Turkana[J]. Sci Adv, 2020,6(43):1430.

年体质健康状况的改善提出了新的视角与思路，"超越进化"概念的四个基本含义如下：(1)传统性、现代性和后现代性的统一；(2)连续性和非连续性的统一；(3)普遍性和特殊性的统一；(4)时空压缩和时空延伸的统一。本书将在"超越进化"概念的指导下，基于中国社会发展的现状、青少年体质健康的主要问题以及青少年体质健康促进的主要困境，构建青少年体质健康促进的新模式。

本章小结

　　青少年体质健康水平下降是一个多因素交互影响的结果，社会学视角下青少年体质健康水平下降与社会发展存在较大的关联。要理解青少年体质健康问题就必须厘清青少年体质健康促进与社会发展之间的联系，进而寻求青少年体质健康促进的方法与路径。时空社会学从时间和空间的视角分析社会发展和社会问题，将时空社会学理论应用于青少年体质健康促进研究，有助于厘清青少年体质健康与社会发展的关联，进而寻求青少年体质健康促进的新方法。

　　青少年体质健康促进研究的时空需求。体质健康促进的最终目的是要人们采取健康的行为，建立健康的生活方式，最终实现体质健康促进、生活质量提高的目标。所有健康促进理论关注的重点都是如何改变目标人群的不良行为和促进健康行为的形成，其源于人类几乎所有的行为都与健康有关。代际差异与社会变迁、人们生活空间的变化是分不开的，青少年的个体行为和生活方式同样存在代际差异，而这种代际差异可以从社会时空的视角进行分析。理解青少年个体行为、生活方式和环境的变化，有助于对青少年体质健康问题的因素分析。

　　青少年体质健康促进问题的时空转变。时空压缩表明了社会交往的近距离化。时空压缩使得人们的空间界限被不断打破，大大提高了空间的可达性。时空压缩所展现的社会交往的近距离化大幅减少了人们日常交通性体力活动，而一定的日常体力活动量是保障体质健康的根本，日常体力活动量的下降会使得健康促进的压力增大。时空压缩是"时间的空间化"的过程。"时间的空间化"强调时间相对于空间的优越性，在当前信息技术的支持下，人们可以消耗极少的时间实现空间上的跨越，足不出户体验世界美景、都市繁华。随着虚拟现实技术和 5G 技术的快速发展，时间的空间化越发明显。体育锻炼或者健康行为出现了新的时间竞争对手，虚拟空间抢夺的时间越多，人们在现实空间中进行健康促进的压力就越大。时空压缩导致现代社会的集约化特征，集约化使得食物的获取更加便利。近年来，外卖行业的发展导致快餐店的区域更加集中，食物获取的难度逐渐变小，而体育场所的集中化导致体质健康促进中的便捷性降低，健康促进项目组织难度增加。时空延伸对体质健康促进的影响主要体现在以下三个方面。一是时空延伸导致现实时空向虚拟时空延伸。时空延伸的前提是时空的抽象化，时间和空间的界限变得模糊，人们的社会互动由现实场景逐渐向虚拟场景转移。二是时空延伸的差异性导致社会的不平衡和城乡二元化，同时也为青少年体质健康促进工作带来了新的困扰。三是时空延伸使权力得以展开。当前，基层学校、家长和社会仍持有"重智育、轻体育"的传统思想，时空延伸促进了智育权力的展开，智育权力通过时间表制定、场所选择、资源分配等实现权力的现代化运作，而体育权力或者体质健康权力则被无限挤压。

青少年体质健康促进模式的时空突破。中华人民共和国成立以来，青少年作为祖国的未来和希望，其健康问题一直受到党中央和政府的高度重视，尤其是改革开放以来，一系列针对青少年体质健康的调研和促进政策为了解和增强我国青少年体质健康做了很多工作，但是我国青少年体质健康状况仍然没有得到完全有效的改善，针对中国的青少年体质健康促进问题需要新的研究视角。从社会学的角度，立足于中国社会发展的背景，青少年体质健康研究涉及宏观和微观的问题、传统和现代的问题、不平衡的问题，也是时空研究的新视角，而这些问题恰恰是时空社会学理论研究的重要问题。因此，青少年体质健康研究与时空社会学研究存在较好的契合性，社会时空视角是透析青少年体质健康促进的全新视角，有助于青少年体质健康促进理论体系的完善。体质健康促进的本质是实现目标人群行为和生活环境的改变，体质健康促进的过程是目标人群行为和生活环境改变的过程，而行为的改变并非一蹴而就，环境的改变更加缓慢。体质健康本身是社会结构和个人行动互动的结果，即体质健康状况是社会互动结果的一种。因此，体质健康问题的分析需要结合社会结构和个人行动的关系,以时空社会学为主要理论,探究社会结构和个人行动背后的时空变化和时空转向。中国社会"跨越式"发展的背后是青少年体质健康问题的凸显。近年来,社会对于青少年体质健康问题的关注度越来越高。基于社会时空的视角,"超越进化"概念为青少年体质健康状况的改善提供了新的视角与思路。"超越进化"概念的四个基本含义如下:(1)传统性、现代性和后现代性的统一;(2)连续性和非连续性的统一;(3)普遍和特殊性的统一;(4)时空压缩和时空延伸的统一。本书将在"超越进化"概念的指导下,基于中国社会发展的现状、青少年体质健康的主要问题以及青少年体质健康促进的主要困境,构建青少年体质健康促进的新模式。

第二章 青少年体质健康促进的时空社会学考察

在时空社会学理论与青少年体质健康促进研究存在理论契合性的基础上，为实现青少年体质健康促进时空社会学模式的构建，须运用时空社会学理论对青少年体质健康促进重新进行考察。青少年体质健康促进的时空社会学考察需对时空社会学理论的考察工具进行阐释，明确青少年体质健康促进的考察要点。

第一节 青少年体质健康促进的时空社会学考察工具

一、时空观：体质健康促进的时空社会学考察视角

社会时空是人类实践活动的创造物，是社会运动的节律，它从时间和空间的角度研究人类实践活动或社会运动，从而建立时空观念，它把世界看成时间和空间的组合。人的实践活动既是人类产生和发展的前提基础，也是社会物质运动形式的本质。人类因为有了劳动，才使自身生命活动的时空结构发生了深刻的变化，时空因素从而具有了随着人类活动而变化的积极意义。从这个意义上看，人类实践活动特别是劳动构成了人类社会时空的实体，赋予时空以灵魂和活力，使时空成为人的积极的存在、能动的存在、主体的存在。社会时空的分类有很多种，从人的实践角度可以分为自然时空（即物理时空）、生命时空和狭义社会时空

（三分法），社会时空不过是三种时空或运动节律的复合。①

　　时空观是指关于时间和空间的基本观点，它是哲学世界观的重要内容和有机组成部分，是人类在长期的生产活动和生活历史实践过程中形成的。人们对于时空的研究主要从客观方面、主观方面、客观与主观综合考察等途径展开。客观方面是以牛顿为代表的绝对时空观和以爱因斯坦为代表的相对时空观；主观方面有康德的唯心主义时空观和胡赛尔的内在时空观；马克思主义则是从客观和主观两个方面对时空观念进行了阐述。近现代时空观中一致的观点有：时间和空间的本质就是运动；时—空结构从属于运动；不存在脱离物质运动而独立自存的时—空结构，没有一成不变的、适用于一切运动系统的绝对时空模式；物体的时空特性取决于它所属的物质系统运动形式的特点。② 任何事物均呈现出时间和空间上的存在，时间和空间被认为是一切发展的基本条件。然而，人类社会的发展与自在自然的自发发展在时空上呈现出较大差异。从宏观上看，宇宙被认为是时间的无限更替、空间的无限补充，生物界的发展速度明显高于无机界，而人类社会的发展速度明显高于自然界，且发展速度正在不断加快。自然时空是自然运动的基本形式，社会时空是社会运动的基本形式。社会时空以自然时空为前提，是在自然时空的基础上建立起来的，把自然时空以扬弃（高级形式对低级形式的整合、支配）的形式包含在社会时空之中。如果把时间和空间理解为物质运动的存在方式，那么生命运动、物理运动和狭义的社会运动都应该具有相应的生命时空、物理时空和狭义的社会时空形式，从而形成完整的广义的社会时空。生命时空的加入是对人的主体性的体现，实践活动、劳动以有意识的生命活动为前提，生命时空展示的是人在物理过程和社会过程中的中介作用。生命运动、物理运动和社会运动的持续性（时间）和广延性（空间）存在较大差异，而时间和空间被视为运动的节律，不同的时间和空间复合形成了不同的节律，生命、物质、社会的单一运动形式不同，其复合形成的节律也存在独特性。社会运动以扬弃的形式包含了物理

----

　　① 景天魁,向健,邓万春,等. 时空社会学：理论和方法[M]. 北京：北京师范大学出版社，2012.

　　② 刘奔. 时间是人类发展的空间——社会时—空特性初探[J]. 哲学研究，1991（10）：3-10.

运动和生命运动,生命运动以扬弃的形式包含了物理运动(无机界的运动)。时空作为运动的节律,社会时空以扬弃的形式包含了生命时空和物理时空,生命时空则以扬弃的形式包含了物理时空。

对社会时空在实践活动、劳动中的构成的理解。首先,劳动是以人为主体支配劳动工具的过程,劳动工具是物理运动,劳动就是生命运动支持物理运动的过程,劳动被视为两种形式的结合,但这种结合不再是简单、单纯的生命运动过程,而是超脱于生命过程之上的更高级的运动过程。同时,人与劳动工具是互为支配的关系。一方面人创造、掌握并支配劳动工具;另一方面,人在支配劳动工具的同时又必须遵从劳动工具内在的运动规律。其次,劳动过程还包括人与人之间的社会关系,劳动不仅是生命过程与物理过程相互作用的结果,还受到社会过程的约束或支配。马克思等针对上述关系指出:"一切生产都是个人在一定社会形式中并借这种社会形式而进行的对自然的占有。"①上述分析阐述了社会时空作为社会运动的节律包含了生命时空、物理时空和狭义的社会时空三个层面之间的相互制约关系,社会时空也就是这三种时空或运动节律的复合。人的实践活动由生命运动、物理运动和社会运动复合而成,社会时空也就是生命时空、物理时空和狭义的社会时空的集合。人的发展也就是人的实践活动方式的发展,人的发展展现了社会时空形态的变化,以及物理时空、生命时空和狭义的社会时空的复合方式的变化。生命运动在社会时空中发挥了主体作用,但人的生命运动也受到物理运动和狭义的社会运动的制约,因而生命运动的发展与社会实践中物理运动和狭义的社会运动对生命运动制约方式的变迁密切相关,同时这种变迁也是生命时空、物理时空和狭义的社会时空复合方式的变化。这种时空复合方式的变化在实践活动和劳动过程中主要体现为三种时空主导与从属程度的变化。原始时期,人们使用的劳动工具都十分简单,工具大多是人的肢体的简单延伸;农业时期,工具的复杂性和转型化程度提升,人的活动受到的劳动工具物理运动规律的影响变大;工业社会时期,虽然大型机械是人创造的,但在生产过程中人成为其附属品,人的生命

---

① 马克思.恩格斯. 马克思恩格斯全集(第四十三卷)[M]. 中共中央马克思恩格斯列宁斯大林著作编译局,译. 北京:人民出版社,1982.

运动被机器的物理运动节律所支配(例如卓别林在《摩登时代》中对流水线上单调、紧张工作的刻画),在现代社会智能机械全部普及前,流水线工作依然是常态;信息时代,人工智能和智能机械将逐步取代生命运动,劳动工具的机械运动将遵从社会运动进行自动化运动,生命运动的主体性将不断减弱。此时,个体生命运动将由大型机械运动所支配,而个体生命运动与机械物理运动结合形成了大型机械化运动,社会运动成为支配生命运动和机械运动的主体。

社会时空视角是通过时间和空间透射人的实践活动和现代社会,是把握人的实践活动和现代社会特征及其发展变迁的重要支点。社会空间从不同的视角又有多种分类方式或方法,从宏观和微观的角度,可以分为微观空间和宏观空间。微观空间往往与日常生活相连,比如学校、家庭、社区等,而宏观空间是指超出个体日常经验以外的领域——超民族社会空间,比如社会运动、全球化、移民等。① 从权力角度,社会空间可分为封闭时空和开放时空。福柯在《规训与惩罚》一书中详细阐述了权力在空间中的运作,将空间作为权力运作的基础。福柯认为,以建筑作为空间的分割工具,使得建筑与政治、权力的关系变得密切。建筑空间具有了社会统治的目的和技术的功能,它被包括在机构(制度)建筑中教室和医院的设计中。② 故宫建筑空间的分布完美地诠释了福柯的权力与空间的思想。故宫分为外朝和内廷,外朝是大臣早朝的地方,外朝的重心——太和殿、中和殿、保和殿是举行重大典礼的地方,内廷以乾清宫、交泰殿、坤宁宫后三宫为主,是皇帝、皇后居住的地方,左右东西六宫是妃子们居住的地方。这种建筑空间的分布与权力存在密切的关联。同时,福柯还在书中阐述了规训技术与空间的关系。在规训技术中建筑空间超脱于建筑学之外,成为社会控制的权力技术。而规训技术最大的特点就是对空间的利用,通过建立封闭空间实现权力的施展和对被改造

---

① 景天魁.何建.邓万春.等. 时空社会学:理论和方法[M]. 北京:北京师范大学出版社,2012.

② 福柯. 规训与惩罚[M]. 刘北成.杨远缨.译.北京:生活·读书·新知三联书店,2019.

人群的控制,其中部队、学校是最典型的封闭空间。① 例如,在学校这一封闭空间中,时空的分割、分类、分等都由封闭空间的权力所控制,青少年在学校的空间分割使得每个人都有自己的位置,学习时间、活动时间、座位次序、活动空间都由权力者管理,其目的是确定每一个在场者和缺席者,了解在何处和如何安置人员、建立有用的联系、打断其他联系,以便时时刻刻监督每个人的表现,并基于评估和裁决,统计其性质和功过。封闭空间是基于权力运作基础的规训技术的空间表现。相对而言,规训技术无法接触到的地方可以称为开放空间。

从技术角度,社会时空可分为现实时空和虚拟时空等。② 科学技术的发展使得人的实践活动形式不断发生变化,科学技术通过信息网络、虚拟现实、5G技术等实现了虚拟场景的构建,不断实现从读写到视听再到虚拟现实,从自然平台到数字化平台再到虚拟现实平台的转变。人的实践活动由物理运动构成的现实时空向科学技术与物理运动构成的虚拟时空转变,人类的时空观念也在发生变化,这些变化导致了劳动方式、生活方式和思维方式的不断转变,以及从现实社会时空向虚拟社会时空的转变。虚拟时空是与现实时空既相互联系又相互区别的时空形态,是通过运用特殊的时空构筑手段,变换既定的时空运动方式,营造超长的时空运作状态,勾画特殊的时空维度,展现新奇的时空场景,从而给人以特殊的时空感觉和体验。虚拟时空的生成,对人们的思维方式、行为方式、生活方式产生了巨大影响。人类社会的发展也体现了社会时空维度由"实"向"虚"的转变。卡斯特指出,以电子为基础的沟通系统,彻底改变了人类生活的基本向度:时间和空间。③ 人类对于时间性和空间性有了新的解读,过去、现在和将来将可以在同一信息中被设定,时间变成了可调节状态,人的社会活动逐渐脱离了地域性,地域性从文化、历史、地理中脱离出来,在网络中根据功能被重新拼凑,信息化正在为人类构建

① 福柯. 规训与惩罚[M]. 刘北成、杨远缨. 译. 北京:生活·读书·新知三联书店,2019.

② 贾英健. 马克思社会时空观的实践维度与虚拟转向[J]. 理论学刊,2013(4):69-76.

③ 卡斯特. 网络社会的崛起[M]. 夏铸九、等译. 北京:社会科学文献出版社,2003.

一个"流动的空间"和"无时间的时间"。时间的可逆化与空间的共享化、时间的即时化与空间的流动化、时间的弹性化与空间的压缩化,成为虚拟社会时空的显著特征。总之,虚拟社会时空是以计算机技术、信息网络技术等为基础形成的网络化、数字化平台,虚拟社会时空是一个非物理、非线性的世界,虚拟社会时空将现实实践过程的时间和空间进行压缩甚至取消,为人们实践活动提供了一个更加广阔的虚拟时间和空间。

二、时空特征:体质健康促进的时空社会学考察原则

(一)凸显人的主体性原则

青少年体质健康促进时空社会学考察的首要特征是抓住人的主体性特点。社会时空是人的实践活动、劳动的创造物,是社会运动的节律,它从时间和空间的角度研究人类时间活动或社会运动,从而建立时空观念,它把世界看成时间和空间的组合。因此,时空社会学模型的构建要凸显人的主体性特点。在时空社会学模型中,人的主体性和人的时间活动不能被自然时间和自然空间所束缚。相反,人能够通过自身的实践活动创造出与自然时间和自然空间相似却又不同的社会时间和社会空间,社会时间和社会空间来源于生命时空和自然时空的互动。社会时空是人类实践活动的创造物,是社会运动的节律,同时也参与制约人类的活动。托生于人类实践的社会时空状态或时空观,将对人们认识、改造、利用客观世界的速度、规模、范围、层次和水平都产生直接影响。社会时空是人的实践活动、劳动赋予自然时间和自然空间以社会属性,这是社会时空和自然时空本质的区别,社会时空并非单纯地外在于、脱离于自然时空。社会时空还随着人们社会实践活动的变化而变化。由于每一代人的社会实践活动的需要、目的、方式、意志等的不同,社会时空从不同时代人的社会实践活动中获得不同的规定性。①②

---

①　景天魁,何健,邓万春,等. 时空社会学:理论和方法[M]. 北京:北京师范大学出版社,2012.

②　张明仓. 社会时空·科学技术·人的自由——从马克思的视角看[J]. 自然辩证法研究,2001(3):57-61.

（二）融合环境分析和要素分析原则

时空结构是社会时空的基本结构或基础性结构,它参与形成和建构社会的生产和再生产结构,以及形形色色的制度结构和观念结构。[①] 在传统的社会学、环境健康学、健康促进学的研究中,时间和空间往往被简单地视为社会行为的环境或舞台、可以测量的自然背景,并将它们与人类活动相隔离。比如,以自然时间为线索分析村落或城市时间序列的横向发展研究;以自然空间为线索,结合地理学的空间信息技术分析村落或城市的横向变化等。它们主要以将自然时空简单地作为社会行动和社会结构的环境背景或自然时空的社会功能和社会影响为研究内容。而传统的社会学、环境健康学、健康促进学的研究,使得自然时空与人类活动相隔离。随着社会学研究的不断深入,视角融合、领域融合、要素融合将是一种必然趋势。社会行为和现象与时间和空间存在相互依存的关系,两者存在相互规定的影响。一方面,社会时空是人的实践活动得以开展的时间和空间,在某种程度上社会时空拥有与自然时空相同的特征;另一方面,社会时空在时间上表现为人的活动的影响穿透力,在空间上表现为人的活动的影响范围。[②] 社会实践活动、社会关系的生产和社会关系与时间和空间三者紧密相连,渗透社会行为的具体环节。社会时间和社会空间的观念是基于社会建构起来的,正是社会时空的特性,使得人的活动可以被记述,并且随着时空的流逝和转移被赋予历史意义。时空结构只是构成社会现实的因素,时空本身不能单独存在,必须与社会现实相结合。在理论研究中,可以将时空结构抽象化,但要紧紧围绕社会现实研究其特性。因此,环境分析和要素分析是社会时空的重要组成部分。

（三）分析目的和分析手段的统一原则

正如上文研究所述,社会时间和社会空间既是时空社会学的研究视角,也是时空社会学的研究目标,这种研究视角和研究目标相统一的特征源于社会时空的特殊性,以及社会时空由社会实践活动产生,并对社

---

① 景天魁. 中国社会发展的时空结构[J]. 社会学研究,1999(6):54-66.

② 景天魁,何健,邓万春,等. 时空社会学:理论和方法[M]. 北京:北京师范大学出版社,2012.

会的运行和发展产生影响。就社会时间而言,社会时间既代表过去的社会记忆和未来的社会目标,也可以作为个体或者群体间的一种竞争内容,社会时间竞争就成为一种资源竞争或者说空间竞争的手段。一般而言,社会时间快(多)的社会主体在社会竞争中取得胜利的可能性更大,能获得更多的社会空间,例如马克思关于社会必要劳动时间与商品价值的关系。当工厂的必要劳动时间低于平均社会必要劳动时间时,工厂获得的利润就更大。反过来,社会空间多(大)的主体在竞争中很可能获得胜利(大多数情况下,特殊情况除外),而社会空间少(小)的主体很可能在竞争中不如社会空间多的主体。社会空间成为社会主体争夺的目标,为了取得有利位置而不断扩充自己的社会空间,且社会空间并非朝着单一方向发展,其中存在着社会时空之间的转换(市场换技术、资源换速度、劳动换资本、环境换财富、未来换现实、人格换钱物等)。①因此,社会时空分析目的和分析手段的统一是时空社会学模型的重要特征。

(四)纵向分析和横向分析的统一原则

社会发展存在纵向变化和横向变化两个向度。时空社会学模型也存在纵向变化和横向变化两个向度。纵向变化主要从时间的角度,表现为速度、动态和变迁;横向变化主要从空间的角度,表现为伸缩性、延展性和结构性等。时空社会学结构模型构建和分析的过程融合了纵向的历史性变化和横向的空间变化。时空社会学模型可以呈现出不同空间之间的历史性变化,也可以分析不同现代性事物在空间上的扩散、竞争和转换。时空社会学模型可以将社会时间和社会空间相融合。比如在社区层面的健康促进研究中,社区中的各要素对社区健康促进项目的增权效果体现了不同的现代性水平;在不同的时代背景下,信息、网络、资源等空间要素的增权效果体现了不同的时代差异。

三、超越进化:体质健康促进的时空社会学考察理念定位

景天魁在 1999 年针对当时中国社会的时空发展和时空矛盾提出了

---

① 景天魁. 底线公平[M]. 北京:北京师范大学出版社,2009.

"超越进化"概念。超越进化是时空社会学理论中最重要的考察理念,超越进化的基本理念定位是:(1)传统性、现代性和后现代性的统一;(2)连续性和非连续性的统一;(3)普遍性和特殊性的统一;(4)时空压缩和时空延伸的统一。①

（一）传统性、现代性和后现代性的统一

传统性、现代性和后现代性既是一种时间性,也是一种空间性。所谓传统性、现代性和后现代性的统一,强调的是一种时空结构的统一和完整性。

我国青少年体质健康促进要坚持传统性、现代性和后现代性的统一,就是要以中国传统文化为指引,结合现代性和后现代性的手段,构建我国青少年体质健康促进模式。当前,我国青少年体质健康的主要问题是体力活动不足和营养过剩,其直接导致的结果是大部分青少年的身体素质下降,青少年的肥胖率、近视率陡增。近年来,我国开始提倡"光盘行动",杜绝浪费。习近平总书记在 2020 年 8 月 11 日对制止餐饮浪费行为作出重要指示,"谁知盘中餐,粒粒皆辛苦"正是传统文化中勤俭节约、尊重劳动的重要体现。② 我国青少年处于一个营养过剩的年代,弘扬勤俭节约的传统文化不仅能杜绝浪费行为,同时还能在一定程度上减少青少年食物购买量、控制青少年食物摄入量。此外,近期在"一带一路"体育教育论坛上,传统体育项目在学校落地成为热点话题。以传统武术为代表的传统体育项目在弘扬中国传统文化的同时,也向青少年传达健康的思想。"武德"是中国传统武术中的精华所在,修身养性、强身健体的传统武术思想与当前青少年体质健康促进相适应,在学校、社区、家庭加大传统体育项目的渗透力度,在弘扬传统文化的同时有助于促进青少年健康行为的形成。

（二）连续性和非连续性的统一

连续性和非连续性在二元对立的理论中往往是无法统一的,而在中

---

① 景天魁.中国社会发展的时空结构[J].社会与研究,1999,14(6):54-66.

② 新华社.习近平作出重要指示强调 坚决制止餐饮浪费行为切实培养节约习惯 在全社会营造浪费可耻节约为荣的氛围[EB/OL].（2020-08-11）[2022-11-21].https://www.mem.gov.cn/xw/ztzl/xxzl/202008/t20200811_357448.shtml.

国社会发展的实践中,由于中国的地区差异性,实现连续性和非连续性的统一对中国社会的发展尤为重要。社会的发展应坚持连续性和非连续性的统一。社会的发展总是从量变开始,当量变积累到一定程度后形成质变。连续性和非连续性的结合与统一主要体现在空间连续、人才连续和创新连续这三个部分。空间连续就是充分发挥我国发展空间大、梯次多、后备足的优势。新常态下,我国的产业结构升级、发展方式转变、发展动力转换,在依赖劳动力和人口优势在低端制造业取得一定优势后,逐步将低端制造业和重工业由东部地区向中西部地区转移或由城市中心向城市边缘、乡村转移,而东部地区率先实现产业结构升级与转型,从而形成了由中心向边缘,中心升级边缘进行梯次升级的空间连续方式。人才连续是指在当前中国人口红利的基础上,大力提高人民的受教育水平,"人口红利"转变为"教育红利",增强了中国经济发展的韧劲和潜力。创新连续是实现社会发展非连续性的重要手段,科技创新给社会带来的是成熟效应,使社会表现为质的飞跃,例如智能手机技术和互联网技术的成熟使虚拟社会时空迅速成形。弗里德曼在《曾经的辉煌》中指出,教育、科研、人才、民间经济活动自由和产能不断是社会发展的五大秘诀。①。空间连续、人才连续、创新连续就是实现连续性和非连续性统一的重要基础。

我国青少年体质健康促进工作要秉持连续性和非连续性的统一。首先,改革开放以来,青少年体质健康水平下降本身就是一个连续性和非连续性并存的现象。上述研究中指出,1985 年以来,我国青少年身体形态的时序变化呈现出随时间增长而增长的趋势;我国青少年身体机能的时序变化呈现出先下降后上升的趋势;我国青少年身体素质呈现出持续下降的状态,部分指标呈现出先下降后上升的趋势,但整体均呈现出下降趋势,大部分体质健康指标呈现出连续性的变化过程;我国青少年体质健康问题(肥胖和近视)呈现出低龄化和增速率陡增化的趋势,整体呈现出非连续性的变化,尤其是青少年近视率成倍数增长,近年来受到政府和社会的高度关注。青少年体质健康问题的连续性和非连续性与

---

① 景天魁.超越进化的发展——"十二"五时期中国经济和社会发展回眸与思考[J].社会学研究,2016,31(2):1-17,241.

社会时空的变化存在必然的联系,想要解决当前我国青少年体质健康问题,就必须实现青少年体质健康工作连续性和非连续性的统一。中国地理空间大,青少年体质健康存在较大的空间差异(城乡差异、东西部差异等),各局部空间的体质健康促进工作存在较大的差异,体质健康促进的人才储备相对不同。因此,我们应坚持空间连续、人才连续、创新连续,从社会时空变化的角度为青少年体质健康促进寻求新的解题思路。

(三)普遍和特殊性的统一

社会发展过程中的普遍性和特殊性问题,在时空压缩的情境下,是将时间和空间作为一种资源来争夺,想要突破时空压缩的情景就必须处理普遍性和特殊性的问题,实现普遍性和特殊性的统一,为此就要处理好共同利益与特殊利益的关系,发展共同性与差异性的关系。首先,普遍性和特殊性是相对的关系。例如点与面的关系,在一个面的范围内任何一个点都具有特殊性。相对于一个群体来说,单独的个人具有特殊性;相对于一个社区来说,每户人家具有特殊性;相对于一个城市来说,每个社区具有特殊性;相对于一个国家来说,每个城市具有特殊性。普遍性和特殊性既是相对的关系,又是相互依存、相互转化的关系。其次,普遍性是一个客观指标,一个客观共识。例如,景天魁针对国家发展经验指出,并非符合西方标准的就是普遍的、遵从西方标准的就是普遍的,中国的发展经验适合亚洲、非洲等发展中国家,那么在一定程度上就具有普遍性。① 最后,普遍性和特殊性在一个国家或一个社区中是共存的状态。不同的社会时空状态源于普遍性和特殊性的结合方式和所表现出来的状态。当一个群体更容易达成利益的共同性和共识时,普遍性和特殊性就形成了统一。

在我国青少年体质健康促进中也存在普遍性和特殊性的问题。例如,要处理好当前我国青少年体质健康促进的时空压缩情境,实现普遍性和特殊性的统一是必备条件之一。首先,青少年体质健康促进中的普遍性和特殊性是相对的。全国青少年体质健康促进工作是依据政策进行执行的总体,具有普遍性;而在国家总体指导政策的基础上,各省级政

---

① 景天魁.超越进化的发展——"十二五"时期中国经济和社会发展回眸与思考[J].社会学研究.2016.31(2):1-17.241.

府单位依据自身省域的特性(经济、地域等),将政策细化,逐级推进至具体实施层面,但每所学校在落实上级政策时,仍具有其特殊性。其次,依据自身社会时空的特点吸取其他层面的普遍性规律,创造适合自身局部时空的青少年体质健康促进工作实施方案。最后,无论从任何层面进行分析,各个层面均是普遍性和特殊性并存的状态,青少年体质健康促进工作普遍性和特殊性的统一就是协调好政府与社会之间、学校与政府之间、学校与家庭之间普遍性和特殊性相结合的方式,以便在青少年体质健康促进中更容易达成共识,以及更有利于青少年体质健康工作的开展。

（四）时空压缩和时空延伸的统一

时空压缩和时空延伸是两种相左的发展结构。时空压缩和时空延伸是指时空结构发展的两种变化:一种是由外向内形成的压缩状态,比如发达国家对于发展中国家社会发展的一种时空压缩;另一种是由内向外形成的延伸状态,比如大型企业的全球化扩张等。超越进化是社会发展的一种逻辑思考,其试图将时空压缩和时空延伸进行结合与统一,从而创造出新的发展逻辑。比如,"一带一路"倡议就是在发达国家对发展中国家社会发展进行时空压缩的情境下,中国通过"一带一路"将自身的发展成果分享给"一带一路"国家,从而形成共同发展的格局。

我国青少年体质健康促进工作同样需要时空延伸。我国青少年体质健康促进工作难以实施主要是由于学校、家庭、学生形成了阻碍,学校、家庭、学生以成绩为最终目标,为实现这一目标只能对体育活动的时空进行挤占,最后导致的是青少年体质健康促进工作的时空压缩情境。而近期"体教融合"政策的提出为青少年体质健康促进时空压缩和时空延伸的结合与统一带来了新的发展方向。一方面学校建立全面的以健康为首要目标的体育教育训练体系,体育成绩在中考、高考中所占的比例不断提高;另一方面体育作业将成为一种常态,形成了新的"通"路,实现了时空压缩和时空延伸贯通的目标。

（五）时间和空间效果与利益的统一

社会发展的目标就是减少社会必要劳动时间，增加人类的自由时间。生产力的发展为社会创造了更多的剩余价值，为人类的休闲活动赢得了更多的自由时间和更为广阔的发展空间。虽然，随着社会发展水平的不断提升，人类的自由时间和发展空间不断增加和拓展，但是随着虚拟社会时空的逐渐成形，其对现实社会时空形成了挤占。原则上，人类应该拥有更多的自由时间和发展空间，花费在体力活动上的时间应该更多。然而，虚拟社会时空的形成并没有使体力活动的时间得到更多的增加。此时，只有提高时空效益（能够在有限的时间和空间中获得更高的时空利用率，取得更大的效果和利益，称为时空效益①），才能使人们在日益增加和拓展的自由时间和发展空间中获得预期的理想发展。与自然界不同的是，人的实践活动的因果关系并不具有稳定性。人的实践活动是有意识和有目的的，它受到人为因素的制约，人的复杂性和活动过程的复杂性、活动方法的发展复杂性导致了时空效益结果的复杂性。

青少年体质健康促进的目标是实现时空效益的最大化、促进行为的改变，进而达到健康的效果；而健康行为与健康之间的关系同样受到很多因素的影响。从时空效益的角度来看，将"健康的人"视为"产品"的社会生产，同样可以从投入和产出两个视角进行。在健康行为的诸多投入中，时间和空间的投入是最珍贵的投入。从时间的角度来看，任何形式的健康行为都离不开时间，缺乏时间的健康行为是不存在的，因而健康行为时间的节省就是一种时间效益。从空间的角度来看，空间即健康行为的存在形式，任何健康行为的活动都不可能不占据空间。而人类的活动空间十分有限，尤其是青少年所处的学校这种封闭空间。发挥好有限空间的作用，使有限的空间产生最大的效益，就是青少年体质健康促进追求的时间和空间效果与利益的统一。

---

① 唐时虎. 体育时空导论[M]. 长沙：国防科技大学出版社，2006.

第二节　青少年体质健康促进的
时空社会学考察要点

一、时空表征：我国青少年体质健康现状特征

我国青少年体质健康状况关系国家发展和民族兴衰，拥有健康身体的青少年是实现中华民族伟大复兴中国梦的根本。全面建成小康社会和构建社会主义和谐社会，要求在生产力发展和生产方式变革的同时，促进人们生活方式的深刻变革；在提高人民生活水平的同时，提高人民的生活质量。青少年体质与健康调研工作实际上是这一历史性过程的有机组成部分，必然牵动社会生活方方面面的变化。自 1985 年第一次全国学生体质与健康调研开始，国家每 5 年在全国范围内组织 1 次涵盖 31 个省（区、市）和新疆生产建设兵团所辖的全日制普通中小学、普通高等学校学生的体质与健康调研。截至 2019 年，已开展 8 次全国学生体质与健康调研工作。其目的是完善学校体育评价机制，掌握我国学生体质与健康现状和发展变化趋势，促进地方和学校全面贯彻落实新时代党的教育方针，科学评价学校体育、卫生与健康教育工作的成效，为制定学校体育、卫生与健康教育工作发展规划，科学开展学校体育、卫生与健康教育工作提供依据。

青少年体质健康状况研究是青少年体质健康促进研究的基础。在了解青少年体质健康状况的基础上，通过分析不同时期青少年体质健康状况，有助于了解青少年体质健康状况随时间变化而产生的变化；通过分析城乡青少年之间的体质健康状况，有助于了解城市和乡村发展对青少年体质健康的影响；通过分析性别之间的体质健康状况，有助于了解男生和女生各自的发育特征并有针对性地提出促进策略；通过分析不同民族之间的体质健康状况，有助于了解不同民族间青少年的发育特点；通过分析不同年龄阶段的体质健康状况，有助于把握青少年的发育特征。目前，虽然有一些研究开始关注青少年体质健康状况在时间和空间上的特征，但仍存在不足：一是简单地从时间序列上分析青少年体质健

康指标的变化而忽视了青少年随时间变化的速率;二是对青少年体质健康状况空间特征的研究较少,尤其是针对青少年体质健康状况空间变化特征的研究。

有关青少年体质健康状况时空演变特征的研究,主要通过时空社会学的时空分析方法,从时间和空间的角度分析青少年身体形态、身体机能、身体素质以及近视的演变特征。其中,通过时间序列分析青少年身体形态、身体机能、身体素质和近视发展水平的增长量和增长速度,有助于了解青少年各项体质健康指标的变化情况,分析青少年体质健康状况在性别和城乡方面的差异。通过空间分析了解不同时期青少年各项体质健康指标的空间分布和空间聚集特征,以及通过地理趋势分析青少年各项体质健康指标的空间走向变化,有助于加强对青少年体质健康空间演变特征的了解。

二、时空动因:我国青少年体质健康影响因素

青少年体质健康影响因素研究是青少年体质健康研究的基础和重中之重。青少年体质健康影响因素研究是透过青少年体质健康状况的表象,分析导致青少年体质健康各项指标变化的内在机理。同时,青少年体质健康影响因素研究也是青少年体质健康促进政策提出、政策制定以及有针对性地促进项目规划的基础。1974年,加拿大卫生与福利部前部长马克龙发表的一篇题为《加拿大人民健康的新前景》的报告,全面阐述了非传染性疾病流行病学的研究成果。在这份报告中,影响健康的众多因素可被归纳为四类:生物学和遗传、生活方式、环境以及卫生服务的可得性。郑频频等在《健康促进理论与实践》中,将健康的决定因素分为七大类:社会经济环境、物质环境、婴幼儿发育状态、个体的行为方式、个人的能力和技能、人类生物学和遗传以及卫生服务。[①] 青少年体质健康是健康的一部分,因此很多专家学者从生物学和遗传、生活方式、环境和卫生服务四个方面展开研究。随着研究的不断深入,环境对青少年体质健康影响的重要性受到不断关注;政治因素、经济因素、文化因素、教

---

① 郑频频,史慧静,傅华,等.健康促进理论与实践[M].上海:复旦大学出版社,2011.

育因素、信息环境因素等社会环境因素对青少年体质健康的影响越来越大;气温、年降雨量、年日照时数、海拔、空气质量、经纬度等自然环境因素、绿色空间(例如城市公园、开阔的绿地、树林、森林、沿海地区和乡村,以及建成的生态走廊等)、蓝色空间(例如海洋、河流、湖泊和运河等)、灰色空间(行人路、健身步道、健身路径、封闭或半封闭的运动场地、建筑物的外部区域等)、家庭空间(在居住区域中开辟出来用于促进健康行为形成的区域和空间等)、交通空间(交通工具所形成的封闭空间)等建成环境对青少年体质健康的影响也不断受到关注;不健康的饮食习惯、体力活动减少和静坐少动行为等与青少年体质健康水平下降直接相关。虽然前人通过各种手段在各个层面对青少年体质健康影响因素进行了充分的研究,但是针对青少年体质健康影响因素及其与社会发展内在联系的研究仍相对不足。

当今时代,随着人工智能、5G 技术、区块链等信息技术的不断成熟,智能化、网络化、主动化、泛在化的万物互联时代已经来临,城市化建设程度不断提高,地球村逐渐形成,人类社会互动的地理—空间格局不断变动,社会转型和空间运行的变化使得新的时空关系发生了新的变化,这种变化不仅体现在时间与空间的优先性和互动机制(时空压缩、时空延伸)上,还体现在人们对于时空的知觉、思维和利用法则的转变上。青少年的生活方式、物理环境、社会环境随着社会时空的转换也发生了变化。物理环境和社会环境对青少年生活方式和体质健康的影响是一个动态变化的过程。回顾物理环境和社会环境时空转换的历史特质、把握青少年生活方式的时空模式是解决青少年体质健康问题的根本。工业革命实际上是技术、经济、科学、教育和社会变革的结合体。从第一次工业革命开始,我们先后经历了电力技术革命和信息技术革命,目前正朝着第四次工业革命迸发。工业革命使得人类在不到 10 代人的时间里,完全彻底地改变了自己的生存方式和周围环境。人类社会的发展像是以一种动态稳定的模式进行运作。换句话说,社会随着工业革命的更迭而不断加速变化,而社会规模和速度的变化依赖于人类对时间和空间概念解读的变化。以青少年体质健康影响因素为聚焦点,对分析其时空转换具有重要意义。

三、时空特色:我国青少年体质健康促进实践

政策作为一项重要的健康影响因素,在国家层面、地区层面、地方层面同样受到重视,许多国家和地区政府都通过制定政策来直接或间接地解决某一群体的健康问题。尤其在中国,政策手段一直是开展青少年体质健康促进最主要的途径和手段。从广义上讲,"政策是国家机关、政党及其他政治团体在特定时期为实现或服务于一定社会政治、经济、文化目标所采取的政治行为或规定的行为准则,它是一系列谋略、法令、措施、办法、方法、条例等的总称"①。本书的研究对政策的理解更为宽泛,还包括领导人讲话、发展规划、政府文件等。青少年体质健康促进政策,是指与青少年体质健康促进有关的政策。其中,有专门针对青少年体质健康的,有卫生方面的,也有体育方面的,这些政策包括党中央、国务院及部委、地方政府和部门发布的指示、意见、通知、通告、规定、法律条文、措施、决定、条例、发展规划、纲要等,还包括课程大纲、重要会议的报告,以及重要领导人有影响力的讲话、报告、书信等。② 从 1949 年到 2020年,中华人民共和国已成立 71 周年。在这 71 年的建设历程中,从《共同纲领》到《民法典》都体现了我国国家层面政策的不断变化。其中,青少年体质健康促进政策就是这诸多政策的组成部分。政策的变化源于国家、政府部门以及全体中国公民的集中意志对于当前社会时空(社会经济、文化、科技、生活等等诸多方面)转变的一种考量,针对当前社会时空亟需解决的问题、矛盾和制度中的不足进行完善、补充和修改。目前,对我国青少年体质健康促进政策的梳理和发展脉络的研究较多,但是其多以政策的罗列和堆砌为主,仍须结合社会发展进程和特殊的研究视角对青少年体质健康促进政策进行进一步的深入分析。从社会时空视角,对我国青少年体质健康促进政策的政策目标、政策主体、政策实施场所和政策内容的时空转变进行分析,有助于对我国青少年体质健康促进政策的深入探究。

---

① 陈振明,黄强,骆沙舟. 政策科学原理[M]. 厦门:厦门大学出版社,1993.
② 史曙生. 均衡博弈:青少年体质健康促进的生态竞争模式及其实践[M]. 南京:河海大学出版社,2019.

　　政策实施是指政策执行者通过建立组织机构，运用各种政治与社会资源，采用政策解释、政策宣传、实验检验、协调与控制等方式，将政策观念的内容转化为实际的效果，从而实现既定政策目标的过程。① 政策实施过程通常包括政策宣传、计划制定、组织落实、政策试点、全面实施、协调控制、追踪决策等主要步骤和环节。我国青少年体质健康促进工作作为公共政策的主要部分，由很多不同层面（国家层面、省级层面、市级层面、校级层面等）、不同类型（宣传政策、组织政策、实施政策、评价政策等）的政策构成，这些政策通过不同的渠道和方式共同作用来达到青少年体质健康促进的目的。本书从社会时空视角对青少年体质健康促进政策的实施途径进行考察，总结我国青少年体质健康促进政策实施的特点，分析其内在的时空变量。

四、时空探索：经典健康促进理论中的时空观

　　青少年体质健康问题是社会发展到一定阶段的必然产物，随着社会发展和人民经济条件的改善，青少年体质健康问题由营养不良和卫生条件差导致的传染性疾病的防治转向由营养过剩和体力活动不足导致的超重肥胖、身体素质下降和近视等。早在 20 世纪五六十年代，西方发达国家就已经开始面对我国当前所面临的青少年体质健康问题。为了改善和保障人们的身体健康，以理论、研究和实践三者相结合形成了个人水平（健康信念模式、阶段变化理论、计划行为理论等）、人际水平（社会网络和社会支持理论等）、社区水平（组织机构改变理论、社区组织和社区建设理论）和综合水平（健康促进的生态学模型、格林模式等）等经典健康促进理论，而经典健康促进理论的核心就是促使健康促进行为的产生，从而减少危害健康的行为。目前，健康信念模式、阶段变化理论、计划行为理论、社会网络和社会支持理论、组织机构改变理论、社区组织和社区建设理论、健康促进的生态学模型、格林模式等经典健康促进理论已在我国青少年体质健康促进、肥胖干预、近视干预、体力活动促进等领域得到一定范围的试验和应用，但是其可能存在"水土不服"的问题，导

---

① 史曙生. 均衡博弈：青少年体质健康促进的生态竞争模式及其实践[M]. 南京：河海大学出版社，2019.

致我国青少年体质健康状况一直以来未能得到有效的改善。

基于时空社会学理论，从社会时空视角分析个人水平、人际水平、社区水平和综合水平等经典健康促进理论的内在时空元素和时空缺失，为我国青少年体质健康促进"时空社会学模式"的创建提供了理论借鉴。

本章小结

青少年体质健康促进的时空社会学考察工具。青少年体质健康促进的时空社会学考察工具主要包括时空观、时空原则和时空理念定位。时空观是世界观的一种，是指关于时间和空间的基本观点，它是哲学世界观的重要内容和有机组成部分，是人类在长期的生产活动和生活历史实践过程中形成的。人们对于时空的研究主要从客观方面、主观方面、客观与主观综合考察等途径展开。时空社会学理论将社会时空分为自然时空、生命时空和狭义社会时空，社会时空不过是三种时空或运动节律的复合。青少年体质健康促进的时空社会学考察原则主要包括：凸显人的主体性原则、环境分析和要素分析融合原则、分析目的和分析手段的统一原则、纵向分析和横向分析的统一原则。青少年体质健康促进时空社会学考察的基本理念定位是：(1)传统性、现代性和后现代性的统一；(2)连续性和非连续性的统一；(3)普遍性和特殊性的统一；(4)时空压缩和时空延伸的统一。

青少年体质健康促进的时空社会学考察要点。青少年体质健康促进的时空社会学考察要点最终明确了以青少年体质健康状况、青少年体质健康影响因素及其时空转变、青少年体质健康促进政策和实践、经典健康促进理论中的时空观作为考察要点，为青少年体质健康促进模式的构建奠定基础。

第三章　我国青少年体质健康
影响因素的时空变换

在时空视角下,对我国青少年体质健康状况和空间分布特征分别进行时序分析和时空社会学考察后,需要基于时空社会学理论进一步对我国青少年体质健康影响因素的时空转变进行考察。时间与空间不仅仅是理解宏观社会过程和社会制度的逻辑起点,更是分析微观个体和群体日常生活行为的重要工具。随着人们对青少年体质健康影响因素研究的不断深入,针对青少年体质健康影响因素的探索呈现出多角度、多层面的趋势。个人行为方式、物质环境因素和社会环境因素是影响青少年体质健康的主要因素,但在各个因素内仍存在时空转换,促使各个因素对青少年体质健康的影响不断发生转变。由于中国社会的发展本身就具有强烈的中国时空特色,在青少年体质健康影响因素的时空转换中也存在中国特色。[①] 因此,在了解我国青少年体质健康状况后,还应该深入剖析青少年体质健康影响因素的时空转变及其时空转变中的中国特色。

1974 年,加拿大卫生与福利部前部长马克龙发表的一篇题为《加拿大人民健康的新前景》的报告,全面阐述了非传染性疾病流行病学的研究成果。在这份报告中,影响健康的众多因素可被归纳为四类:生物学和遗传、生活方式、环境以及卫生服务的可得性。郑频频等在《健康促进理论与实践》中,将健康的决定因素分为七大类:社会经济环境、物质环境、婴幼儿发育状态、个体的行为方式、个人的能力和技能、人类生物学

---

① 景天魁. 时空社会学在中国的兴起[J]. 西北师大学报(社会科学版),2018,55(2):10-16.

和遗传以及卫生服务。① 青少年体质健康是健康的一部分,因此可将影响青少年体质健康的主要因素分为生物学和遗传、生活方式、环境以及卫生服务的可得性四个部分。但是,卫生服务的可得性对青少年体质健康的影响相对较小,生物学和遗传因素的可改变性差。大部分研究认为生活方式、环境(物质环境和社会环境)对青少年体质健康的影响较大,因此本书的研究将针对以下几个方面进行深入探讨(见图 3-1)。

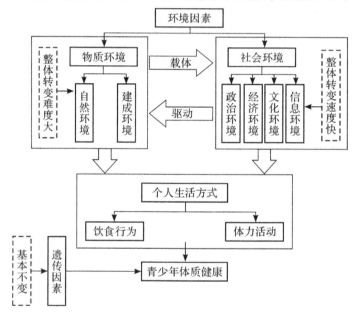

图 3-1　青少年体质健康影响因素时空转变的框架

当今时代,随着人工智能、5G 技术、区块链等信息技术的不断成熟,智能化、网络化、主动化、泛在化的万物互联时代已经来临,城市化建设程度不断提高,地球村逐渐形成,人类社会互动的地理—空间格局不断变动,社会转型和空间运行的变化使得新的时空关系发生了新的变化。这种变化不仅体现在时间与空间的优先性和互动机制上,还体现在人们

---

① 　郑频频.史慧静.傅华.等.健康促进理论与实践[M].上海:复旦大学出版社,2011.

对于时空的知觉、思维和利用法则的转变上。① 青少年的生活方式、物理环境、社会环境随着社会时空的转换也发生了变化。物理环境、社会环境对青少年生活方式和体质健康的影响是一个动态变化的过程。回顾物理环境和社会环境时空转换的历史特质,把握青少年生活方式的时空模式是解决青少年体质健康问题的根本。工业革命实际上是技术、经济、科学、教育和社会变革的结合体。从第一次工业革命开始,我们先后经历了电力技术革命和信息技术革命,目前正朝着第四次工业革命进发。工业革命使得人类在不到 10 代人的时间里,完全彻底地改变了自己的生存方式和周围环境。人类社会的发展像是以一种动态稳定的模式进行运作。换句话说,社会随着工业革命的更迭而不断加速变化,而社会规模和速度的变化依赖于人类对时间和空间概念解读的变化。以青少年体质健康影响因素为聚焦点,对分析其时空转换具有重要意义。

第一节　青少年所处社会环境的时空变化

恩格斯等指出:"如果地球是某种逐渐生成的东西,那么它现在的地质的、地理的、气候的状况,它的植物和动物,也一定是某种逐渐生成的东西,它一定不仅有在空间中互相邻近的历史,而且还有在时间上前后相继的历史。"②他的论述提示我们时间和空间是不断演绎的,是相互依赖、相互制约、相互作用的。因此,我们从时空的角度分析社会环境、活动等各类事物空间演化的历时形态和共时形态,秉持空间时间和空间思维的历时性视角和方法来解释青少年生活方式转变的时空机制。

一、社会环境对青少年体质健康的影响

青少年体质健康与个人行为方式直接相关,不健康的行为方式将直

---

① 胡潇. 当代社会行为方式嬗变的时空关系论[J]. 天津社会科学,2019(1):29-38.

② 马克思.恩格斯. 马克思恩格斯全集(第二十六卷)[M]. 中共中央马克思恩格斯列宁斯大林著作编译局,译. 北京:人民出版社,2014.

接导致青少年体质下降,诱发超重、肥胖、视力下降,甚至导致各种慢性疾病,为青少年后期的身体健康埋下隐患。勒温在 1961 年针对个人行为、遗传因素和环境因素之间的关系提出了以下公式:

$$B = f(P + E)$$

人 的 行 为 (behavior) 是 个 人 (personality) 因 素 和 环 境 (environment)因素相互作用函数(f)的结果。个人因素包括先天遗传、后天学习和发展等因素,环境因素包括社会环境因素和物质环境因素。目前的医疗技术水平无法通过改变基因的方式,达到促进体质健康的目的。因此,有关环境因素对青少年体质健康影响的研究变得尤为重要。大多数的社会环境和物质环境是通过影响个人的行为方式来实现对个人体质健康的影响。狭义的社会环境是指组织生存和发展的具体环境。具体而言,就是组织与各种公众的关系网络。广义的社会环境则包括社会政治环境、经济环境、文化环境和信息环境等,它们与组织的发展息息相关。[1]

政治环境对青少年体质健康具有一定的影响,其中政策是影响青少年体质健康的主要因素。政策作为一个重要的健康影响因素,体现在国家、地区和地方层面,很多国家(地区、地方)政府都通过制定政策来直接或间接地影响青少年体质健康。政策对青少年体质健康的影响可以分为两个层面。一是政策因素直接影响青少年的生活方式和体质健康。由于西方发达国家的经济发展速度和社会进程先于我国,很多西方发达国家在 20 世纪 60 年代已经面临青少年体质健康水平下降等问题,并在当时的时空情境下颁布了青少年体质健康促进相关政策。1960 年以来,美国颁布了 40 余项青少年体力活动相关政策,在一定程度上解决了超重、肥胖等青少年体质健康问题。1961 年,日本在《体育振兴法》中就特别强调关注青少年体质健康水平下降等问题,比我国早了十几年。其随后颁布的《体育振兴计划》和《体育基本计划》使得近年来日本 7—17 岁青少年的体质健康水平高于我国。其中,日本青少年的平均身高比我国高了 2.54 厘米,身体素质、身体机能等方面也优于我国。我国从 1985 年开始逐渐重视青少年体质健康,尤其是 2007 年《中共中央国务

---

[1]　陶应虎. 公共关系原理与实务[M]. 北京:清华大学出版社,2010.

院关于加强青少年体育增强青少年体质的意见》出台后,我国青少年体质与健康数据在 2010 年的调研中出现了"由降转升"的趋势。二是政策因素作为宏观调控的一种方式,通过对其他层面的因素产生影响,与其他各层面的因素共同对个体或群体行为产生影响。国家出台的体质健康促进政策由中央向地方传达,地方政府根据情况将出台更加细致的与本省(区、市)发展相适应的政策和相关配套政策。例如,为切实保障每天一小时体育活动的实施,《切实保证中小学生每天一小时校园体育活动的规定》对中小学生的体育锻炼场地、学校体育课程设置、师资配置等进行了一系列的调整。因此,政策因素将直接或间接影响其他层面的社会环境因素和物质环境因素,从而改变青少年的生活方式,以达到影响青少年体质健康的目的。

　　经济环境对青少年体质健康存在一定的影响。经济基础决定上层建筑。1843 年,马克思在《黑格尔法哲学批判》中提出,不是国家决定市民社会而是市民社会决定国家的命题。[①] 一国的 GDP、人均 GDP、城镇和乡村居民可支配收入已成为衡量经济发展和社会总体发展的重要指标。经济发展促使青少年的物质环境、其他社会环境(文化环境、政治环境、信息环境)和生活方式的改变。经济环境对青少年体质健康的影响主要体现在两个层面。一是经济发展直接提高了青少年的营养水平。尤其是很多发展中国家还存在部分青少年营养不良或者处于饥饿状态的问题。2020 年 7 月 15 日,联合国发布的《世界粮食安全和营养状况》报告指出,2019 年全球近 6.9 亿人陷入饥饿,2020 年新冠疫情导致全球经济发展受阻,使得饥饿人口将增加 8300 万到 1.32 亿人,营养不良直接影响青少年的身体发育;而经济的快速发展则将促进青少年体质健康(尤其是身体形态的发展)。例如,1960—1985 年,随着经济的快速发展,日本儿童青少年的身高、体重的增幅分别达到 2.8 厘米/10 年和 2.1 千克/10 年,被当时的西方人类学家称为"人类生长史上的奇迹"。同样地,经济发展在满足或超过青少年营养需求时,营养过剩(大量容易获得、能量丰富、美味可口的食品)导致的青少年体质健康问题(超重、肥

---

　　① 　马克思. 黑格尔法哲学批判[M]. 中共中央马克思恩格斯列宁斯大林著作编译局,译. 北京：人民出版社,1963.

胖)凸显,这一问题在美国等发达国家尤为突出。据 2010 年美国的数据调查,美国至少有 1/3 的青少年存在超重和肥胖问题,肥胖已经成为美国青少年面临的最大问题。二是经济环境对青少年体质健康的间接影响。青少年活动场地的建设、特色运动项目的开展、相关青少年健康促进政策的实施都需要资金支持。"全国校园足球特色学校"2015 年建设 6000 所试点,共计投入 5600 万元,而教育部预计未来再建设 5 万所特色学校还需要 5 亿元资金的投入。因此,经济发展不足和过剩均可直接导致青少年体质健康问题。同时,良好的经济环境在一定程度上能够为青少年体质健康促进提供经济支持。此外,相关健康促进政策的实施对青少年体质健康也产生了一定的影响。

文化环境对青少年体质健康的影响尤为重要。其中,教育、科技、价值观念、风俗习惯、宗教信仰等因素对青少年体质健康均存在一定的影响。首先,教育观念和教育制度对青少年体质健康的影响较大。一是中国传统的重智育、轻体育思想在学校、家庭、社会中根深蒂固。近年来,树立"健康第一"的教育理念在各大重要场合中经常被提起,而其经常被提及的原因正是"健康第一"的理念一直无法落到实处。从利益博弈的视角来看,在不同的时空中,不同利益的重要性是相对的。在不同物质利益之间,对于不同的利益相关者,在不同的时空下,其重要性是不同的。对于一个生命垂危的病人而言,健康的重要性远远高于学历和金钱的重要性。而在以知识掌握程度为主的人才选拔制度的当下,应试教育仍是主流。在这种教育模式下,智育成为教育的唯一目标。对大多数没有严重疾病威胁的学生而言,考试分数的重要性通常要远远高于体质健康的重要性。在这一时空环境下,学生最重要的利益是考试分数,或者说考试分数是实现其个人利益最大化的最重要的因素,健康非学生、家长、学校最重要的利益诉求。此外,在很多情况下,利益相关者往往会为了获得整体利益最大化而舍弃一些部分利益。比如,学生为了获取更高的高考分数,可能会牺牲体育锻炼时间、休息时间,其代价可能是短期的体质健康水平下降或长期的视力损害。教育压力对青少年近视影响的相关研究发现,学习成绩很好的学生患高度近视的概率是学习成绩很差的学生的 1.742 倍。①② 二是时间和空间侵占是当前教育制度对青少年体质健康的影响。保持充足的体育锻炼时间和空间,是现行教育制度下对青少年体质健康的基本保障。但现在多数的研究表明,我国仍有很多学校不能完全贯彻落实"每天运动一小时"的相关政策。很多学校依然侵占体育课和大课间活动时间,为保证学生的安全和位置秩序限制学生的活动空间;课外不限班、课后作业等上有政策下有对策的教育制度执行方式,严重影响了青少年的体质健康。为了完成沉重的学业,青少年的休息时间和运动时间被压缩,合理的体育锻炼时间无法得到保障,从而成为当前影响青少年体质健康的主要因素。三是家庭教育观念也对青少年体质健康产生一定的影响。很多研究指出,父母的学历、收入、是否热爱体育及其对子女参与体育的支持度与青少年体质健康存在一定的关联。家庭相当于一个半封闭的时空,虽然青少年在这一时空中同样受到规训,但其仍保持一定的自主权。其中,父母的教育观念和思想对青少年的影响较为深远。例如,现在的家庭独生子女越来越多,家庭对于孩子的关注程度也越来越高,不少家长怕孩子出现意外,对孩子越来越娇惯,导致孩子怕吃苦、怕累、怕受伤,不愿参加体育活动,放假后也不愿外出参加锻炼。同时,很多家长缺乏正确的教育观、健康观、成才观,只重视孩子的智育、轻视孩子的体育;只重视孩子的营养,轻视孩子的体育锻炼;多数孩子在家中的空暇时间更多是用来学习和娱乐而非进行体育锻炼。从科技因素的角度来看,现代社会为了提高生活水平大量使用机械化、智能化设备,导致人类体力活动的时间减少。对很多人来说,体力活动的每日能量消耗远远低于维持健康所需的能量消耗。例如,现代城市出现了越来越多节省体力活动能量消耗的环境设计,例如公交、电梯、自动扶梯和人行道等。更重要的是,由于从机械制造到信息时代的转变减少了对体力活动的需求,职业体力活动大幅减少。随着体力活动时间的减少,静坐少动行为(例如,看电视和上网)时间大大增加。

---

① Morgan I, Rose K. How genetic is school myopia? [J]. Progress in Retinal and Eye Research,2005,24(1):1-38.

② Lee Y, Lo C, Sheu S, et al. What factors are associated with myopia in young adults? A survey study in Taiwan military conscripts[J]. Investigative Opthalmology & Visual Science,2013,54(2):1026.

相比于"动"的生活方式,越来越多的青少年倾向于"静"的生活方式。同时,网络和电子游戏的发展逐渐取代了以体力活动为主的传统游戏。2017—2018 年的青少年健康行为网络问卷调查显示,有 18% 的青少年每天玩网络游戏的时间超过 4—5 小时。① 不仅导致青少年体力活动时间减少,而且导致青少年近视患病率增加。同样地,宗教信仰和风俗习惯也对青少年体质健康产生了一定的影响。全世界有 2000 多个民族,每个民族都有不同的风俗习惯和民族信仰,在一定程度上促进或者限制了青少年的体质健康。部分民族高油、高糖或高盐(腌制食品)的饮食习惯会导致青少年超重、肥胖和心血管系统疾病的患病风险增加;部分民族崇尚运动,有赛马、摔跤、射箭、跳高等传统运动项目,有助于增加青少年体育参与的机会。

我国的网络从 1994 年开始与国际互联网接轨,网络社会的来临使得信息环境对青少年体质健康具有重要影响。在网络发展进入质变的飞跃时代,青少年快速成为新媒体使用群体。据统计,截至 2015 年,微博的青少年用户已达到 5200 万。② 除了晚上的睡眠时间外,青少年用户的登录时段没有明显的峰值和谷值,表明青少年用户已进入全天候网上使用状态。新媒体以其突出的技术优势,实现了交互性与及时性、海量性与共享性、多媒体与超文本、个性化与社群化等,为健康和体育知识的传播带来了更加多元化的传播方式,以及更迅速、更便捷、更大量的健康和体育信息的传递与服务,有利于促进包括课外体育在内的体育项目的传播和推广,拓宽了青少年的视野。同时,信息环境的不断完善使得青少年体质健康数据更加透明。大数据驱动的运用使得青少年体质健康的持续追踪出现了转机,未来的信息环境对青少年体质健康的影响会更加重要。

人际环境也是影响青少年体质健康的重要因素。很多研究证实了家人、朋友等人际环境在一定程度上影响了青少年的体力活动和体育参与。平时有体育锻炼习惯的父母会支持孩子参与体育锻炼,父母的积极

① 中国青年报. 被电子鸦片围困[EB/OL]. 中国青年报,2018-07-02(11).
② 赛迪网. 2015 全国青少年新媒体论坛开幕 《中国校园微博发展报告》出炉[EB/OL].(2015-08-19)[2021-10-22]. https://tech. huanqiu. com/article/9CaKrnJOHB7.

参与为青少年参与体育锻炼提供了良好的家庭支持环境;而有些家庭拒绝孩子看体育节目,阻碍了青少年体育兴趣的养成。良好的同伴关系是满足青少年社交需求的关键条件。有同伴的体育锻炼不仅能够增加青少年之间的情感交流和运动项目的种类,还可以促使青少年之间互相鼓励、互相支持、互相监督,培养青少年吃苦耐劳的宝贵品质。相关研究指出,与同伴的电话联络和见面与青少年更高的体力活动水平存在较大的关联。① 有趣的是,与家人见面可能降低其体力活动水平。同伴之间的交往能够对青少年的体力活动和体质健康产生积极影响,同伴群体在青少年群体中普遍存在,他们的兴趣爱好相仿,时常聚集和交往,相互之间的影响也较大,甚至超过了家人和教师,是社会进化过程中的重要因素。同伴可以使青少年与社会相融,并且发展青少年之间的友谊;在情感支持方面,同伴之间可以互相鼓励并分享各种信息;在器械支持方面,同伴之间可以一起分享运动设备和工具,并通过合作完成期望的任务,克服各种困难。

二、青少年所处社会环境的时空转变

(一)青少年所处社会时空形态正不断转换

列斐弗尔以不同时代社会形态的时空关系,证实了社会时空的思维法则:任何一个社会,任何一种生产方式,都会生产出自身的空间。② 他解释到,农业时代的时间和空间追求的是独特性,例如地理位置、族群城邦、气候和植被种类等;工业时代的时间和空间追求的是统一性和连续性,例如工厂生产中产业线的统一、交通道路的统一、产品的统一;都市时代的时间和空间追求的则是网络的交织和重叠,例如信息网、交通网、社交网等。随着社会的发展,社会时空也在不断发生改变,影响青少年体质健康的社会环境也是不断变化的。社会环境按学科结构划分为经济、文化(教育、科技、风俗习惯)、政治,按照层次结构划分为家庭、社区、

---

① 申亮.陈悦.孙海春.同伴支持对内高班青少年体力活动水平影响的研究——以自我效能感,运动愉悦感作为中介变量[J].体育科学研究,2022,26(6):78-86.

② 景天魁,向健,邓万春,等. 时空社会学:理论和方法[M]. 北京:北京师范大学出版社,2012.

学校、人口结构、社会阶层、社会组织等。这些层面的社会环境随着时间的变化呈现出不同的时空形态,对青少年体质健康的影响也在不断变化。例如,我国改革开放以来在经济增长、基础性农产品产量、国际竞争力、对外贸易、吸引外资、外汇储备等经济层面得到巨大发展,相应的科教文卫事业、居民生活水平和生活质量也得到提升。经济发展带动了青少年体质健康社会环境的变化。在改革开放前的时空下,经济能够促进青少年体质健康、降低营养不良导致的相关疾病的患病率;而当下过高的社会时空经济水平则阻碍了青少年的体质健康,增加了营养过剩导致的相关疾病的患病率。

（二）时空压缩是青少年所处社会环境的转换特点

科学技术尤其是交通运输技术的发展使得空间距离大幅度缩短,导致克服空间距离的时间意义和地位下降。社会时间与集体概念、技术、管理、速度、现代化和生命相关联。社会发展随着科技的发展而不断加速,社会时间和空间(工业化、城镇化进程、社会结构变迁、人口结构、行为空间、心理空间和关系空间)也随之被压缩。而互联网和人工智能等现代科技的运用,使得这一特征更加明显。例如,在人口结构方面,以65周岁以上老年人口比重从 7% 增加到 14% 所需的时间为例,法国用了 115 年、英国用了 40 多年,而我国用了 23 年。北京大学发布了中国近 30 年青少年婚育趋势:婚育率整体下降,男女比例愈加失衡;2100年,全球人口将下降到 88 亿人,中国下降到约 7 亿人。[①] 人口结构的变化对青少年家庭环境、学校环境和社会人际关系的影响是巨大的,家庭教育、社会人际交往在青少年体质健康促进和体力活动增加中将占据更加重要的位置。此外,互联网和人工智能等现代科技的发展使得人际空间和行为空间被压缩,互联网技术的发展尤其是智能手机的普及,使得青少年的社交形式由现实中的面对面交流转向网络中的面对面交流,导致青少年的沟通距离被无限拉近、空间被无限压缩。但虚拟交流方式的增加势必造成现实交流的减少,过度依赖虚拟空间使得青少年的社交体

---

① Luo D, Yan X, Xu R, et al. Chinese trends in adolescent marriage and fertility between 1990 and 2015: A systematic synthesis of national and subnational population data[J]. The Lancet Global Health, 2020, 8(7): e954-e964.

力活动急剧减少,且这一行为还在不断被加强,将直接影响青少年的体力活动。

(三)青少年体质健康社会环境影响因素的利益格局由复杂化向更加复杂多样转变

第一,城乡结构的变化。城市教育水平高于乡村,且这种教育差距并没有随着时间的变化而缩减;相反,内部的冲突正不断被加强。为了让孩子享受更好的教育资源和城市服务,越来越多的乡村父母会将孩子送到城市读书,城市学校由于乡村学生的涌入而不得不进行扩建,这种青少年的人口流动使得原本充裕的城市青少年学习和活动空间被不断压缩,利益冲突变得更加复杂,导致青少年体力活动环境在一定程度上影响了青少年体质健康。第二,区域不平衡发展。区域经济发展的不平衡,导致中西部劳动力向东部沿海流动,随之带来东部和西部的不平衡发展,且这种不平衡发展在缺乏国家宏观调控的情况下将不断加剧,流动青少年(流动人口的子女)和留守青少年的问题将不断凸显,区域经济差异在一定程度上影响了青少年体质健康。

第二节　青少年所处物质环境的时空变化

一、物质环境对青少年体质健康的影响

物质环境是指影响人类生存和发展的各种天然和经过人工改造的自然因素的总体。[①] 物质环境包括自然环境和建成环境,物质环境作为社会生活的空间载体,对于青少年体质健康影响的作用不容忽视。越来越多的科学研究证明了物质环境对个人健康行为方式形成的直接作用。例如,巴巴斯等通过对肥胖与建筑环境之间的关系进行荟萃分析发现,

---

① 林其标,林燕,赵维维.住宅人居环境设计[M].广州:华南理工大学出版社,2001.

建筑环境在很大程度上决定了进行体育锻炼和获取食物的便利性。[1]研究人员在 20 项研究中的 17 项中发现了建筑环境在某些方面与肥胖风险之间的统计学显著关系。同时,物质环境在一定程度上影响了行为人的心理。物质环境与行为人的心理形成了交互作用,从而促进健康行为方式的产生。例如,皮科拉等证实了物质环境因素与行为动机因素对步行和骑行等健康行为的促进作用[2];丁冬等提出,物质环境因素对个人行为动机较弱的居民的健康行为的形成具有较好的促进作用[3];萨利斯等认为,物质环境因素和心理因素的交互作用并非一成不变,而是随着社会环境因素的变化产生相应的变化。[4] 但是,也有研究认为,物质环境因素、心理因素、社会环境因素对个人行为方式的影响是相互独立的,不存在交互作用。[5]

在自然环境对青少年体质健康影响的研究中,研究的主要对象是气温、年降雨量、年日照时数、海拔、空气质量、经纬度等自然环境因素。不同海拔地区青少年的体质健康存在较大差异,低海拔地区青少年的身体形态、身体机能(尤其是肺活量)、身体素质的平均发育状况均优于高海拔地区。气温、降雨量、空气质量等因素则是限制青少年户外体育参与的重要指标,尤其是近年来空气污染不断加重。以北京市为例,2019 年北京市雾霾天气的天数占比再创新低,比去年下降 17%,但是轻度污染及以上天气的天数达到 125 天,占全年总天数的 34.2%,雾霾天气导致

① Papas M A,Alberg A J,Ewing R,et al. The built environment and obesity [J]. Epidemiologic Reviews,2007(29):129-143.

② Pikora T,Giles-Corti B,Bull F C,et al. Physical environmental correlates of walking near home[J]. Medicine & Science in Sports & Exercise,2003,35(5):65-66.

③ Ding D,Sallis J F,Conway T L,et al. Interactive effects of built environment and psychosocial attributes on physical activity:A test of ecological models.[J]. Annals of Behavioral Medicine,2012,44(3):365-374.

④ Sallis J F,Owen N,Fisher E. Ecological models of health behavior[J]. Health Behavior:Theory,Research,and Practice,2015,5(1):43-64.

⑤ Papas M A,Alberg A J,Ewing R,et al. The built environment and obesity [J]. Epidemiologic Reviews,2007,29(1):129-143.

青少年户外体育活动时间减少。① 北京某学校为保证学生的体育锻炼时间,甚至花费 500 万建"防霾帐篷"来保证运动馆内的空气质量。② 自然环境虽然对青少年体质健康存在一定的影响,但是自然环境因素的改变难度较大,例如一个地区的气温、年降雨量、年日照时数均有一定的自然规律,海拔、经纬度更是难以改变,因此更多的研究转向建成环境,探究建成环境对青少年体质健康的影响。

关于建成环境对青少年体质健康影响的探究多以社区作为主要载体,从空间的角度入手,探究不同空间类型、不同空间尺度下建成环境对青少年个人行为方式的影响。空间类型的探讨主要分析不同物质环境空间类型对青少年行为方式和体质健康的影响。物质空间类型主要包括绿色空间、蓝色空间、灰色空间、家庭空间、交通空间。英国国家卫生与临床优化研究所(National Institute for Health and Care Excellence)在《2018 年健身环境身体活动指南》中就目的不同的各种健康行为(包括步行、骑行、各项体育活动等)所需要的物质空间类型之间的差异进行了分类,通过比较不同类型空间要素之间的差异,归纳相应的干预措施。卡尔森等强调,物质环境对健康行为的影响不应只停留在物质环境干预作用的重要性上,更应该从健康行为所需的空间类型出发,对不同物质空间要素对健康行为的影响效力进行归纳总结,并对未来发展提出建议。③ 空间尺度主要从空间的角度,从不同的空间层面、范围确定解析水平和数据粒度,进而分析其对健康行为和体质健康的影响。对于空间尺度的解读,主要从宏观和微观两个层面展开。宏观层面的研究主要围绕 3D[密度(density)、混合度(diversity)、设计(design)]要素或者运动

① 中国青年网. 北京晒 2019 年蓝天成绩单:PM2.5 年均浓度再创新低 同比下降 17% [EB/OL]. (2020-01-03)[2021-08-19]. https://t. m. youth. cn/transfer/index/url/news. youth. cn/gn/202001/t20200103_12160495. htm.

② 中国新闻网. 北京一学校花 500 万美元建"帐篷馆"防霾[EB/OL]. (2014-03-01) [2021-08-19]. https://www. chinanews. com/tp/hd2011/2014/03-01/312995. shtml.

③ Carlson J A, Sallis J F, Conway T L, et al. Interactions between psychosocial and built environment factors in explaining older adults' physical activity[J]. Preventive Medicine, 2012, 54(1):68-73.

场地、公园、街道等的网络特征展开。密度包括人口密度和就业密度,其中人口密度通过居住人口和工作人口数量来衡量;就业密度是指某一地区的就业人数。混合度是指土地利用混合度,常用土地利用性质的熵值数(entropy index)来衡量土地利用类型的数量或者用赫希曼·赫芬代尔系数来评价产业总体地理集中程度。设计是指以便利行人为导向的涉及街道的连通性设计,常用的测量便利性的指标为街道交叉路口的密度。此外,复合步行性指标则是以密度、土地利用混合度和街道设计的通达性为主要测试指标。后来,尤因等在此基础上增加目的地可达性(destination accessibility,通过到 CBD 的距离和设施可达性来衡量)和公共交通可达性(transit accessibility,通过到公交站、地铁站的距离或其密度来衡量)两个维度形成物质环境的 5D 维度。[1] 微观层面的研究更注重建筑及其周边物质环境的改善对青少年健康行为的促进作用,虽然微观层面的研究对周围人口的影响较小,但是微观研究往往能够精准、高效地把握该区域内物质环境设计中的不足,从而达到增加青少年体力活动,促进青少年健康行为形成的目的。该区域内的建筑元素设计是微观层面研究的主要内容,诸如楼梯、健身房、广场,通过便利性、可行性、安全性、可取性和舒适性的个性化设计来促进健康行为方式的形成。例如,提供长椅和雨亭等便利设施在一定程度上能够支持体育锻炼、增加体力活动量。在场所、建筑及其附属构件的设计中,根据相关空间特征和具体要素来构建物质环境下的干预策略框架是青少年物质环境微观尺度研究的主要内容。[2]

综上所述,我们可以将建成环境对青少年体质健康的影响分为两个空间层次——校外空间和校内空间。每个层次下有两条相同的路径,分别为路径一:建成环境—体力活动—体质健康;路径二:建成环境—饮食行为—体质健康(见图 3-2)。

在校外空间路径一中,城市密度、土地利用混合度、道路网设计、目

① Ewing R, Cervero R. Travel and the built environment[J]. Journal of the American Planning Association, 2010, 76(3):265-294.

② Zimring C, Anjali J, Nicoll G L, et al. Influences of building design and site design on physical activity: Research and intervention opportunities[J]. American Journal of Preventive Medicine, 2005, 28(2, Supplement 2): 186-193.

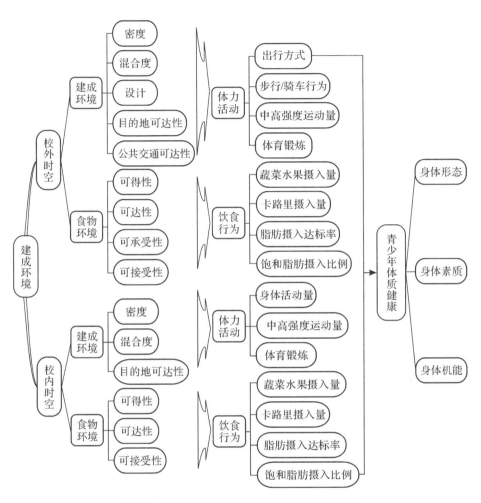

图 3-2　建成环境对青少年体质健康的影响框架

的地可达性和公共交通可达性等建成环境要素对青少年体力活动均产
生一定的影响。从城市密度的角度来看,城市密度增加,商场、公园、学
校等目的地的时空距离被压缩,步行和骑行的概率随之提高。而当时空
距离增加时,机动车的使用概率将会提高,步行和骑行的概率则会降低。
从土地混合度的角度来看,土地混合功能的增加有助于实现小尺度内建
成环境的多样化,提高青少年体力活动的概率,有助于促进青少年体质
健康。从道路网设计的角度来看,道路交叉路口越多、交通事故率越低,
有助于增加青少年的体力活动。从目的地和公共交通可达性的角度来

看,辅导班、公园、体育场所和公交站点等公共设施的可达性与青少年的体力活动存在正相关关系。来自北美、澳大利亚和欧洲等国家和地区的多项研究证明,人口密度高、土地利用混合度高且街道设计连通性高的地区,人们的体力活动量也偏高。我国澳门和香港地区的相关研究证实,街道设计的便利性、健身设施的布局密度和健身环境的安全性在一定程度上能够增加青少年体力活动,从而降低超重、肥胖率。① 社会经济发展的差异导致城市环境(人口密度、土地利用混合度、街道网络设计)的不同,不同国家和地区的物质环境对青少年体力活动的影响也存在较大差异。

在校外空间路径二中,食物环境的可得性、可达性、可接受性和可接受度对饮食行为和体质健康产生影响。大型超市可达性较高的地区,附近居民的蔬果摄入量增高,居民的身体质量指数、超重肥胖率下降;而小型超市可达性较高的地区,则会导致附近居民的身体质量指数、超重肥胖率上升,原因是小型超市提供的食物种类少、食材的新鲜程度低。快餐店、小吃摊的可达性和可得性与青少年的超重、肥胖率存在较大关联。美国、英国等国的研究发现,高密度的快餐店在不适宜步行的建成环境中导致较高的肥胖率和代谢综合征的检出率。

虽然校内空间和校外空间的建成环境对青少年体质健康的影响路径是一致的,但区别于校外空间的是,校内空间是一个封闭空间,封闭空间中的个人行为方式将受到规训。在校内空间路径一中,学生密度、土地利用混合度以及目的地可达性对青少年体力活动和体质健康具有较大影响。学生的密度越大,学生的体力活动越少,学校土地利用混合度越高,学生的体力活动越少,学校的目的地可达性越高,学生的体力活动越少。在学校这一封闭空间中,学生受到规训。学生非常密集时,学校会制定一定的制度来限制学生的体力活动。例如,为保证学生安全,禁止课间除上厕所以外的外出,禁止在走廊上打闹;学校土地利用混合度越高,说明学校的占地面积越小、活动空间越小,学生的体力活动越少。学生的目的地可达性越低,学生的体力活动越多。有些学校为增加学生

---

① 何晓龙,翁锡全,林文弢,等. 中国澳门地区 4~6 年级学童超重/肥胖与步行及住所周边环境因素的关系[J]. 中国体育科技. 2016,52(5):104-111.

的体力活动,将运动场和食堂建在离教学楼较远的地方,这能够有效增加学生在校的体力活动。但有些学校由于空间有限,多采用送餐到班的模式,大大减少了学生的体力活动。

在校内空间路径二中,食堂饭菜的种类、有无小型零售店对青少年饮食行为的影响较大。食堂饭菜的多样性将有助于青少年健康饮食行为的形成,同时小型零售店将增加青少年零食的可得性,导致不健康饮食行为的形成,从而损害青少年体质健康。

二、青少年所处物质环境的时空转变

现代生产力对自然环境进行了重构,强化了空间的主体性——社会化意识,这是当前青少年体质健康物质环境影响因素的转换特点。随着现代工业和科技的不断发展,人类对于自然的认知不断深化。同时,随着人类社会性的不断加强,人类正不断通过自身的能力打破自然的格局和秩序,再造人类的生存空间,颠覆了传统的以自然空间元素(植物、温度、湿度、气压)为主的先在地、久固地,决定人与自然、人与人关系的单向度空间思维,将空间视为一个主体。人类成为空间的主导者,可以人为地改变空间、将空间由自然化转变为社会化,即“空间生产论”。当前的科学研究证明,气温、年降雨量、年日照时数、海拔、空气质量、经纬度等对青少年的生活方式和体质健康存在一定的影响,而地理环境的影响比较难以改变。① 从时空社会理论的角度来看,建成环境或者城市化其实在根本上就是现代生产力对自然环境的一种重构,空间不再是自然的空间,而是人类的空间。灰色空间、家庭空间、交通空间就是人类对于自然空间的一种侵占和再造。除此之外,随着现代技术的不断进步,气温、降雨量、光照时数等在以前看来科学无法撼动的领域也在不断被突破。我们通过空调调节了室内的温度和湿度,通过人工降雨改变了某一区域

① 苗艳青.空气污染对人体健康的影响:基于健康生产函数方法的研究[J].中国人口·资源与环境,2008,18(5):205-209;秦毅妮.国民体质监测中青少年各指标的地域性分析[D].南京:南京师范大学,2013;马小明.不同海拔地区大学生在高原地区体质与健康状况调查研究[J].天津体育学院学报,2004(3):100-108;徐亚涛.中国儿童青少年身体发育状况及其影响因素的研究[D].上海:华东师范大学,2019.

的降雨量,通过白炽灯照亮了黑夜,通过人工模拟高原低氧训练设备系统实现了对气压的控制等,这些技术革命完全颠覆了整个人类的生活方式,当然也包括青少年群体。例如,跑步机等健身设备技术的不断更新,促使人类的户外活动被逐步转移到室内。尤其是虚拟现实技术的不断进步,几年后我们可能将自然环境完全复刻在眼前。自然环境对青少年体质健康和体力活动的影响,将会随着空间重塑主体性的不断加强而逐渐减弱,建成环境对青少年体质健康的影响将不断增强。伴随着对生存空间人力、物力、财力的大量投入,建成环境的人口密度、就业密度、土地利用混合度以及交通网络设计的合理性将不断加强。当人口密度和就业密度恒定时,土地利用混合度和交通网络设计的合理性越强,青少年校外体育参与的可能性越大;当人口密度高于土地和交通的承受限制时,出于安全等方面的考虑,青少年校外体力活动的时间和频率将受到限制。同时,校内空间的不断完善将增加青少年的体力活动,但青少年体力活动的时间和空间将受到学校制度的严格限制,政策空间在校内对青少年体力活动的影响将被无限放大。

第三节　青少年生活方式的时空变化

一、生活方式对青少年体质健康的影响

生活方式是指人们一切生活活动的典型方式和特征的总和。健康促进的最终目的是要人们采取健康的行为,建立健康的生活方式。[1] 有研究表明,几乎所有的人类行为都与健康有关,人类行为既是健康状态的反映,同时又对人类的健康产生巨大影响。[2] 个体行为与生活方式是青少年体质健康促进影响因素的基点,所有影响因素最终都以影响个人

---

[1] 马军,吴双胜. 中国学龄儿童青少年超重肥胖流行趋势分析[J]. 中国学校卫生,2009,30(3):195-197.
[2] 郑频频,史慧静,傅华,等.健康促进理论与实践[M].上海:复旦大学出版社,2011.

行为方式为终点。特别是当代流行病学的研究表明，人类的疾病谱已经发生了巨大变化，传统的传染病已让位于非传染性疾病，例如糖尿病、心血管疾病、癌症等，而这些疾病与不健康的行为和生活方式高度相关。[①]相关研究将影响健康的个人行为分为饮食行为、久坐行为、体力活动等，不健康的饮食行为、静坐少动的生活方式以及体力活动不足均会对青少年体质健康造成一定的影响。

　　不健康的饮食行为可导致青少年体质下降，超重、肥胖的发生和发展。青少年不健康的饮食行为主要包括饮食不规律和饮食不合理两个方面。长时间不规律的饮食会损害肠胃等消化系统，诱发多种消化系统疾病。马军等的调查还发现，不吃早餐会导致能量供应不足，可能诱发骨质疏松、记忆力下降，也是导致青少年超重、肥胖的诱发因素之一。[②]同时，饮食不规律还会导致内分泌紊乱，使得新陈代谢的稳定性下降。此外，饮食结构不合理也会对青少年体质健康产生较大影响。科学研究表明，高脂肪、高能量和高蛋白饮食与青少年肥胖有直接影响。大量研究证实，大多数肥胖青少年相比体重正常的青少年存在不健康的饮食行为，具体表现为食欲比较旺盛、食量较大（尤其是晚餐量偏多，喜欢吃甜食、油炸食品等）、进食速度偏快、暴饮暴食、经常非饥饿性进食，并常有吃夜宵和大量零食等习惯，这些不健康的饮食行为是导致青少年超重、肥胖的主要原因。[③]　此外，软饮料对青少年肥胖的影响也不容忽视。含糖饮料的消费量与青少年肥胖的正相关关系已经得到证实。一项研究调查了 1996 年至 1998 年 9—14 岁青少年的饮食行为和体质健康，发现含糖饮料的摄入量与青少年身体质量指数存在低度正相关。[④]含糖饮料被该研究证实为导致肥胖的一个潜在因素。人们通常认为含糖饮料仅

---

　　① 司琦.体育健康促进研究的行为理论与方法[M].杭州：浙江大学出版社，2017.

　　② 马军，吴双胜.中国学龄儿童青少年超重肥胖流行趋势分析[J].中国学校卫生，2009，30(3)：195-197.

　　③ 胡业瑢，丁枫，周云.等.镇江市润洲区小学生肥胖状况及其影响因素分析[J].中国学校卫生，2010，31(1)：23-24.

　　④ Anderson P M，Butcher K E. Childhood obesity：Trends and potential causes [J]. Future Child，2006，16(1)：19-45.

限于苏打水,但是果汁和其他甜味饮料皆属于此类。许多研究已经探讨了含糖饮料的摄入量与体重之间的关系,并且发现它是超重的一个促成因素。青少年每天增加 1 份含糖软饮料,发生肥胖的概率会提高 1.6 倍。①同时,过度追求高能量食物可能会导致食物摄入的单一化,无法提供青少年所需的维生素、矿物质等营养元素,导致这部分营养元素缺失,从而使得青少年体质健康水平下降。相关研究也证实了饮食结构合理和饮食结构一般的青少年的体质健康等级降低比数分别是饮食结构不合理的青少年的 0.173 倍和 0.454 倍。② 除此之外,加尔维斯等认为高糖和高油脂的饮食行为在一定程度上导致近视患病率的增高。③

静坐少动行为或较少的体力活动也可以增加青少年体质健康水平下降和超重、肥胖的概率。一方面,随着社会的进步,日益发达的交通工具给人们的生活带来了方便和快捷,代步工具使得人们步行的机会越来越少,加之户外活动以及家务劳动等体力活动的减少,使得能量消耗减少,过多的能量储存于体内导致能量失衡,从而造成青少年超重肥胖率不断上升。另一方面,随着电子技术的高度发展,青少年看电视、使用电脑和玩电子游戏的时间不断增加,由此引发的负面效应是:青少年户外活动的时间进一步减少,超重、肥胖的比例进一步增加。研究证实,这些久坐行为使得能量消耗减少,且往往同时伴随高能量食物的摄入,从而进一步增加青少年肥胖的危险性。④ 已有研究证实,看电视时间长和青少年肥胖关系密切。⑤ 研究结果同时显示,看电视时间和使用电脑时间

---

① Ludwig D S, Peterson K E, Gortmaker S L. Relation between consumption of sugar-sweetened drinks and childhood obesity: A prospective, observational analysis [J]. Lancet, 2001, 357(9255): 505-508.

② 杜发强·樊晶晶. 我国青少年学生体质健康致因探析[J]. 体育与科学, 2014, 35(3): 60-67.

③ Galvis V, Lopez-Jaramillo P, Tello A, et al. Is myopia another clinical manifestation of insulin resistance? [J]. Med Hypotheses, 2016, 90(5): 32-40.

④ Anderson P M, Butcher K E. Childhood obesity: Trends and potential causes [J]. Future Child, 2006, 16(1): 19-45.

⑤ Ludwig D S, Peterson K E, Gortmaker S L. Relation between consumption of sugar-sweetened drinks and childhood obesity: A prospective, observational analysis [J]. The Lancet, 2001, 357(9255): 505-508.

长是导致青少年肥胖的危险因素，这可能从侧面说明了运动时间因静坐时间的延长而减少。同时，代谢率的降低和零食摄入的增加都可能导致超重肥胖的发生。久坐的生活方式是与肥胖最显著相关的因素之一。有研究指出，每天每增加 1 小时的看电视时间，青少年的肥胖发生率将上升 2％。①② 近年来，青少年的电视观看时间，手机、电脑等媒介的使用时间急剧增加，静坐少动行为所花费的时间增加，导致其在体育锻炼上所花费的时间减少、近视的患病率提高、身体素质下降。教育部对新冠疫情居家防疫期间青少年的视力调查结果显示，2020 年 8 月与 2019 年底相比，青少年的近视率在半年内上升了 11.7％，其中小学生、初中生、高中生的近视率分别上升了 15.2％、8.2％、3.8％；上网课时间（静坐少动时间）与近视检出率的关系为：每天 1 小时网课，近视率为 45.8％；每天超过 4 小时网课，近视率增长到 76.7％。户外活动时间与近视检出率的关系为：每天接触阳光不到 1 小时，近视率为 61.8％；每天接触阳光 1～2 小时，近视率将降至 58.3％。③

同时，更多的研究证实科学地进行体育锻炼（有氧运动、抗阻运动、有氧联合抗阻）能够有效增强青少年体质，降低肥胖和近视的患病率，促进和增强青少年心理健康及社会适应能力。例如，詹晓梅等证实 4 周有氧运动能够有效降低青少年的体脂率、血脂、胰岛素抵抗和超敏 C 反应蛋白。④ 有研究通过 meta 分析显示运动干预能有效改善肥胖青少年的身体形态、运动能力和血脂水平，运动后肥胖青少年的身体质量指数、体脂率明显下降。通过体脂率亚组分析得知，肥胖青少年的减肥效果要优于青年，其腰围、臀围、腰臀比、总胆固醇、甘油三酯、低密度脂蛋白均出

---

① Anderson P M，Butcher K E. Childhood obesity：Trends and potential causes [J]. Future Child，2006，16(1)：19-45.

② Ludwig D S，Peterson K E，Gortmaker S L. Relation between consumption of sugar-sweetened drinks and childhood obesity：A prospective，observational analysis [J]. The Lancet，2001，357(9255)：505-508.

③ 中国科技网. 2020 中国青少年近视防控大数据报告发布[EB/OL]. (2020-08-30)[2021-03-19]. https://www. stdaily. com/index/kejixinwen/2020-08/30/content_1012515. shtml.

④ 詹晓梅，潘珊珊，陈文鹤. 运动干预对肥胖青少年体成分、血脂、胰岛素抵抗及超敏 C 反应蛋白的影响[J]. 上海体育学院学报，2012，36(6)：62-66.

现明显下降,且腰围比臀围下降得更明显;肺活量、最大摄氧量、高密度脂蛋白均出现明显升高。① 很多研究支持体育锻炼能够有效保护儿童青少年的视力,体育锻炼作为强身健体的重要手段,对保护中小学生视力健康起到独特的作用;并且基于"多巴胺假说",提出经常进行体育锻炼可以缓解眼部疲劳、改善视力、提高对近视的防治能力。此外,很多研究进一步强调户外活动而非单纯体育锻炼之间的关系。罗斯等针对悉尼学龄儿童的一项横断面研究指出,在户外度过的时间越多,近视患病率越低;同时,该研究对比生活在澳大利亚悉尼和新加坡的中国儿童发现,生活在悉尼的中国儿童的读写时间明显高于新加坡,但近视率(3.3%)明显低于新加坡(29.1%),唯一不同的是居住在悉尼的中国儿童户外活动的时间更多。②③ 相关研究提出了"光—多巴胺假说",即太阳光照能够刺激视网膜分泌更多的多巴胺,多巴胺是一种限制眼轴轴长增长的抑制剂。④ 最近,在中国进行的两项较大的干预实验也证明了户外活动对视力具有保护作用。在广州地区的干预研究中,实验组儿童(6—7岁)每天放学后增加1节40分钟的户外活动课。追访3年后,发现实验组(30.4%)与对照组(39.5%)的近视患病率存在显著差异。⑤在沈阳地区的干预研究中,实验组的1735名中小学生在每个教学日的上、下午各增加1次20分钟的户外活动,而对照组的1316名中小学生则不进行干预。干预一年后发现,实验组学生的裸眼视力下降速度显著

① 吴志建、王竹影、宋彦李青. 我国肥胖青少年运动减肥效果的 meta 分析[J]. 沈阳体育学院学报,2017,36(3):67-75.

② Rose K A,Morgan I G,Ip J,et al. Outdoor Activity Reduces the Prevalence of Myopia in Children[J]. Ophthalmology,2008,115(8):1279-1285.

③ Rose K A,Morgan I G,Smith W,et al. Myopia,lifestyle,and schooling in students of Chinese ethnicity in Singapore and Sydney[J]. Arch Ophthalmol,2008,126(4):527-530.

④ 朱厚伟、史曙生、申翠梅,等.我国初中生视力的影响因素研究——基于 CEPS(2014—2015 学年)追访数据的多项 Logistic 回归模型分析[J].中国体育科技.2022,58(4):52-61.

⑤ He M,Xiang F,Zeng Y,et al. Effect of time spent outdoors at school on the development of myopia among children in China:A randomized clinical trial[J]. JAMA.2015,314(11):1142-1148.

低于对照组。[1] 关于运动对青少年心理疾病影响的研究，均显示单纯的运动方案或运动与其他形式相结合的方案能够有效改善青少年多动症、创伤后应激障碍、抑郁、焦虑等相关症状。常等评估了在跑步机跑步30分钟对 20 名患有多动症的青少年执行功能的影响，运动组的反应抑制作用更大。[2] 同样，蓬蒂菲克斯等基于侧抑制任务对比分析实验组 20分钟中等强度（运动强度控制在最大心率的 $65\% \sim 70\%$）的跑步运动与对照组 20 分钟的阅读锻炼发现，实验组多动症儿童的反应准确性要高于对照组。[3] 亚沃尔斯卡等的研究指出，12 周的有氧运动使青少年飞行员的最大摄氧量增加，同时运动能降低抑郁和焦虑等相关症状的评分。[4] 安妮西通过评估学校体力活动促进计划对 9—12 岁儿童抑郁症影响的研究发现，有氧与抗阻结合、每周 3 次、持续 12 周后，受试者的抑郁症得到有效改善。[5]

同时，时空变量一直存在于青少年生活方式对其体质健康的影响中。饮食行为（饮食规律、饮食时间、食物获取的可达性、食物结构）、静坐少动行为（静坐时间、静坐时长、静坐地点、静坐时间结构、静坐姿态）、体力活动（体力活动时间、体力活动量、体力活动空间、体力活动强度）等影响因素均蕴含着时空变量，时间和空间成为观测、评价青少年生活方

① Jin J X, Hua W J, Xuan J, et al. Effect of outdoor activity on myopia onset and progression in school-aged children in northeast China: The Sujiatun eye care study [J]. BMC ophthalmology, 2015, 15(1): 73.

② Chang Y K, Liu S, Yu H H, et al. Effect of acute exercise on executive function in children with attention deficit hyperactivity disorder [J]. Arch Clin Neuropsychol, 2012, 27(2): 225-237.

③ Pontifex M B, Saliba B J, Raine L B, et al. Exercise improves behavioral, neurocognitive, and scholastic performance in children with attention-deficit/hyperactivity disorder[J]. J Pediatr, 2013, 162(3): 543-551.

④ Jaworska N, Courtright A K, Somma E D, et al. Aerobic exercise in depressed youth: A feasibility and clinical outcomes pilot[J]. Early Interv Psychiatry, 2019, 13(1): 128-132.

⑤ Annesi J J. Relationship between self-efficacy and changes in rated tension and depression for 9- to 12-yr.-old children enrolled in a 12-wk. after-school physical activity program[J]. Perceptual and Motor Skills, 2004, 99(1): 191-194.

式的重要角度。

二、青少年生活方式的时空转变

（一）现实时空被急剧压缩

时空压缩导致的体力活动减少是当代青少年体质健康生活方式影响因素的转换方向。现代信息技术和网络空间对物理空间的虚拟，极大地破除了社会主体及其固定性的限制，现代交通工具、通信工具对空间阻隔与地理疏远限制的克服，重组了生活世界中时间与空间的价值关系。哈维时空压缩的概念表明了现代人对时空的体验，即时间加速和空间扁平化，甚至时间和距离消失的体验。1950 年，海德格尔再次对这一概念进行了解释：时间和空间的一切距离都在缩小。过去，人们数周或者数月才能到达的地方，现在几个小时就能到了。通过纪录片视频，可以快速浏览一年四季和植物的萌芽—生长—死亡。在过去的 50 年中，全球被动运输（例如私家车、公共交通）显著增加，而主动运输（例如，步行，骑自行车）随之大量减少[1][2][3]，现代城市出现了越来越多节省体力活动能量消耗的环境设计（例如公交、电梯、自动扶梯和人行道）。[4] 这种时间和空间上的压缩使得青少年的体力活动急剧减少。除了日常通勤和体力活动的减少外，日常生活中其他体力活动的能量消耗也在下降。比如，洗衣机、扫地机器人、洗碗机等省力设备极大地改变了家务劳

---

[1] McDonald N C. Active transportation to school：Trends among U. S. schoolchildren，1969—2001[J]. Am J Prev Med，2007，32(6)：509-516.

[2] Weisdorf J L. From foraging to farming：Explaining the Neolithic Revolution [J]. Journal of Economic Surveys，2005，19(4)：561-586.

[3] Tudor-Locke C，Johnson W D，Katzmarzyk P T. Frequently reported activities by intensity for U. S. adults：The American time use survey[J]. Am J Prev Med，2010，39(4)：e13-e20.

[4] Pisarski A. Commuting in America Ⅲ：The third national report on commuting patterns and trends[M]. Transportation Research Board，2006.

动的方式。①② 自 20 世纪中叶以来，从事家庭活动和家务劳动所需的体力活动一直在减少。与 20 世纪 60 年代相比，妇女每周要家务劳动时间减少了 10～15 小时，青少年帮助家长完成家务劳动的时间逐渐减少甚至消失。从活动的家务（例如洗碗和扫地）到久坐消遣（例如在看电视时使用洗碗机）的能量消耗变化相当于每周能量消耗减少了 4200 kJ（> 1000kcal）。③④ 随着家务劳动时间的减少，青少年的空余时间被静坐少动行为（例如完成作业、互联网使用、看电视和玩电子游戏）所侵占，韦辛顿等通过对 2007 年美国青少年健康数据的调查发现，20.8% 的 6—11 岁儿童和 26.1% 的 12—17 岁青少年存在过度使用屏幕的现象。⑤ 屏幕使用时间的增加还伴随着不健康饮食和高热量饮食行为。有研究证实，青少年屏幕使用时间与广告宣传食品的销售量存在相关性，同时屏幕使用时间的增加加大了用眼负担。⑥ 时空压缩使得青少年体力活动时间被逐步缩减，静坐少动行为和不健康饮食行为对青少年的身体造成了更加严重的影响。随着人工智能和物联网的出现，时空将会进一步被压缩，青少年的体力活动将进一步减少。

---

①　Robinson J P. Time, housework, and the rest of life[J]. Journal of Family and Economic Issues，1996，17(3-4)：213-229.

②　Foster L L，Nysse L J，Levine J A. Labor saved，calories lost：The energetic impact of domestic labor—saving devices[J]. Obesity Research，2003，11(10)：1178-1181.

③　Archer E，Shook R P，Thomas D M，et al. 45-year trends in women's use of time and household management energy expenditure[J]. PLoS One，2013，8(2)：e56620.

④　Robinson J P，Steven M. Changes in American daily life：1965—2005[J]. Social Indicators Research，2009，93(1)：47-56.

⑤　Wethington H，Pan L，Sherry B. The association of screen time，television in the bedroom，and obesity among school-aged youth：2007 national survey of children's health[J]. Journal of School Health，2013，83(8)：573-581.

⑥　Myszkowska-Ryciak J，Harton A，Lange E，et al. Reduced screen time is associated with healthy dietary behaviors but not body weight status among Polish adolescents. Report from the wise nutrition—healthy generation project[J]. Nutrients，MDPIAG，2020，12(5)：1323.

（二）虚拟时空破除现实时空

青少年体力活动行为空间封闭的破除和活动距离的缩短，由"在场"向"在场"与"脱域"共存，体现了青少年体质健康生活方式影响因素的时空转变特征。人类依托网络及其"泛在"技术，实现了"脱域"状态，虚拟空间对真实空间的嵌套和代偿严重影响了青少年的生活方式，青少年的生活方式呈现出碎片化时间和场景化空间融为一体的时空。网络信息技术的发展提高了人类获取信息的能力，时间和空间的压缩变得更加明显。在这个信息膨胀的时代，人们不得不利用零散时间进行信息和资讯的获取。手机成了青少年闲暇时间主要的生活工具，时间的碎片化这一特点与手机的存在密切相关。在从报纸、电视、电脑的媒体时代到手机媒体时代的短短几年中，人类的时间观念被进一步转变，甚至被彻底颠覆。学习、生活、娱乐的时间变得模糊与融合。青少年时间的碎片化带来的是手机使用频率的上升。现在，手机成了很多学生的校外必需品，越来越多的娱乐和学习项目都需要手机的参与，甚至很多青少年在睡前、学习后的休息时间，上厕所时间、公交地铁时间都会使用手机。尤其是近年来，短视频软件的兴起更是把青少年的碎片化时间开发到了极致。据不完全统计，有 60% 的青少年将休息时间用于刷短视频，青少年碎片化时间被完全挤占，导致的直接后果是久坐时间的增加、体力活动的减少以及不健康食物摄入量的增加。在人类对时空的探索过程中，扩大空间和缩短时间一直是人类追求的目标。互联网技术的出现使得空间扩大成为可能，在"时间消灭空间"的过程中，人类社会逐渐形成了一体化的"全球村"。正如时间被碎片化一样，手机和移动技术的发展将一体化的空间分割成了一个个小型场景。相关报告显示，青少年使用移动设备的主要场景是"卫生间"（27.5%）和"在床上"（25.8%）。青少年感知的是手机等媒介塑造的空间，而身体却处在家、学校、洗手间、卧室等固定空间，身处的现实生活与虚拟世界进行了结合，使得青少年的精神得到了极大满足。但现实中的身体长期处于"静态"，对身体的损害不言而喻。碎片化时间和场景化空间的融合形成了融合的一体化空间，个体的时间碎片是有限的，手机等媒介成为抢占个体时间碎片的主体，这将导致青少年体力活动时间的缩减。同时，碎片化时间和场景化空间形成的一体化空间也更加具有个性，对个体的吸引力更大。尤其是青少年在没有正确引导的情况下，很容易沉浸在虚拟空间，长期处于脱域状态，对青少年的身体和心理都将造成沉重的负担。

第四节　青少年体质健康影响因素时空转变的中国特色

改革开放以来，经过 40 多年的努力，我国取得了改革开放和社会主义现代化建设的历史性成就，党和国家事业发生了历史性变革。[①] 景天魁等对中国改革开放以来所取得的成就与西方国家的发展进行了比较，从时空社会学的角度提出了"时空转换：似曾相识不相识""时空改换：道是平凡却不凡""时空变换：文武之道在于度"等观点，充分揭示了改革开放以来社会发展的中国特色。[②]

一、青少年所处社会环境时空变化的中国特色

在影响青少年体质健康的社会环境时空变化中，本书的研究阐释了时空形态的独立性对青少年体质健康社会环境的影响。虽然西方时空形态研究认为时空是相对独立的，但是中国国土面积广阔、人口基数极大，社会问题纷繁复杂。改革开放以来，我国社会结构转型和社会经济的跨越式发展，是史无前例的"大转变"（great transformation）。在增速换挡、结构优化、动力转换的过程中，新矛盾、新问题不断出现，让我们不得不思考传统与现代之间的关系问题。首先，传统并不等同于过去，传统总是现在存在的、现实的，是参与形塑现在的东西。传统代表了时间的连续性、空间结构的稳定性、时—空特性的统一性。而现代城市社会的快节奏和紧张取代了农业社会的静谧、散漫、信息不对称和对行为结果的难以预料性。现代性的时—空特性的意义主要是非连续性、断裂性、非确定性和风险性。后现代没有统一的概念，它的主旨思想是个性

---

① 景天魁. 时空社会学在中国的兴起[J]. 西北师大学报（社会科学版），2018，55(2)：10-16.

② 景天魁，向健，邓万春，等. 时空社会学：理论和方法[M]. 北京：北京师范大学出版社，2012.

化的现代性,追求因时、因地、因民族制宜的现代化,是在追求统一、普遍规律的同时追求差异性和特殊性。传统性、现代性和后现代性这三种不同时代的东西被集中压缩在了一个时空之中,对话结构由二元变成了三元。这种特殊的时空结构的转变使得我国在处理现实情境问题时,比西方国家面临更加复杂的情形,处理难度也更大。以教育观念的三元对立对青少年体质健康的影响为例,我国传统教育思想重智育、轻体育,现代教育思想追求德、智、体、美全面发展,后现代教育思想注重德、智、体、美、劳全面发展,甚至针对当前青少年体质健康水平一直下降的问题,提出了树立"健康第一"的教育理念。传统、现代、后现代的教育思想汇集于当下,形成了大碰撞、大冲击。当代中国,必须促使这三种相互冲突的教育观念形成相互协调、相互包容、择优综合的关系,从而在发展中取长补短、克服弊端、优势互补。从微观层面来看,家庭环境对青少年体质健康具有非常重要的意义。对于当前以独生子女为主的家庭结构,祖父母辈受到传统思想的熏陶,在思想、教育、行为方式方面代表了家庭环境中的传统(祖父母辈生活在经济紧张时期,经历过大饥荒年代),父母代表家庭环境中的现代(父母生于改革开放前后,经历了经济的快速复苏与社会的快速发展,重视教育,追求一致性),青少年代表家庭环境中的后现代(生于21世纪,经济富足,追求个性),一个小小的家庭内部就汇聚了传统、现代、后现代的思想、教育方式、行为方式。同时,家庭内部中存在三元结构的对话与冲突,家庭环境对青少年体质健康具有重要影响。传统研究只将父母作为影响青少年体质健康的主要层面,其实家庭环境中还存在传统和后现代层面。当三者出现冲突时,占据优势的一方将主导青少年体质健康。

其次,时空压缩对青少年体质健康的影响同样具有中国特色。中国面临的时空压缩主要分为两个层面,即外部的时空压缩和内部的时空压缩。从外部的时空压缩来看,我国是社会主义发展中国家,在社会发展的过程中虽然取得了巨大的进步和成绩,但仍是一个发展中国家,我国的政治、经济、文化等一直受到西方资本主义国家的挤压。按照普遍主义的假设,发展中国家只有照搬西方发达国家的模式,重复西方发达国家的进化阶段,接受西方发达国家具有普遍性的价值观及其文化的传播和辐射,才是实现现代化的唯一可行途径。西方文化的渗透,尤其是西方快餐文化的渗透与我国青少年不健康饮食习惯的形成存在较大关联。西方体育运动已经成为中国学校体育的主流，中国的传统体育受到前所未有的挑战。而中国在学习西方发达国家加快城市化进程的过程中，城市基础设施建设存在不均衡现象，尤其是体育场地和健身设施的人均占有率偏低。青少年体质健康的内部时空压缩可以分为时间压缩、空间压缩和时空压缩。时间压缩是指当前的社会环境对青少年造成的一种时间挤压，其最大特征就是"时间荒"。当前，青少年从幼儿时期就已经被安排学习各种知识、才艺，忙碌已经起步于学龄前甚至更早，时间压缩更是体现在青少年的时间安排上。除了每天的学校学习外，放学后大部分青少年被安排上课后辅导班，周末被安排各类兴趣班，以提高青少年的智育，从而获取各种证书奖励和取得好的学习成绩。很多青少年为完成课后作业和补习班作业会忙碌到晚上 10 点、11 点甚至凌晨，而第二天又是重复、忙碌的一天。除了每天的学校体育运动时间外，校外的体力活动被汽车、电梯等自动化器械所代替，青少年的校外体力活动接近于零。空间压缩是指当前社会环境对青少年造成的一种空间挤压，其最大特征就是空间拥挤。当前，城市化进程的加快导致空间不足和拥挤，青少年在校外将面临交通拥堵、商场拥堵、补习班空间拥挤，甚至公园、游憩场所拥挤。此外，在校内，随着"择名校"概念的出现，在幼升小、小升初、初升高的每个阶段家长为了能让孩子进名校，作出各种努力，而名校引发的学生数量上的压力和公共使用面积的缩减是导致学校空间拥挤的主要原因。很多学生被要求在限制区域、规定时间、动作整齐划一地进行大课间活动和体育课，很多时候因为空间不足而被迫叫停一些体育课程，每节课都有几个班甚至十几个班的学生同时使用一个田径场，青少年活动空间的拥挤可想而知。时空压缩的核心是时间和空间的共同压缩，其最大特征是忙碌而拥挤的一天。时间和空间作为社会环境最主要的变量，当其同时受到压缩时，青少年的体力活动将被急剧缩减，甚至达到无体力活动的状态，对青少年体质健康的影响也就不言而喻了。

　　最后，不平衡发展对青少年体质健康时空环境因素的影响同样具有中国特色。改革开放初期首先开放了 14 座城市，并以先富带动后富使得部分地区的经济得到快速发展，但同时也出现了不平衡发展等问题。不平衡发展包括经济收入、社会福利、机会公平等，其表现在地区差异、城乡差异、财富差别、代际问题、上学难、住房难、基层社区重建等方面。这些不平衡发展使得青少年所处的社会环境存在较大差异，从而导致青少年体质健康状况的城乡差异、地区差异，甚至阶层差异。

二、青少年所处物质环境时空变化的中国特色

中国作为一个发展中国家，在成立初期以发展重工业为主，在经济得到快速复苏和发展的同时，也对我国的自然环境造成了一定的破坏，最为明显的就是我国北方地区的雾霾天气。原环保部指出，每到秋冬季节，京津冀及其周边地区的雾霾天气与产业结构不合理导致"工业围城"、能源结构"一煤独大"、环保基础设施滞后等问题相关。① 究其原因，重化产业是造成环境污染的主要因素。习近平总书记在党的十九大报告中指出，坚持人与自然的和谐共生，建设生态文明是中华民族永续发展的千年大计。② 虽然自 2012 年后我国北方的雾霾等环境污染问题得到了一定的遏制，但几十年重工业发展对环境造成的污染仍需很长一段时间才能得到完全、有效的改善。环境污染带来的是户外体力活动时间和空间的压缩，大多数青少年被迫在室内进行体育课或者简单的体力活动。从建成环境的角度来看，改革开放以来我国的城市化进程不断加快，城镇化率已从 30% 上升到 60% 左右，但是同时期美国、德国等发达国家的城镇化率均超过了 70%，有些甚至超过了 80%。在城市化发展和城市规划方面，新城区在建设中广泛吸取了西方发达国家的城市建设经验，城市布局、规划相对合理，能够有效保证交通运行和居民的需求，但是旧城区的设施和设施改造对青少年生活方式的影响值得关注。除校外建成环境对青少年体质健康的影响外，学校的布局变化对青少年体质健康的影响也是巨大的。学校的时空变化存在城乡差异，城市学校随着城镇化人口的不断增加，呈现出"多而小"的时空特点。由于城市化进程的加快，当某一区域学校的学生可容纳数量低于学龄儿童数量时，教

---

① 东方网.华北雾霾，重化产业是祸首[EB/OL]. (2015-12-16)[2022-12-22]. https://finance.sina.cn/stock/jdts/2015-12-16/detail-ifxmpnuk1612947.d.html.

② 习近平.决胜全面建成小康社会 夺取新时代中国特色社会主义伟大胜利——在中国共产党第十九次全国代表大会上的报告[J].前线.2017(11):4-28.

育部门不得不增加这一区域的新学校建设。由于空间的限制,这些新学校的占地面积往往较小,或由几个分散的校区组成,形成了"多而小"的格局,这一空间布局直接导致很多学校的体育活动场地较小,或者部分场地建在室内或地下,在一定程度上对青少年体力活动形成了空间压缩。同时,乡村学校呈现出"少而大"的特征。城市化进程的加快,导致很多乡村学校的生源紧张。一些乡村学校不得不采取合并办学的模式,乡村青少年体力活动的空间仍能得到较好的保证,但是体育场地、体育设施的不足在一定程度上限制了乡村青少年的体力活动。

不平衡发展对青少年物质环境的影响主要体现在区域发展的不平衡、城乡发展的不平衡和社会阶层发展的不平衡。区域发展的不平衡主要体现为以经济发展为基础的东、西、中部地区的城市化进程的差异。就目前的研究结果来看,东、中部青少年整体的体质健康差异不是十分明显;但一些西部地区的青少年受到自然环境的限制,其体质健康状况低于全国水平。城乡发展的不平衡主要体现为城乡物质环境的差异。在设施布局和交通系统的完善程度方面,东部地区的城乡差异明显小于中西部地区。社会阶层发展的不平衡主要体现为青少年居住小区周围健身环境和学校环境的差异。这种差异对青少年体质健康的影响值得进一步研究,且社会环境的变化将直接影响物质环境对青少年体质健康的影响程度。

三、青少年生活方式时空变化的中国特色

青少年生活方式时空变化的中国特色主要体现在久坐时间的增加和体力活动时间的减少,从时空社会学的角度可以理解为"时空囚禁"。传统社会,时间的意识和计算来源于人的实践活动。例如,中国传统农历根据农耕实践经验和大自然的节律进行时间的计算。然而,现代社会带来了时间的抽象化,时间成为一种自在物,脱离了地域和社会时间的限制,反过来控制社会行为。中国青少年的生活是时间支配下的生活,由时间支配上课下课的节奏,由时间支配每天的体育活动,由时间支配上学、放学,由时间支配课后辅导和休闲时间。青少年俨然成为时间的奴隶,单调成为整个过程的主要特征,而仅有的课间休息时间和放学后的休息时间也大多被学习和娱乐所占据,久坐成为一种常态,体力活动

成为一种奢侈品。长期受应试教育观念影响的青少年,其时间体验就是一种囚禁,而且这种囚禁体验脱离了地域和个人需求,成为一种强制性的节律。由于社会的发展,大部分国家民众的体力活动量都呈现出下降的趋势,而中国民众体力活动量的下降速度更快,中国 18 年国民体力活动量的下降幅度已高于英国和美国 44 年的下降幅度。相关调查显示,中国绝大多数学生每天的学习时间超过 10 个小时,22.2% 的男生和 26.8% 的女生的学习时间已超过 13 个小时,且绝大多数学生的睡眠时间不足 8 个小时,甚至有部分学生的睡眠时间少于 6 个小时。学习时间成为青少年的时间主体。除学习时间和休息时间之外,青少年的大部分时间都用于媒介使用(玩电脑、手机、游戏等)和体育活动。[1] 但相关调查显示,16.9% 的男生和 26.6% 的女生从不进行体育活动;47.9% 的男生和 57.9% 的女生每天进行体育活动的时间少于 30 分钟,其余大部分时间青少年的休息方式选择以看电视、玩手机和玩电脑为主。[2] 时空压缩被强化到了极致,囚禁成为一种单一的时空体验,青少年的日常活动不得不被时间所支配。而在以学习时间为主的日常实践中,久坐成为一种习惯,体力活动成了青少年眼中的非必需品。2020 年,新冠疫情的暴发导致空间"囚禁"和"脱域"成为一种常态。中小学和大学的学生通过网络进行视频课程的学习成为常态,且持续近 3 个月以上,甚至到 2021 年 9 月仍有很多学校无法正常线下上课。网络课程直接导致的就是青少年屏幕使用时间的增加,中小学生半年的近视率增加了 11.7%。此外,非学习目的屏幕使用时间,不超过 1 小时、1～2.5 小时、2.5～4 小时、4 小时以上的近视检出率分别是 50%、58%、63% 和 73%。[3]

青少年生活方式时空变化的中国特色主要体现在久坐时间的增加和体力活动时间的减少,而由于学习时间对青少年形成的时空囚禁,休息时间的分配和主要活动成为增加青少年体力活动的唯一突破口。然而,信息通信技术在中国的快速发展使得青少年的休息时间进一步被压

---

[1][2] 彭莉,谢慧松. 城市中学生的营养状况及其与生活时间分配的关系[J]. 北京体育大学学报,2006(12):1651-1653.

[3] 新华社. 教育部:疫情期间中小学生近视率比去年上升 11.7%[EB/OL].(2020-08-27)[2022-12-27]. https://www.gov.cn/xinwen/2020-08/27/content_5537954.htm.

缩。青少年的休息时间长期处于一种脱域状态,久坐或静止成为青少年身体在场的主要状态。相关研究指出,久坐和静止在青少年课外常做的事情中分别占到了 52.7% 和 63.2%,而进行体育锻炼的比例仅占 27.5%。① 玩游戏和网上聊天的时间占据了青少年绝大部分的休息时间。中国青少年的脱域状态严重,虚拟网络给青少年的交流沟通和网上休闲娱乐带来了更多便利。但是相对地,青少年长期处于脱域状态,身体长期处于坐姿、躺姿、爬姿等静止状态对青少年体质健康造成较大影响。同时,过度依赖脱域状态对青少年的心理也会造成很多负面影响,导致青少年网络成瘾,甚至诱发一些心理疾病。

本章小结

空间和时间的依存关系表达了事物的演化秩序。时、空都是绝对概念,是存在的基本属性。时间和空间是青少年行为和生活方式测量、评价的核心,时间和空间也是青少年行为和生活方式的主要载体。社会在不断发展,青少年体质健康状况和行为生活方式也在不断转变,时空转换是描述这一变化的主要手段。时空与时空之间存在差异,中国特色的时空变化和现状是导致中国青少年体质健康现状的根本原因。中国特色的时空解释,更有利于分析中国青少年体质健康状况及其不同层面和时空水平下的影响因素,为实现更加有效的体质健康促进干预奠定基础。

青少年所处社会环境的时空变化。社会环境因素是青少年体质健康的社会决定因素之一,主要通过影响青少年行为和生活方式来间接影响青少年体质健康。社会环境中的政治环境、经济环境、文化环境(包含教育、习俗、宗教信仰等)和信息环境是影响青少年行为和生活方式的主要层面。社会环境的时空转换主要表现包括:青少年生活的社会时空形态不断转换;时空压缩是青少年体质健康社会环境影响因素的转换特点;青少年体质健康社会环境影响因素的利益格局由复杂化向更加复杂

---

① 颜静. 城市小学生课外活动现状的研究[D]. 长沙:湖南师范大学,2013.

多样转变。

青少年所处物质环境的时空变化。物质环境因素主要通过影响青少年行为和生活方式来间接影响青少年体质健康。物质环境包括自然环境和建成环境。建成环境包括空间类型和空间尺度。空间类型包括绿色空间、蓝色空间、灰色空间、家庭空间、交通空间等,空间尺度包括宏观和微观。基于此,我们将青少年体质健康的影响空间分为校外空间(自由空间)和校内空间(规训空间),以及建成环境—体力活动—体质健康路径和建成环境—饮食行为—体质健康路径。现代生产力对自然环境进行了重构,强化了空间的主体性——社会化意识,其是当前青少年体质健康物质环境影响因素的转换特点。建成环境或者城市化在根本上就是现代生产力对自然环境的一种重构,空间不再是自然的空间,而是人类的空间。自然环境对青少年体质健康和体力活动的影响将会随着空间重塑的人的主体性强化的不断加强而增强。

青少年生活方式的时空变化。行为和生活方式是影响青少年体质健康的主要因素,其中体力活动和饮食行为是促进青少年体质健康的关键。在微观层面,时间和空间是青少年行为和生活方式测量与评价的核心,行为和生活方式的变化特点可以用时间和空间进行阐释。物理环境和社会环境对青少年生活方式和体质健康的影响是一个动态变化的过程。回顾物理环境和社会环境时空转换的历史特质,把握青少年生活方式的时空模式是解决青少年体质健康问题的根本。时空压缩导致的体力活动的减少是当代青少年体质健康生活方式影响因素的转换方向;青少年体力活动行为空间封闭的破除和活动距离的缩短,由"在场"向"在场"与"脱域"共存是青少年体质健康生活方式影响因素的时空转变特征。

青少年体质健康影响因素的时空转换特色。改革开放以来,经过40多年的努力我国取得了改革开放和社会主义现代化建设的历史性成就,党和国家事业发生了历史性变革。传统性、现代性和后现代性并存是当前中国社会时空转换的一大特色,时空压缩和不平衡发展是当前中国社会时空转换的另一特色。在物质环境中,以污染环境为代价促进经济快速发展是发展中国家的发展现状。同时,不平衡发展也对青少年体质健康产生了一定影响。区域发展的不平衡、城乡发展的不平衡和社会阶层发展的不平衡对青少年体质健康的物质环境造成了巨大影响。"时空囚禁"和"脱域"是影响青少年行为和生活方式的中国特色因素。影响青少年体质健康生活方式时空变化的中国特色主要体现在久坐时间的增加和体力活动时间的减少,从时空社会学的角度可以理解为"时空囚禁"。此外,信息通信技术在中国的快速发展使得青少年的休息时间被进一步压缩。青少年的休闲时间长期处于一种脱域状态,久坐或静止成为青少年身体在场的主要状态。

第四章　我国青少年体质健康促进实践的时空演进

中华人民共和国成立以来,针对青少年体质健康问题,在不同的社会发展阶段,政府部门颁布了不同的体质健康促进政策并开展了青少年体质健康促进实践工作。我国青少年体质健康促进模式和社会实践工作与社会发展、当前社会主要矛盾相适应。基于时空社会学理论,从社会时空视角考察我国青少年体质健康促进政策的时空变迁,分析我国青少年体质健康促进途径的时空塑造,探究我国青少年体质健康促进实践的时空困境,为青少年体质健康促进模式的构建奠定基础。

第一节　我国青少年体质健康促进政策的时空变迁

从 1949 年到 2020 年,中华人民共和国已成立 71 周年。在这 71 年的建设历程中,从《共同纲领》到已经实施的《民法典》都体现了我国国家层面政策的不断变化。其中,青少年体质健康促进政策就是这诸多政策中的一部分。政策的变化源于国家、政府部门以及全体中国公民的集中意志对于当前社会时空转变的一种考量,并针对当前社会时空亟需解决的问题、矛盾和制度中的不足进行完善、补充和修改。社会时空视角下,我国青少年体质健康促进政策的时空变迁主要体现在政策目标的变化、政策主体空间的转移、政策互动场所的转换以及政策内容的改变。政策颁布的主体可分为国家层面、地方政府层面、学校层面等,本书的研究主要是对从中华人民共和国成立以来所颁布的国家层面的青少年体质健康促进政策进行梳理。政策研究需与社会发展现状相一致,只有将青少年体质健康促进政策套入当时的社会时空,对青少年体质健康促进政策的研究才更具有现实意义。

一、从"劳卫制"到"健康第一":体质健康促进政策目标的时空变化

（一）强身健体:保家卫国

从 1949 年中华人民共和国成立到 1956 年社会主义改造基本完成,这一时期是一个过渡时期,即从新民主主义到社会主义的转变时期,也称为新民主主义社会时期。这一时期,国内百废待兴、国外暗流涌动。在这样的社会时空下,强化军备力量、增加国防储备,维持社会正常秩序是国家的主要目标,而拥有强壮体魄和知识武装的青少年将是国家军备力量的重点建设对象。《准备劳动与卫国体育制度》（以下简称"劳卫制"）、《准备劳动与卫国体育制度暂行条例》和《关于在青少年中开展国防体育活动的联合指示》等政策的出台是这一时期"锻炼青少年成为现代化国防军的后备力量"的制度保障。

（二）增强体质:肩负祖国未来

从党的十一届三中全会到党的十四大,我国开始步入社会主义现代化建设新时期。在改革开放这一社会时空背景下,国家层面提出了"解放思想、实事求是"的方针,确立了"实践是检验真理的唯一标准"的马克思主义原则,坚持把解放和发展生产力作为党的根本任务。随着改革开放步伐的不断加快,国民经济得到全面调整、恢复和快速发展,人民的生活水平和生活质量得到不断改善。在深入了解当时人民群众需求的基础上,1978 年的全国体育工作会议明确了青少年体育的发展方向,将增强青少年体质作为首要任务。1978 年,教育部颁布的《全日制十年制学校中学体育教学大纲（试行草案）》《十年制中学体育教学大纲》《十年制小学体育教学大纲》等明确指出,"增强学生体质,适应学校教育要求,使学生未来能够担负起建设祖国和保卫祖国的光荣任务"。同年,教育部颁布的《全日制大中小学暂行工作条例》明确指出,"大中小学体育工作,要为青少年一代身心健康成长,为增强中华民族的体质,为实现四个现代化作出积极贡献"。1990 年,国务院颁布《国家体育锻炼标准施行办法》,其中的总则提出,"为鼓舞和推动人民群众,特别是青少年、儿童积极参加体育锻炼,以增强体质"。同年,国家体委、教育部联合颁布的《学校体育工作条例》指出,学校体育工作的根本任务之一是"增强学生身心健康,增强学生体质"。1992 年,国家教委先后颁布了《中小学健康教育基本要求》《大学生健康教育基本要求》,对学校健康教育的目标、方法、教学内容、教材、课时量等作出了明确规定。

（三）体教融合：健康第一

1992 年,邓小平南方讲话和党的十四大,标志着我国社会主义现代化建设进入了新阶段。在毛泽东思想、邓小平理论、"三个代表"重要思想、科学发展观和习近平新时代中国特色社会主义思想的指导下,社会主义建设稳步向前。1996 年,国务院颁布的《关于深化教育改革全面推进素质教育的决定》提出,"学校教育要树立健康第一的指导思想"。虽然该政策文件不是针对青少年体质健康的专门文件,但是为我国青少年体质健康促进工作奠定了基础,"健康第一"的理念成为我国青少年体质健康促进工作的核心思想。2007 年,国务院颁布的《中共中央、国务院关于加强青少年体育增强青少年体质的意见》(中央 7 号文件)是有关青少年体质健康促进的最重要的文件之一,也是我国国家最高行政机构颁布的针对青少年体质健康促进的专门政策文件,体现了国家对青少年体质健康的重视。2016 年,国务院先后颁布了《国务院办公厅关于强化学校体育促进学生身心健康全面发展的意见(27 号文)》《"健康中国 2030"规划纲要》《国务院关于印发全民健身计划(2016—2020 年)的通知》,进一步提出从不同层面开展青少年体质健康促进工作的要求和具体意见。2018 年 9 月 10 日,习近平总书记在全国教育大会上的讲话明确指出："要树立健康第一的教育理念,开齐开足体育课,帮助学生在体育锻炼中享受乐趣、增强体质、健全人格、锤炼意志。"[1]2020 年 4 月 30 日,中央全面深化改革委员会第十三次会议审议通过了《关于深化体教融合促进青少年健康发展的意见》,会议指出："深化体教融合促进青少年健康发展,

---

[1] 季浏.增进学生身心健康是我国学校体育发展的根本和方向——学习贯彻习近平总书记在全国教育大会上的重要讲话精神[J].吉首大学学报(社会科学版),2010,41(1):28-37.

要树立健康第一的教育理念,推动青少年文化学习和体育锻炼协调发展,加强学校体育工作,完善青少年体育赛事体系,帮助学生在体育锻炼中享受乐趣、增强体质、健全人格、锻炼意志,培养德智体美劳全面发展的社会主义建设者和接班人。"①这是青少年体质健康促进的又一关键性文件,该文件的出台标志着我国依据自身国情进行体制机制改革促进青少年体质健康的新探索。

二、从一元管理到多元协同:体质健康促进政策主体的时空变化

政策主体是政策系统的核心成分,是指参与和影响政策决定、执行、监督等过程的组织、团体和个人。社会时空转换表现为身份地位流动、生产方式变换、资源分配、规则调整等,政策主体所拥有的权力主要表现在其所拥有的"决策"和"动员"两个方面的转换能力。政策主体的空间转换势必造成政策内容、目标和结构的变化。我国政策主体的时空转换主要可以分为以下三个阶段。

第一阶段:一元管理时期(1949—1977年)。政策主体涉及中共中央、人民革命军事委员会、中国新民主主义青年团中央委员会等。我国政府在应对青少年体质健康问题方面形成了一元化、高度集中的政策主体空间管控模式。这一阶段体质健康促进政策的主要目标为:(1)完善制度体系,保障人权;(2)军备化力量储备;(3)完善教育制度体系。例如,中央人民政府政务院出台的《关于改善各级学校学生健康状况的决定》《中共中央批转中央体委党组关于加强人民体育运动工作的报告的指示》等,教育部出台的《关于1956—1957学年度在中学、师范学校及高等师范学校推行劳动和卫国体育制度的通知》《关于改进小学体育工作的指示》《小学体育教学大纲》《中学体育大纲》《普通高等学校体育课教学大纲》(草案)等,国家体委出台的《准备劳动与卫国体育制度暂行条例》《体育运动十年发展纲要》《关于在青年中开展国防体育活动的联合指示》等。

---

① 新华网.习近平主持召开中央全面深化改革委员会第十三次会议强调 深化改革健全制度 完善治理体系 善于运用制度优势应对风险挑战冲击[EB/OL].[2022-10-27].https://gov.cn/xinwen/2020-04/27/content_550677.htm.

第二阶段:协同管理时期(1978—2005 年)。在改革开放的过程中,市场与社会开始进入我国社会主义建设进程之中,这也使我国的国家治理开始走向现代化发展历程。一是政府不再一元化地管控国家政治、经济建设,而是负责领导、授权与制定规则,发挥其管理与调节作用。二是社会的自主性不断提高。随着改革的不断深入,政府逐步放权于社会。这一阶段,我国的非政府组织、社会机构、学术组织等不断增多,它们在社会管理的许多方面发挥了一定的积极作用。青少年体质健康促进政策的主体空间由一元化、高度集中,向党政主导、多元协同参与的政策主体空间发展。例如,国家教委、国家体委、共青团等联合颁布的《关于开展"到阳光下、到操场上、到大自然中去陶冶身心"活动的通知》《中小学、高等学校体育工作暂行规定(试行草案)》《关于中国学生体质、健康状况调查研究结果和加强学校体育卫生工作的意见的通知》等。

第三阶段:多元协同治理时期(2006—2020 年)。这一时期,我国的青少年体质健康工作呈现出高度复杂化的特征。参与青少年体质健康工作的职能部门极为广泛,领域内涉及的多元主体被细分到各个职能部门,最终形成一个高度系统化的管理体系。这一阶段,在我国青少年体质健康领域探索、创新出了众多举措:(1)健康促进工作彰显"以人为本"的价值取向;(2)青少年体质健康工作的法治化建设进一步完善;(3)青少年体质健康工作更加科学化、系统化;(4)青少年体质健康工作的内容更为多元化。这一阶段的政策主体空间由党政主导、多元协同参与向党政领导、复杂化、系统化的政策主体空间转变。例如,针对青少年体质健康水平下降,教育部、国家体育总局等颁布的《关于进一步加强学校体育工作切实提高学生健康素质的意见》《关于开展全国亿万学生阳光体育运动的通知》《阳光体育与奥运同行冬季长跑活动通知》等;针对不断加重的青少年近视、肥胖问题,教育部等八部委联合颁发的《综合防控儿童青少年近视实施方案》《关于印发儿童青少年肥胖防控实施方案的通知》《全国青少年校园足球八大体系建设行动计划》等。

三、从学校为主到家校社联动:体质健康促进政策场所的时空变化

互动场所是社会时空的"转换关键"。卢曼、哈贝马斯认为,互动就

是场所,场所就是社会理论研究的关键[1];吉登斯认为,具体实践转换为系统再生产,私有财产转换为产业权威,社会整合与系统整合都是以场所为转换关键。[2]我国青少年体质健康促进政策的互动场所就是青少年体质健康促进政策实施的一个"平台",我国青少年体质健康促进政策的互动场所经历了以下三个阶段。

第一阶段,以学校为主(1992年以前)。学校作为青少年体质健康促进政策实施的主要场所在这一时期具有重要意义。在国家经济发展水平偏低的社会时空背景下,依托学校作为促进青少年体质健康的主要场所具有较好的便利性和低成本性。此外,学校是一个封闭时空,便于相关政策的传达和执行,执行效果要优于其他场所。例如,1951年,中央人民政府政务院颁布的《关于改善各级学校学生健康状况的决定》;1954年,三部一委作出的《关于开展学校保健工作的联合指示》;1954年,两部一委作出的《关于在全国小学中推行少年广播体操的联合指示》;1960年,教育部、卫生部联合颁布的《关于在各级学校中大搞爱国卫生运动和加强体育运动的通知》;1982年,教育部颁布的《关于保证中小学生每天有一小时体育活动的通知》;1987年,国家教委、卫生部颁布的《关于加强视力保护、全面开展学校卫生保健工作的通知》等。

第二阶段,以学校为主,走向户外(1992—2006年)。1992年以后,尤其是《关于开展"到阳光下、到操场上、到大自然中去陶冶身心"活动的通知》的颁布,使得青少年体质健康促进政策走出校园、走向校外。1993年以后,我国经济迅速发展,带动了文化、教育、科技以及城市化建设等各个领域的快速发展,青少年的生活方式和教育方式也在不断发生改变。我国青少年的学校体育卫生教育内容不断丰富,学校成为青少年体质健康促进工作的主战场。1994年,国务院召开第二次全国教育工作会议,强调加强城镇和乡村学校的卫生工作以及初中毕业生升学体育考试等。随后,国家教委、国家体委和共青团联合发布了《关于开展"到阳光下、到操场上、到大自然中去陶冶身心"活动的通知》,正式拉开了青少年阳光体育的帷幕。1996年,国务院颁布的《关于深化教育改革全面推

①②　景天魁,何健,邓万春,等.时空社会学:理论和方法[M].北京:北京师范大学出版社,2012.

进素质教育的决定》提出，"学校教育要树立健康第一的指导思想"。虽然该政策文件不是针对青少年体质健康的专门文件，但是为我国青少年体质健康促进工作奠定了基础，"健康第一"的理念成为我国青少年体质健康促进工作的核心思想。2000年，教育部颁布的《九年义务教育全日制中小学体育与健康教学大纲（适用修订版）》提出了学校体育与健康以育人为宗旨，促进儿童青少年身心全面发展；2001年，《全日制义务教育普通高级中学体育（1～6年级）、体育与健康（7～12年级）课程标准（实验稿）》的颁布对学校体育的目标进行了重新定位，首次将三维健康观（身体健康、心理健康和社会适应的完满状态）融入学校体育，以此成为这一阶段的标志性文件。2001—2005年，国务院、教育部和国家体育总局连续制定了《中共中央、国务院关于进一步加强和改进新时期体育工作的意见》《〈国家学生体质健康标准〉实施办法》《学生体质健康标准》《体育与健康课程标准》《关于开展"全国学生体质健康标准推广活动"的通知》《国民体质测定标准施行办法》等一系列以学校为促进空间、以体育为促进手段、以学生为主要目标人群的青少年体质健康促进政策文件。

　　第三阶段，从以学校为主转向家—校—社联动。2006年后，《中共中央、国务院关于加强青少年体育增强青少年体质的意见》将互动场所从以学校为主，校外为辅，转向家庭—学校—社区联动。2007年，国务院颁布的《中共中央、国务院关于加强青少年体育增强青少年体质的意见》是青少年体质健康促进最重要的文件之一，也是我国国家最高行政机构颁布的针对青少年体质健康促进的专门政策文件，更是这一时期最具标志性的政策文件。该文件明确了青少年体质健康促进将在学校、家庭、社区三个空间展开。同年，教育部联合国家体育总局颁布了《关于全面启动全国亿万学生阳光体育运动的通知》和《阳光体育与奥运同行冬季长跑活动通知》，阳光体育运动成为这一阶段推动青少年体质健康最主要的措施之一。2016年，国务院先后颁布了《国务院办公厅关于强化学校体育促进学生身心健康全面发展的意见（27号文）》《"健康中国2030"规划纲要》《国务院关于印发全民健身计划（2016—2020年）的通知》，进一步提出从不同层面开展青少年体质健康促进工作的要求和具体意见。2018年9月10日，教育部联合八部委出台的《综合防控儿童青少年近视实施方案》和 2020 年 10 月教育部等六部委联合颁布的《关于印发儿童青少年肥胖防控实施方案的通知》,明确规定了学校、家庭、社区等微观时空在青少年体质健康促进中的作用。2020 年 4 月 30 日,中央全面深化改革委员会第十三次会议审议通过了《关于深化体教融合促进青少年健康发展的意见》,明确了青少年体育课后作业将成为一种常态。

四、从全面促进到重点干预:体质健康促进内容的时空变化

随着我国经济水平的不断提高,青少年体质健康状况不断发生变化,我国青少年体质健康促进的内容也随着时空的改变而不断发生适应性的变化。我国青少年体质健康促进内容的时空变化经历了以下四个阶段。

第一阶段,全面促进前期(1978 年以前)。1949 年 9 月 29 日,《中国人民政治协商会议共同纲领》第四十八条将全民体育、卫生医药,母亲、婴儿和儿童健康列入其中,可见当时对青少年体质健康的关注。为保障青少年的健康权和受教育权,国家开始建立和完善体育与卫生管理机构和组织(1952 年,成立中央人民政府体育运动委员会,1954 年改名为中华人民共和国体育运动委员会,并陆续建立省、市、县级体委);开展学校体育师资培养和培训(体育院系学生从 1950 年的几十人增长到 1956 年的 2000 多人);加强体育课程、教材建设(《中学暂行教育学计划》《小学体育课程暂行标准》等);加大营养补贴。

第二阶段,全面促进中期(1978—2007 年)。1990 年,国务院颁布《国家体育锻炼标准施行办法》,其中的总则提出,"为鼓舞和推动人民群众,特别是青少年、儿童积极参加体育锻炼,以增强体质"。国家体委、教育部联合颁布的《学校体育工作条例》指出,学校体育工作的根本任务之一是"增强学生身心健康,增强学生体质"。1992 年,国家教委先后颁布了《中小学健康教育基本要求》《大学生健康教育基本要求》,对学校健康教育的目标、方法、教学内容、教材、课时量等作出了明确规定。改革开放以来,我国青少年体质健康工作有了新进展。首先,更加重视体育对青少年体质健康的促进作用。党的十二大以后,学校体育卫生工作确立了以增强学生体质为主、以普及学校体育为主、以学校经常锻炼为主,卫

生工作方面以预防为主的指导思想。随后,大中小学体育教学大纲在"增强学生体质"的基础上,提出促进学生身体机能、身体素质和基本活动能力的全面发展。其次,学校健康教育工作越来越受到重视。此前,学校教育多以号召的形式,而此时学校健康教育工作形成了新的体系,有了明确的教学目标、教学内容、教学方法,体育与健康教育成为学校健康教育的主要内容。最后,国家政策制定更加科学化、人性化和具体化。改革开放以来,青少年体质健康促进政策从实际出发,以当前青少年体质健康的主要问题和需求为立足点。例如,1985年全国学生体质与健康调研报告指出青少年近视问题突出,1987年我国就出台了《关于加强视力保护、全面开展学校卫生保健工作的通知》《中学生体育合格标准的试行办法》《关于发出〈中小学学生近视眼防治工作方案〉(试行)的通知》。随着经济水平的不断提高、人民生活水平的不断改善,青少年的营养越来越充足,应试教育导致的体力活动不足、青少年营养不良问题已不再是青少年体质健康的主要问题,青少年超重和肥胖问题初显。1990年的《学校体育工作条例》再次明确指出,将对未保证中小学生每天一小时体育活动的个人和单位进行处罚。1996年,国务院颁布的《关于深化教育改革全面推进素质教育的决定》提出,"学校教育要树立健康第一的指导思想"。虽然该政策文件不是针对青少年体质健康的专门文件,但是为我国青少年体质健康促进工作奠定了基础,"健康第一"的理念成为我国青少年体质健康促进工作的核心思想。2000年,教育部颁布的《九年义务教育全日制中小学体育与健康教学大纲(适用修订版)》,体现了学校体育与健康以育人为宗旨,促进青少年身心全面发展。

第三阶段,全面促进后期(2007—2013年)。2007年,国务院颁布的《中共中央国务院关于加强青少年体育增强青少年体质的意见》既是青少年体质健康促进最重要的文件之一,也是我国国家最高行政机构颁布的针对青少年体质健康促进的专门政策文件。同年,教育部联合国家体育总局颁布《关于全面启动全国亿万学生阳光体育运动的通知》和《阳光体育与奥运同行冬季长跑活动通知》,阳光体育运动成为这一阶段推动青少年体质健康最主要的措施之一。2008年,教育部颁布的《中小学健康教育指导纲要》,对中小学健康教育进行了全面规定,进一步加强了学校层面的健康教育工作,提高学生的健康意识和健康知识储备,对健康行为和健康生活方式的形成起到了促进作用。2009年,国务院颁布的《全民健身条例》第二十一条至第二十三条明确指出,按照《体育法》和《学校体育工作条例》的规定,根据学生的年龄、性别和体质状况,组织实施体育课教学,开展广播体操、眼保健操等体育活动,指导学生的体育锻炼,提高学生的身体素质,学校应当保证学生在校期间每天参加一小时的体育活动。2011年,教育部再次颁布《关于切实保证中小学生每天一小时校园体育活动的规定》,旨在保障中小学生的体育活动时间,提高青少年体质健康水平。2012年,卫生部颁发的《学校卫生监督工作规范》为学校卫生监督工作提供了法律依据,促进了学校卫生工作的发展。同年,国务院出台了《国务院办公厅转发教育部等部门关于进一步加强学校体育工作若干意见的通知(53号文)》,体现了国家层面对加强学校体育工作,促进青少年体质健康的重视和决心。该文件再一次明确学校教育的基本目标之一是增强学生的体质健康。随后,教育部颁发了《中小学心理健康教育指导纲要(2012年修订)》,体现了国家对青少年心理健康的关注,为中小学生心理健康教育提供了依据。

第四阶段,重点干预时期(2013年至今)。2013年,《国家学生体质健康标准》测试数据上报制度颁布,以数据公开倒逼青少年体质健康促进工作的执行。这一时期,青少年体质健康问题不断突出,青少年超重肥胖率不断攀升、近视率居高不下且呈现低龄化趋势,脊柱侧弯的患病率不断升高。2013年,中共中央出台的《中共中央关于全面深化改革若干重大问题的决定》,对学校体育工作作出了重要部署,明确提出"强化体育课和课外锻炼,促进青少年身心健康、体魄强健"的具体要求。这是继《中共中央、国务院关于加强青少年体育增强青少年体质的意见》后的又一关键性文件,表明了党中央对青少年体质健康促进工作的重视和达成促进目标的决心,对青少年体质健康促进工作具有深远影响。2016年,国务院先后颁布了《国务院办公厅关于强化学校体育促进学生身心健康全面发展的意见(27号文)》《"健康中国2030"规划纲要》《国务院关于印发全民健身计划(2016—2020年)的通知》,进一步从不同层面提出青少年体质健康促进工作的要求和具体意见。2018年8月28日,习近平总书记作出重要指示,"共同呵护好孩子的眼睛,让他们拥有一个光明的未来",青少年近视率居高不下的问题开始受到全国各界的关注。①
2018年9月10日,教育部等八部门出台《综合防控儿童青少年近视实
施方案》,将近视防控工作纳入政府政绩考核,全国掀起了青少年近视防
控工作的热潮。2020年10月,教育部会同国家卫生健康委等六部门颁
发了《关于印发儿童青少年肥胖防控实施方案的通知》。同年,国务院出
台的《国务院关于实施健康中国行动的意见》将促进青少年体质健康作
为主要任务之一,指出,"中小学生处于成长发育的关键阶段。动员家
庭、学校和社会共同维护中小学生身心健康。引导学生从小养成健康生
活习惯,锻炼健康体魄,预防近视、肥胖等疾病。中小学校按规定开齐开
足体育与健康课程。把学生体质健康状况纳入对学校的绩效考核,结合
学生年龄特点,以多种方式对学生健康知识进行考试考查,将体育纳入
高中学业水平测试。到2022年和2030年,国家学生体质健康标准达标
优良率分别达到50%及以上和60%及以上,全国儿童青少年总体近视
率力争每年降低0.5个百分点以上,新发近视率明显下降"。2020年4
月21日,习近平总书记在考察陕西省安康市平利县老县镇中心小学时
说:"现在孩子普遍眼镜化,这是我的隐忧。还有身体的健康程度,由于
体育锻炼少,有所下降。文明其精神,野蛮其体魄。我说的野蛮其体魄
就是强身健体。"②从中体现了国家领导人对于学生体质健康和青少年
体质健康问题的高度关注。

第二节　我国青少年体质健康促进途径的时空塑造

　　政策实施是指政策执行者通过建立组织机构,运用各种政治与社会
资源,采用政策解释、政策宣传、实验检验、协调与控制等活动方式,将政

---

① 新华社.习近平近日作出重要指示强调　共同呵护好孩子的眼睛　让他们拥
有一个光明的未来[J].思想政治工作研究.2018.35(9):2.
② 中国教育报.文明精神野蛮体魄　培养健康阳光少年[EB/OL].[2022-10-
29].paper.jyb/zgjyb/images/2022-06/23/01/ZGJYB2022062301.pdf.

策观念的内容转化为实际效果,从而实现既定政策目标的活动过程。①
通常,政策实施过程包括政策宣传、计划制定、组织落实、政策试点、全面
实施、协调控制、追踪决策等主要步骤和环节。我国青少年体质健康促
进工作作为公共政策的一个主要部分,由很多不同层面、不同类型的政
策构成,这些政策通过不同的渠道和方式共同作用来达到促进青少年体
质健康的目的。基于时空社会学对我国青少年体质健康促进政策执行
主要途径的分析,可总结为以下五种。第一,认知时空改造:学校健康教
育。第二,现实时空拓展:学校体育改革。第三,虚拟时空构建:数据平
台建设。第四,国际时空延伸:健康促进学校。第五,特色时空创建:专
项行动开展。

一、认知时空改造:学校健康教育

认知时空(心理时空)是指个人在日常生活中通过对实践活动的学
习而逐步认知的过程。从时空社会学的角度,健康教育是对青少年认知
时空的塑造。健康教育通过教育、宣传、干预等手段,帮助青少年塑造健
康的认知体系,使青少年主动改变不良行为,促进健康行为的产生。健
康促进是在健康教育的基础上产生的,健康教育的核心就是引导和形成
健康行为,健康教育也是大多数健康教育干预研究的评价指标和项目目
标。目前,很多健康教育项目仍存在于学校教育之中。例如,学校卫生
教育在学校健康促进中仍起到非常重要的作用。学校健康教育和学校
体育至今仍是我国青少年体质健康促进工作的主要政策执行渠道。健
康教育的定义有很多,常见的定义有以下三个。第一个来自 2000 年健
康教育和促进联合委员会术语报告。该报告将健康教育定义为:在健康
知识的指导下,个体作出正确的健康选择的过程。② 该定义强调了健康
教育的系统性和过程导向,旨在通过提高个体和社区的健康意识和知
识,促进人们健康行为和生活方式的形成。第二个定义来自格林等,其

---

① 史曙生. 均衡博弈:青少年体质健康促进的生态竞争模式及其实践[M]. 南
京:河海大学出版社,2019.

② Gold R S, Miner K R. Report of the 2000 joint committee on health education
and promotion terminology[J]. Journal of School Health,2002,72(1):3-7.

将健康教育定义为:所有针对个人、组织和社区的致力于改变倾向因素、促成因素和牵挂因素的学习过程的结合。① 第三个定义是我国流行病学和健康教育学专家黄敬亨提出的:健康教育被看作通过有计划、有组织、有系统的社会和教育活动,促使人们自愿地改变不健康行为,减轻或消除影响健康的危险因素,预防疾病,促进健康和提高生活质量。②

  学校是实施健康教育的最佳场所和理想时空。学校形成了一个较为封闭的时空,时间和空间成为辅助规训或健康教育的主要指标。时间和空间辅助学校有计划、有组织、有评价、系统性地开展学校教育活动。比如,通过安排健康教育课的时间、地点,布置健康教育空间环境(健康宣传文化栏等)等来帮助学生主动地增长健康常识,树立科学的健康观,促使学生不健康行为的改变和健康行为的形成,在一定程度上减少或消除影响健康的危险因素,预防疾病,促进青少年体质健康和提高生活质量。③ 高石昌弘认为,学校教育对青少年,特别是学龄期学生健康的维护和增进具有重要作用。健康教育的投入和效益是非常可观的,其健康促进效益是前所未有的。④ 例如,通过健康教育预防冠心病和心脑血管疾病。1963—1980 年,在健康教育计划的干预下,美国冠心病和心脑血管疾病的死亡率分别降低了 40% 和 50% 左右。美国针对吸烟教育计划的投入和效益评估结果显示,每投资 1 美元,可在因吸烟导致的健康和非健康问题的开支上节约 18.8 美元。除此之外,在预防酗酒、吸毒和早期性行为中,健康教育的投入和产出也都是非常可观的。健康教育有以下四大特征:(1)健康教育是一项教育活动,虽然健康教育起源于卫生宣传活动,但随着健康教育概念的不断深入,健康教育已经发展为涉及社会各个层面的复杂而艰巨的基础社会工程;(2)健康教育的核心是健康行为的养成,健康教育是通过增加人们对某一疾病或行为的危害和益处

----

  ① Green L W, Kreuter M W. Health program planning: An educational and ecological approach[M]. 4th edition. New York: McGraw-Hill Higher Education, 2005.

  ② 黄敬亨. 健康教育学[M]. 北京:科学出版社,2000.

  ③ 马晓. 健康教育学[M]. 北京:人民卫生出版社,2004.

  ④ 刘向兵.教育强国的核心要义思考[J].中国人民大学教育学刊.2003(6):12-15.182.

的了解,将其内化为一种心理动机(例如自我效能等),促使人们减少危险行为、增加健康行为,最终养成健康的生活方式和行为习惯;(3)健康教育是一个提供健康经验的过程,很多健康教育模式认为周围人和环境影响个体行为的改变,即由经验者向学习者提供健康经验的过程,这种经验不局限于相关健康知识或事实,更是一种健康体验,以激发学习者产生健康信念,形成健康的行为习惯;(4)学校教育是健康教育的关键,青少年是世界的未来和希望,健康教育需从小养成。学校的特殊性(封闭空间、规训教育等)使得教育系统和卫生系统共同作用其中,从而达到最好的教育效果。

目前,我国青少年体质健康促进的健康教育以学校为主要实践场所或时空。中华人民共和国成立以来,学校健康教育一直受到党和国家以及相关主管部门的重视。2008年,《中小学健康教育指导纲要》明确指出了健康教育是以促进健康为核心的教育,学校健康教育要把培养青少年的健康意识、提高青少年的健康教育素质作为出发点,注重实用性和实效性。随后出台的《"健康中国2030"规划纲要》也明确指出了要建立健全健康促进与教育体系,提高健康教育的服务能力,普及健康科学知识,培养良好的生活习惯,并着重强调要加强学校健康教育,将健康教育纳入国民教育体系。以中小学为重点,建立学校健康教育推进机制。

学校健康教育开展模式的特点可总结为学科渗透和学科交融。如前所述,健康教育所涵盖的范围是非常广泛的。就学校健康教育而言,学校进行的各种增进健康知识、促进健康行为主动形成的活动,包括体质与健康检查、预防接种、卫生宣传、心理咨询、卫生保洁、健康主题活动、学校配餐、诊疗活动以及健康课程与教学都属于健康教育的范畴。学校健康教育可分为健康教育服务、健康教育环境创设、学校健康课程教学三个方面。2008年颁布的《中小学健康教育指导纲要》将健康教育的内容分为健康行为与生活方式、疾病预防、心理健康、生长发育与青春期保健、安全应急与避险等五个方面,并根据年龄段分为五个水平。其中,根据我国学校健康教育和基础课程改革实践经验,就学校健康教育的实施途径提出了"学科渗透"模式。该文件要求学校通过学科教学、班会、团会、校会、升旗仪式、专题讲座、墙报、板报等多种宣传教育形式开展健康教育。学校健康教育以体育与健康课程为主,结合品德与生活、品德与社会等学科的教学内容,将健康教育融入一切学校教育之中。学校健康教育作为青少年体质健康促进最直接、最主要的途径,自实施以来取得了不俗的成绩。但是,目前我国学校健康教育的开展情况仍不是十分理想。虽然国家层面对学校健康教育非常重视,但是在具体操作和实施的过程中仍存在政策落实程度不够、"学科渗透"教学模式执行力度不足等问题。究其原因,在学校层面,健康教育政策未能作为一个核心政策或主要政策予以执行和实施,且体育与健康课程教师的职业素养有待提高、教育课程方案有待进一步细化。

二、现实时空拓展:学校体育改革

基于时空社会学的角度,学校体育是青少年健康行为在现实时空的拓展和创建。学校体育作为一种健康行为对青少年体质健康的促进是不言而喻的。学校体育是在学校教育的现行空间下,以体育课程时间和体育运动场地、器材作为现实时空的主要时间和空间条件,保障青少年在学校时空内的健康行为。实现学校体育时空的创建,对青少年体质健康促进具有重要意义。学校体育一直是我国青少年体质健康促进的主要实施途径,学校体育课程的培养目标是促进学生体质健康,树立"健康第一"的教育思想。"生命在于运动",运动作为一种健康行为对身体健康有促进效果已成为一个不争的事实。抛开体育在"体力活动"(身体活动)方面的特殊性,仅仅将体育看成一种单纯的体力活动,其对健康的影响也是非常明显的。世界卫生组织将体力活动不足认定为增加人类患病的危险因素之一,现代运动生理学、运动医学、流行病学等大量研究结果证实体力活动(尤其是体育或运动)对健康的积极促进作用,甚至近年来的研究发现体力活动能够改变人体基因结构而对健康产生积极的影响。① 体育运动不仅仅是一种单纯的体力活动,还是人类有目的性的行为,是为了实现人们的特定目标(如健身、竞技、娱乐等)。体育运动这种专门性的体力活动是一种规范化、专门化的人体活动,其对健康的促进效果要优于其他一般体力活动。体育运动兼具的健康促进目标和其科

---

① 赵用强、汤长发、沈红霞、刘建荣.有氧运动延缓衰老线粒体 DNA 突变的机制[J].中国组织工程研究与临床康复.2007.11(41):8356-8359.

学原理对健康的影响也是一般体力活动所无法比拟的。

社会时空作为社会实践,是指把社会时空理解为社会实践过程及其结构。时空通过参与世界的运作构造实践和事物,因此社会时空就是社会实践本身。我国学校体育在为青少年创建现实时空时,其本身也在不断转变。将学校体育看作一种社会实践,有助于从社会时空的视角理解我国学校体育的转变过程。学校体育作为我国青少年体质健康促进政策实施途径中一项主要的社会实践活动,是以身体练习为主要内容来开展身体锻炼、体育教学、运动训练的。它要求学生直接参与体力活动,并承受一定的生理负荷,这是学校体育的本质特点。学校体育的时空转变主要包括以下三个方面。

首先,我国体育课程时间(社会事件时间)经历了几次转变。中华人民共和国成立初期,国家教委对中小学体育课程作出了每周两个学时的规定。改革开放以后,中小学体育课程将体育课时数增加为两到三个学时。2001 年,《体育与健康课程标准》颁布后,中小学体育与健康课时数规定小学 1~2 年级每周 4 个学时,小学 3~6 年级、初中每周 3 学时,高中每周 2~3 个学时;大学阶段,体育与健康课基本上也都被列入必修课程,开设 1~3 个学年,每周 2 个学时。体育课程时间的增加不仅仅是单纯的物理时间的增加,还是社会时间的增加,从而使得体育课程的目标和内容也产生相应的变化。

其次,学校体育权力空间的转变。学校体育的指导思想是国家、政府部门以及全体民众意志的集中体现,学校体育指导思想的转变是学校体育权力空间的转变。中华人民共和国成立初期,学校体育受"军国民"体育思想的影响,学生体质健康并不是终极目标,学校体育课程是"救亡图存、富国强兵"的手段。20 世纪 50 年代末实施"劳卫制"后,增强体质的思想被大大加强,在 1979 年的扬州会议上学校体育思想即"体质论"体育思想(增强学生体质、增进学生健康,促进学生的身体形态、机能、素质和基本运动能力等)被强化。1999 年,《中共中央、国务院关于深化教育改革全面推进素质教育的决定》指出,"学校体育要树立健康第一的指导思想,切实加强体育工作",促进学生体质健康的使命再一次被赋予在学校体育的身上。2020 年 9 月,为全面贯彻落实党的十九大和十九届二中、三中、四中全会以及全国教育大会精神,在树立"健康第一"教育理念的基础上,深入推进学校体育与健康教学改革,以体教融合为契机,开启新时代"全面育人"的体育健康促进之路。中共中央办公厅、国务院办公厅印发《关于全面加强和改进新时代学校体育工作的意见》《国家体育总局、教育部关于深化体教融合促进青少年健康发展的意见》以及关于深化教育综合评价的政策文件,并在文件中指出要深刻认识学校体育的核心理念——面对人人的体育。在"健康第一"教育理念的基础上,面对人人的体育,实现人人参与、人人竞赛的模式。

最后,学校体育课程内容(结构时间)的时空转换。中华人民共和国成立初期,学校体育课程的主要内容包括队列队形、体操、游戏、球类和田径等,其中很多内容与劳动生产和日常生活相结合(如推车、锄地、拔草等)。1961年颁布的《中小学体育教材》将学校体育课程分为体操、田径、武术、游戏(包括球类)和体育基础知识,与之前相比增加了武术和体育基础知识,调整了其他项目的比例;1978年的《中小学体育教学大纲》基本上延续了以往的教学内容;1992年的《九年制义务教育全日制中小学体育教学大纲》的主要内容包括体育卫生保健基础知识、游戏、田径、体操、球类、民传体育、韵律体操和舞蹈、任选内容;2003年的《体育与健康课程标准》包括五个学习领域和两条主线,五个学习领域分别为运动参与、运动技能、身体健康、心理健康和社会适应,两条主线分别为身体运动主线和健康主线;2020年,中共中央办公厅、国务院办公厅印发的《关于全面加强和改进新时代学校体育工作的意见》将中小学体育课程的内容由原来的两条主线分为三条主线,分别为健康知识主线、基本运动技能主线和专项运动技能主线。总体而言,从社会时空视角分析,我国学校体育课程思想呈现出"富国强兵"—"增强体质"—"健康第一"—"体教融合"的转换,体现了以社会环境或社会发展为背景或驱动的线性变化;我国学校体育课程的内容呈现出单一性—多样性—复杂性—系统性的结构转换,体现了我国学校体育课程内容从落后到进步、从低级到高级的进化范式。

三、虚拟时空构建:数据平台建设

虚拟时空是与现实时空既相互联系又相互区别的时空形态,其通过特殊的时空构筑手段,变换既定的时空运动方式,营造超长的时空运作状态,勾画特殊的时空维度,展现新奇的时空场景,给人以特殊的时空感觉和体验。虚拟时空的生成,对人们的思维方式、行为方式、生活方式产生了巨大影响。青少年体质健康促进的虚拟时空创建是青少年体质健康促进的主要发展方向,虚拟时空将超脱现有时空对时间和空间的束缚,增强青少年体质健康促进政策的执行力度,促进青少年体质健康行为意识的培养,有助于青少年体质健康行为现实时空的营造。在我国已进行了以体质健康数据平台为基础的虚拟时空雏形的塑造,数据评价是最简单和直接的评价方法,国家学生体质健康监测也是我国青少年体质健康促进政策评估的最主要方式和手段之一。我国青少年体质健康促进数据平台的构建主要包括三大数据来源:1985 年开始的每 5 年 1 次的全国学生体质与健康调研、2002 年开始试行的每年 1 次的《国家学生体质健康标准》测试和 2013 年开始的每年一次的《国家学生体质健康标准》上报数据抽查复核。这三种体质健康监测制度不仅仅是青少年体质健康促进政策的评估工具,其本身也是体质健康数据平台的主要数据支撑,是实施我国青少年体质健康促进的重要渠道之一。

　　我国青少年体质健康政策制定伊始,学生体质健康评价标准就包含其中,且随着青少年体质健康促进政策的不断完善而体系化。1954 年,我国出台的"劳卫制"以标准的形式引导和鼓励广大人民投入体育运动。其中,学校体育作为群众体育的一部分,在这一时期使青少年的运动能力和体质健康得到了巨大提升。1965 年颁布的《青少年体育锻炼标准条例(草案)》在"劳卫制"的基础上,对测试指标进行了一些调整。之后,出台了《国家体育锻炼标准》(1975 年版和 1982 年版)、《国家体育锻炼标准实行方法》(1990 年)、《大中小学体育合格标准(1990—2001 年)》《学生体质健康标准(试行方案)》(2002 年)、《国家学生体质健康标准》(2007 年版和 2014 年版)等学生体质健康评价标准,我国青少年体质健康标准已经历了 60 余年的发展历程,成为青少年体质健康促进政策实施的一项系统工程。《国家体质健康标准》的基本功能可分为:教育激励功能(促进学生体质健康发展、激励学生积极进行身体锻炼)、反馈调节功能(向学校、家长、教育行政部门反馈学生的体质健康数据)和引导锻炼功能(引导学生积极地进行体育锻炼)。2007 年颁布的《国家学生体质健康标准》在贯彻落实"健康第一",促进学校体育发展以及提升青少年体质健康水平的基础上,成功借鉴了《国家体育锻炼标准》和《学生体质健康标准(试行标准)》的经验,依据实施过程中的主要问题结合青少年体质健康的转变对评价指标、测试项目进行了修订和完善。2014年,《国家学生体质健康标准》又根据实际情况对评价指标和项目权重进行了修正,提升了科学性和可操作性。教育部要求所有全日制大中小学实施《国家学生体质健康标准》,试行全体学生测试制度,每年向国家学生体质健康管理系统上报测试数据。自2007年以来,我国每年约有27万所学校的近2亿学生参加《国家学生体质健康标准测试》,是世界范围内最大的青少年体质健康促进监测工作。2014年印发的《国家学生体质健康标准》明确指出,学生体质健康状况可作为学校和地区教育发展水平和教育质量的评价依据,可将其纳入政府教育监督内容和评估指标体系。从社会时空的视角不难看出,《学生体质健康标准》测试指标内容呈现出富国强兵关联—运动技能关联—健康关联—人人健康关联的线性转变;青少年测试指标随着社会的发展和青少年体质健康的变化而转变;测试目的由强兵战略向人人健康转变;测试覆盖面呈现出从部分到大部分再到全覆盖的转变;评价指标数量由单一指标评价向综合发展水平转变;测试重点由营养不良向肥胖、近视转变;测试方法的科学性和测试手段的有效性也在不断加强。

全国学生体质与健康调研是我国学生体质健康监测体系的重要组成部分,由教育部、国家卫生与计划生育委员会(原卫生部)等部门共同领导。1979年,国家体委、教育部和卫生部首次对我国16个省市近20万名大中小学生进行体质与健康调研。在此基础上,1985年建立了每五年一次的全国学生体质与健康调研制度,2002年建立了每两年一次的《国家学生体质健康标准》测试并向大众公布学生体质状况。截至2019年,我国已进行了八次全国学生体质与健康调研。全国学生体质与健康调研实际上是国民体质监测体系的重要组成部分,全国学生体质与健康调研区别于《国家学生体质健康标准》的地方在于,其测试内容更加详细丰富,采用第三方测试的可信程度更高,调研的主要结果全部公布于众。全国学生体质与健康调研可以分析我国青少年生长发育的规律和特点,及时诊断当前我国青少年体质健康存在的主要问题,并据此提出干预和促进政策及措施。2007年,《中共中央国务院关于加强青少年体育增强青少年体质的意见》的出台和前几次全国学生体质与健康的调研结果密不可分。全国学生体质与健康调研是教育、体育、卫生行政管理不可缺少的基础性工作,调研工作和结果的公布为学校体育与卫生工作的发展规划和干预政策的制定提供客观、科学的依据,加强地方教育部门和学校对体质健康促进政策的贯彻落实。

《国家学生体质健康标准》上报数据抽查复核工作始于 2013 年,该工作由教育部牵头,委托全国 30 多所高校进行,在全国分省市随机抽取一定数量学校的学生,采取现场还原的方式(器材、人员等均还原)再次进行《国家体质健康标准》测试。通过对比各校上报的数据和复测数据的一致性,判断数据的质量。自 2007 年《国家学生体质健康标准》的全面实施,各省市上报率逐年增加,大多数学校执行了数据上报工作。但从对上报数据的检查结果来看,普遍存在上报数据质量不高,一些学校或个人执行过程不到位甚至有编造数据的现象。《国家学生体质健康标准》的相关数据由于其存在的问题严重制约了制度的执行和引导锻炼的功能,国家相关部门也从未向社会发布过基于《国家学生体质健康标准》数据的相关结果,数据失真不仅造成了资源浪费,而且极大地阻碍了我国青少年体质健康促进工作。2013 年上报数据的抽查复核显示,《国家学生体质健康标准》上报数据非常不理想,促使上报数据的抽查复核工作成为一项重要的常态化工作进行开展。由教育部派专家直接入校进行现场测试,《国家学生体质健康标准》上报数据抽查复核制度的实施对地方教育部门和学校起到了很好的示范教育作用和警示震慑作用,其结果对各地学校起到了很好的倒逼治理效果。自 2016 年起,抽查复核数据成为地区学生体质健康状况的主要数据来源,以及学生体质健康评价的主要依据。《学生体质健康监测评价办法》明确指出,"对学生体质健康水平持续三年下降的地区和学校,在教育工作评估和评优先中实施一票否决制"。

《国家学生体质健康标准》上报数据抽查复核和全国学生体质与健康调研是我国青少年体质健康促进数据云平台的一个雏形。目前,中国教育科学研究院、北京体育大学、北京师范大学、上海体育大学和首都体育学院正联合开发基于青少年健康数据管理系统的青少年健康服务平台。以"挖掘数据价值、服务青少年体质健康"为宗旨,青少年体质健康促进数据云平台的建立将是实现人人体育、人人参与和全面育人等体质健康促进目标的路径之一。随着我国 5G 技术、区块链、人工智能、大数据等信息技术的发展,以青少年体质健康数据云平台为基础的青少年体质健康促进虚拟网络平台将会成为集青少年体质健康政策执行、监测、评价于一体的时空平台。政策的执行、青少年体质健康状况的调查和分析,乃至应对政策的制定将会得到前所未有的改善。未来,青少年体质健康促进虚拟网络平台将会成为我国体质健康促进工作的主要抓手。

四、国际时空延伸:健康促进学校

时空延伸是时空构成的一种。在青少年体质健康促进学校的创建中,把我国看作一个独立的时空,世界卫生组织将在其他国家取得成功的创新健康促进项目复制或引入我国的这一社会实践过程就可以看作国际时空延伸。"健康促进学校"这一概念是由世界卫生组织在 20 世纪 80 年代提出的,健康促进学校是指在学校社区内,所有成员为保护和促进学生健康而共同努力,为学生提供完整的、有益的经验和知识体系,包括设置正式的和非正式的健康教育课,创造安全、健康的学校环境,提供适当的卫生服务,动员家庭和更广泛的社会参与,以促进学生健康。① 健康促进学校的理论前提是,学校是一个健康的场所,它不仅为学生提供生活和学习条件,而且也保证使其教育和健康水平在这一健康环境中得到促进和加强。健康促进学校实际上就是通过有效运用学生自身、家庭和学校内的保护性因素来帮助学生形成并发展良好适应能力的一种健康促进模式。20 多年来,健康促进学校在世界各国得到了广泛推广。许多国家根据本国或地区的具体情况选择各种各样的切入点,例如体育运动、预防龋齿、预防艾滋病及性传播疾病、成年期疾病的早期预防、摄取合理的膳食营养、禁止烟草使用、健康的生活方式等,不仅成功建立了具有本国特色的健康促进学校,还为其他国家或地区提供了宝贵经验。创建健康促进学校已经成为世界范围内青少年体质健康促进的一个极为重要的举措。

健康促进学校国际时空延伸的过程如下。1995 年 12 月,世界卫生

---

① 吕姿之. 健康教育与健康促进[M]. 北京:北京医科大学出版社,2002.

组织西太平洋地区工作组在我国上海制定了《健康促进学校发展纲领（框架）》，1996 年在我国部分城市（北京、上海、湖北、内蒙古等地）的部分试点学校实施了以控制运动缺乏、营养失衡、意外伤害、吸烟酗酒、高血压、不安全行为为主的学校健康促进项目。2002 年，我国启动"中国/世界卫生组织健康促进学校的推广与持续发展项目"。2003 年，启动了由我国健康教育研究所牵头，厦门市、武汉市等多城市参与的以肥胖为切入点的健康促进学校项目。20 多年来，我国健康促进学校得到了很好的发展，尤其是上海、北京、浙江、江苏等省市健康促进学校的创建工作开展得非常出色，健康促进学校比例不断增高。以江苏省为例，2002 年江苏省首次在南京市 14 所学校开展健康促进学校建设。截至 2019 年底，江苏省创建的金牌学校、银牌学校和铜牌学校的数量分别为 759 所、2367 所、3435 所，合计 6561 所，江苏省已成为拥有健康促进学校数量和比例最高的省份。近年来的相关研究均支持：健康促进学校的创建提升了广大师生的健康理念，促进了学校健康环境的形成，进一步提升了学生体质健康水平，是推进全面育人、贯彻落实青少年体质健康促进各项政策的重要举措，是推动学校全面工作的有效载体，是提升学生体质健康水平的有力抓手。[1]

　　健康促进学校的本土化过程。将健康促进学校引入中国时空后，在中国政府和社会力量的引导下，依据中国本土的时空特色对健康促进学校项目进行本土化改造，以更好地为中国青少年体质健康促进工作服务。中国健康促进学校的主要内容包括以下 6 个方面。一是制定学校健康政策，明确规定并公布学校层面的制度，以保障健康促进工作的实施和资源调配。例如，确定健康体检制度和传染病防治制度等。二是健康促进学校的物质环境建设，主要包括场地、设施场所、测量仪器设备、宣传报栏等。三是健康促进学校的校内社会环境建设，主要包括健康文化氛围的营造，师生、教职工、学生人际关系的塑造，学校专项资金的注入等。四是健康促进学校校外环境建设，主要包括学校与家长之间、学校与社区之间、学校与社会支持团体之间的关系建设。五是发展个人健

---

　　① 　张园. 杨剑. 基于世界卫生组织健康促进学校架构的学校健康服务及效果：Scoping 综述[J]. 中国康复理论与实践，2023，29（7）：791-799.

康机能，通过正式和非正式的健康课程来帮助学生增加健康知识储备，增强健康行为意识，促进健康行为的形成。六是提高健康服务，建立与当地卫生服务机构的联系和合作关系。从社会时空的视角来看，我国健康促进学校的主要建设特色包括以下三个方面。一是凸显了人的主体性。我国公共卫生服务一直秉持"以人为本""底线公平""健康第一"的理念。健康促进学校的建设过程仍以我国当前青少年健康促进为主旨，所有的创建必须建立在当前青少年健康促进的迫切需求的基础上。二是注重环境建设的重要性。我国健康促进学校建设非常重视校内物质环境、社会环境以及校外环境建设。环境建设是健康促进的基础和重要环节。我国在注重环境建设的同时，不断创新形成了家—校—社三级联动的健康促进学校的环境建设。三是注重健康促进建设的整体性和全面性。我国健康促进学校创建采用的是整体健康模式，在生理、心理、社会适应等方面促使青少年保持最佳的健康状态，提倡多层面参与、全方位促进学生体质健康。

五、特色时空创建：专项行动开展

在我国青少年体质健康促进的过程中，除了基本的认知时空（学校健康教育）、现实时空（学校体育）、虚拟时空（体质健康数据平台）的创建和国际时空延伸项目（健康促进学校）外，也根据本国国情和青少年体质健康的突出问题，通过专项行动的方式实现中国特色时空的创建。其中，最重要、最具影响力且最具中国本土时空特色的四个国家层面的项目分别是："现实时空再拓展：阳光体育运动""局部时空撬动：校园足球建设""个体时空变换：综合近视防控"和"时空改换：体教融合"。2007年4月，为深入贯彻落实《中共中央国务院关于加强青少年体育增强青少年体质的意见》的文件精神，切实推动全国亿万学生阳光体育运动的广泛开展，"全国亿万青少年学生阳光体育运动"全面启动，旨在促进青少年人人参与、全面提升青少年体质健康水平。2009年，教育部和国家体育总局联合下发了《关于开展全国青少年校园足球活动的通知》，明确要求在全国大中小学广泛开展校园足球运动。2018年8月30日，为贯彻落实习近平总书记关于学生近视问题的重要指示批示精神①,切实加强新时代儿童青少年近视防控工作,教育部联合八部门颁布了《综合防控儿童青少年近视实施方案》,方案明确指出,到 2023 年,力争实现全国儿童青少年总体近视率在 2018 年的基础上每年降低 0.5 个百分点以上,近视高发省份每年降低 1 个百分点以上。截至 2019 年 9 月 3 日,教育部、国家卫生健康委已与各省市人民政府和新疆生产建设兵团签订《全面加强儿童青少年近视综合防控工作责任书》,正式将青少年近视防控工作纳入政府工作考核体系。"阳光体育运动""校园足球"与"近视防控"作为现阶段我国青少年体质健康促进政策的主要途径,近年来在我国学生体质健康促进中发挥了非常重要的作用。

（一）现实时空再拓展:阳光体育运动

自 1985 年至 1994 年,在经历了两次全国学生体质与健康调研后发现,青少年体质健康状况呈现出持续下降的状态。社会的发展导致外部时空对青少年健康行为时空的挤压,青少年健康行为时空进一步被缩减（承接第四章研究结果,社会的发展导致青少年的体力活动不断减少,健康行为时空被不断挤压）。为保障学生的健康行为,避免不良行为（如久坐行为）的进一步发展,必须在现实时空中在传统体育课的基础上,对青少年的健康行为时空进行进一步的拓展。"阳光体育运动"就是基于实现时空再拓展的重要举措。1994 年,国家教委、国家体委、共青团中央联合发出通知,决定在中小学校开展"到阳光下,到操场上,到大自然中去陶冶身心"的活动,正式拉开了阳光体育运动的序幕。1995 年,国家教委、国家体委、共青团中央再次联合颁布了《关于继续开展"到阳光下,到操场上,到大自然中去陶冶身心"活动的通知》。然而,2005 年,全国学生体质与健康调研结果显示,我国学生体质健康水平仍不容乐观。2006 年,教育部等部委连续下发了《教育部、国家体育总局、共青团中央关于开展全国亿万学生阳光体育运动的通知》（教体艺〔2006〕6 号）。2006 年 12 月,全国学校体育工作会议宣布启动"全国亿万学生阳光体育运动",要求"各级政府和教育、体育行政部门要以对青少年学生高度

---

① 新华社. 习近平近日作出重要指示强调　共同呵护好孩子的眼睛　让他们拥有一个光明的未来[J]. 思想政治工作研究,2018,35(9):2.

负责的政治责任感,下大决心,大力推动学校体育工作,切实提高青少年学生的体育和健康水平"。2007年5月7日出台的《中共中央国务院关于加强青少年体育增强青少年体质的意见》再次强调,要求广泛开展"全国亿万学生阳光体育运动"。阳光体育运动实际上是要扩展校园体育空间,增强运动等健康行为的社会空间氛围,增加体育参与的社会时间和物理时间。阳光体育运动让各级、各类学生走出教室、走进大自然、走到阳光下尽情享受阳光温暖,并进行因地制宜、因人制宜、轻松、快乐、具有活力的运动。阳光体育运动的主要工作要求包括7个方面:(1)进一步提高对体育的认识;(2)以"达标争优、强健体魄"为目标;(3)全面实施《国家学生体质健康标准》;(4)与体育课教学相结合;(5)与课外体育活动相结合;(6)营造良好的舆论氛围;(7)加强组织领导。通过对现实时空的再拓展,阳光体育运动不仅为体育运动在物理时间和空间上进行了进一步的拓展,增加了场地、器材和体育运动时间,而且在社会时空和虚拟时空为青少年体质健康行为的产生进行了进一步的时空拓展,并与现有体育课和课外体育活动形成了时空衔接,在一定程度上遏制了青少年体质健康水平的下滑,为青少年健康行为的形成提供了时空保障。

(二)局部时空撬动:校园足球

校园足球的发展具有较为深远的意义,校园足球是继阳光体育运动之后一个新的青少年体质健康促进项目。校园足球的建设意义在于以校园足球建设为核心,通过校园足球物质空间(足球场地、器材等)和社会时空的创建(教师教练员队伍、足球运动氛围、足球运动员的数量等),形成一个青少年校园体质健康促进的局部时空。对这一局部时空的重点建设,有助于撬动整个以体育与健康课程为主题的校园时空的发展,并与校外体质健康促进时空形成较好的连接,从而促进青少年体质健康促进时空的整体发展。2009年,为贯彻落实党中央、国务院关于整治和振兴中国足球的指示精神,教育部联合国家体育总局在全国各级学校启动"校园足球活动"工程,并成立"全国青少年校园足球活动工作领导小组",颁布、实施《全国青少年校园足球活动实施方案》,并拨付4000万校园足球专项扶助资金。校园足球的主要建设目的是培养足球后备人才和促进青少年体质健康。2015年1月,经国务院批准,由教育部会同国家发展改革委、国家体育总局、新闻出版广电总局、团中央、财政部等部门共同成立了全国青少年校园足球工作领导小组。领导小组负责全国青少年校园足球工作的规划与指导，检查、督促校园足球的开展情况。通过在大中小学广泛开展校园足球运动，完善校园体育竞赛体系，增强青少年的体质和体能，培养青少年拼搏进取的精神。校园足球建设通过构建"特色学校＋高校高水平足球运动队＋试点县(区)＋改革试验区＋'满天星'训练营""五位一体"的校园足球立体推进格局，实现了校园足球的快速发展。截至 2019 年，已在全国 38 万所中小学中遴选认定校园足球特色学校 24126 所，设立校园足球改革试验区 38 个，遴选校园足球试点县(区)135 个，在全国布局建设"满天星"训练营 47 个，招收高水平足球队高校 181 所。① 制定全国青少年校园足球特色学校的基本标准，面向近 2000 万在校生每周开设 1 节足球课、组织课余训练和校内联赛。校园足球坚持以普及为主，凸显全面育人。校园足球建设的成功经验是局部时空撬动整体时空发展的一大试点。以校园足球建设为契机，聚焦体质健康促进时空建设的局部，以局部的快速发展带动学校青少年体质健康促进时空的发展，进而推动青少年体质健康促进整体时空的发展。

（三）个体时空变换：近视防控

2018 年 8 月 28 日，习近平总书记就青少年近视问题作出重要指示，要求"全社会都要行动起来，共同呵护好孩子的眼睛，让他们拥有一个光明的未来"，青少年近视率居高不下的问题开始受到全国各界的关注。② 2018 年 8 月 30 日，教育部等八部门联合颁发了《综合防控儿童青少年近视实施方案》，要求各地切实开展近视防控工作，并将近视防控纳入政府绩效考核。《综合防控儿童青少年近视实施方案》提出，到 2030 年我国儿童青少年总体近视率要在 2018 年的基础上每年降低 0.5 个百分点以上，近视高发省份每年降低 1 个百分点以上，并从家庭、学校、医疗卫生机构、学生、有关部门等方面分别提出了相关行动策略，青少年近

---

① 中国青年报.教育部：到 2025 年再创建 3 万所校园足球特色学校[EB/OL].(2019-07-23)[2022-12-25]. https://baijiahao. baidu. com/s？id＝1639820759199945623&wfr＝spider&for＝pc.

② 新华社. 习近平近日作出重要指示强调　共同呵护好孩子的眼睛　让他们拥有一个光明的未来[J]. 思想政治工作研究，2018，35(9)：2.

视综合防控方案开始正式实施。

目前,相关研究发现导致青少年近视的非遗传学因素主要包括视近时间、电子产品使用时间、户外活动时间、教育负担等。《综合防控儿童青少年近视实施方案》主要通过家庭、学校、医疗卫生机构、学生、有关部门等的联动来增加青少年的心理认知空间(近视的防控知识)、拓展青少年的运动行为时空(户外锻炼时间和场地保障)、缩减青少年的工作行为时空(课业负担)、加强青少年的健康环境空间建设(教室灯光亮度、可调节课桌椅和坐姿矫正器等)、压缩青少年的虚拟时空(手机、电脑等电子产品的使用时间)、促进青少年关系空间(家长与学生、学生之间、教师与学生之间)的联系等,从而实现青少年个体时空的变化。这一方面减少了青少年的工作行为时空和虚拟时空,另一方面增加青少年的运动行为时空和健康环境空间,从青少年个体时空的变化做好青少年近视防控工作。

2019 年 4 月 3 日,教育部召开全国综合防控儿童青少年近视视频会议,部署持续推进新时代综合防控儿童青少年近视工作。教育部等八部门印发《综合防控儿童青少年近视实施方案》的重点任务分工方案,健全工作责任制,细化落实举措。教育部还建立了联席会议机制,完成了近视率核定,研制了评议考核办法,把责任落细、压实。优化顶层设计后,更关键的是落实主体责任。截至 2019 年 9 月 3 日,教育部会同国家卫生健康委和 31 个省(区、市)人民政府及新疆生产建设兵团签订了全面加强儿童青少年近视综合防控工作责任书,明确了各方的职责任务。两年多来,各地压实主体责任、统筹防控工作。2020 年初,甘肃、陕西、江苏、浙江、天津、北京、上海等地将"实现地方儿童青少年近视率下降目标"作为"奋进之笔"厅长(主任)挂号项目,各地积极加大财政投入。例如,河北省安排校舍安全保障长效机制资金、义务教育薄弱环节改善与能力提升计划资金等近 40 亿元用于支持近视防控相关器械和检测设备及学校体育场地建设等。但是,所有统筹计划都被新冠疫情打乱,教育部紧急实施线上课程制度,大中小学生在家中每天面对电脑、手机进行长时间的网上学习成为一种常态。教育部在 2020 年 8 月的新闻发布会上指出:"大规模线上教学客观上增加了青少年观看电子屏幕的时间,9省份调研显示,与 2019 年底的普测相比,中小学生半年近视率增加了

11.7％,其中小学生增加最多。"①国家高度重视青少年近视防控工作,在原来的 9 部门中增加科技部、医保局、共青团中央、全国妇联、民政部、中国科学院等部门,联席会议机制成员增加至 15 个部门。《常态化防控新冠肺炎疫情前提下学校文明卫生、绿色健康生活方式倡导》《关于做好教育系统 2020 年全国"爱眼日"宣传教育工作的通知》《关于加强"三个课堂"应用指导意见》《关于疫情防控期间以信息化支持教学工作的通知》等一系列文件的印发,体现了教育部等部门在青少年近视防控中的重要作用。青少年近视与肥胖问题在未来的很长一段时间内,仍是我国青少年体质健康促进工作的重点。近视防控工作得到前所未有的重视,改变现有个体的时空状态为我国青少年体质健康促进的时空建设提供了强大助力。

（四）时空改换:体教融合

我国学校体育与学校教育经历了"时空分离"—"时空结合"—"时空融合"三个阶段(见图 4-1)。1972 年,在"为国争光,勇夺金牌"的竞技体育思想的指导下,体育部门承担了业余训练的任务。为了加快我国竞技体育的发展,我国提出了"业余体校—省市专业队—国家队"的空间独立运作模式,实现了体教的时空分离,形成了一套专业的运动员培养体系。20 世纪 80 年代,运动员长期处于封闭的体育时空中,导致专业运动员知识储备不足、受教育程度下降。为解决这一突出问题,体育部门提出了"体教时空结合"的措施,包括体工队学院化、体校与中学合作办学、中学试办青年队、高校办高水平运动队等,开放体育时空与教育时空之间的连接接口或通道,实现了教育时空与体育时空的互通和交流,既保障了竞技体育人才的培养,又实现了学校建设多重发展的目标。2020年 4 月,习近平总书记主持召开全面深化改革委员会第十三次会议,会议审议通过了《关于深化体教融合 促进青少年体质健康发展的意见》,提出了以"健康第一"为指导思想,深化体教融合、促进青少年发展的目标。以发展学校体育,促进学校体育竞赛体系的形成,实现人人参与、人人竞赛为目标,最终实现促进青少年健康发展的目的。"体教融合"是完

---

① 新华社.教育部:中小学生近视率半年增加 11.7％[EB/OL].[2022-09-20].https://www.gov.cn/xinwen/2020-08-27/content_5537954.htm.

全地将体育作为教育的重要组成部分,是促进德、智、美、劳的重要基础,是实现青少年全面发展的不可或缺的重要组成部分。《关于深化体教融合 促进青少年健康发展意见的通知》通过一体化设计、一体化推进,提出了"八大方面、三十七条措施",其中包括加强学校体育工作、完善青少年体育赛事体系、加强体育传统学校和高校高水平运动队建设、深化体校改革、规范社会体育组织、大力培养体育教师和教练员队伍、强化政策保障、加强组织实施等。

图 4-1　体育时空与教育时空的关系变化

除了体育时空与教育时空关系的变化外,体育的内涵也在不断发生改变。体教融合也是体育内涵的改变,其是由狭义体育(竞技体育)向广义体育(全面发展体育运动、增强体质)的转变。从社会时空的角度,"体教融合"政策的实施对青少年体质健康的影响主要体现在社会时间和社会空间两个方面的改变。从社会时间的角度,"体教融合"提高和增加了青少年的运动参与率(结构时间)和体育参与时间(事件时间)。"体教融合"使课后体育作业成为可能,未来可实现校内一小时、校外一小时的青少年体育活动目标。此外,结构时间和事件时间的增加保证了青少年有足够的时间参与体育活动,其是实现青少年体质健康促进的基本条件之一。从社会空间的角度,"体教融合"政策增加了青少年体质健康促进的权力空间,使得"健康第一"的教育理念真正落到实处,将体育纳入中考和高考将极大增加体育与健康在学校教育系统中的权力占有范围。"人人竞赛""一校一品或一校多品"的创建方式无疑为青少年体质健康促进行为空间的扩大化提供了条件。学校体育的教学内容也从健康知识和运动技能两部分变为健康知识、基本运动技能和专项运动技能三个部分。"体教融合"注重教师队伍建设,这将极大改变青少年健康促进时空中教师与学生之间的关系空间,使主体间的联系更加紧密。"体教融合"的实施有助于改变青少年的信息空间和心理空间,不断提高青少年健康知识的储备能力和体育参与的积极性。

第三节　我国青少年体质健康促进实践的时空困境

中华人民共和国成立以来，我国在青少年体质健康促进领域进行了很多有益的探索，对青少年体质健康的重视程度也已经上升到前所未有的高度。前人从大数据、体医融合、现代化治理、利益博弈、学科交叉等视角探究了当前我国青少年体质健康促进的主要困境。本节在上节对我国青少年体质健康问题、体质健康促进现状、体质健康促进政策和实践等青少年体质健康促进过程的时空社会学考察的基础上，从社会时空的视角分析我国青少年体质健康促进的困境，为后续青少年体质健康促进模式的创建提供理论支持。

一、时间与空间的忽视

我国青少年体质健康促进经历了多个不同的阶段。每个阶段，体质健康促进的核心问题存在较大差异，如从营养不良、健体抗疾到营养过剩、避免慢性病。从时空社会学的角度，青少年体质健康促进的核心问题是忽略了对时间与空间的把握。时间与空间不仅是理解青少年体质健康促进过程和青少年体质健康促进制度的逻辑起点，还是分析影响青少年体质健康行为和微观环境的重要工具。一方面，任何一个体质健康促进项目或政策的推行都离不开时间与空间，青少年体质健康促进项目或政策的实施是一个顺序性、持续性、广延性和伸展性的过程。第一，青少年体质健康促进项目或政策包括确定目标、规划方案、政策抉择、制定合法化、政策宣传、政策分解、物质准备、组织准备、政府实验、全面实施等一系列顺序性的发展过程。一项新的政策从制定到执行需要半年甚至更长的时间，以《综合防控儿童青少年近视实施方案》的执行为例，2018 年 8 月 30 日政策公布，2019 年 9 月 3 日完成《综合防控儿童青少年近视实施方案》规定的将近视防控工作纳入政府考核体系，并与 31 个省级行政单位签订责任书。责任书提出，省级人民政府从 2019 年起到 2023 年，在本省 2018 年儿童青少年总体近视率的基础上，力争儿童青少年总体近视率每年下降 0.5% 以上；近视率高于全国总体平均的省份每年下降 1% 以上。第二，我国青少年体质健康促进政策的全面实施是一个持续性的过程。体质健康促进政策的全面落实需要一定的时间成本，并且青少年体质健康促进政策是一个持续性推行的政策，青少年体质健康状况的改善也只有在政策的持续性推行下，才能得到不断的改善和维持。第三，我国青少年体质健康促进政策经历了从中央到地方再到主体落实单位的延伸过程。从中央到地方，从试点到全面建设，青少年体质健康促进政策经历了一系列空间变化的过程。第四，时间与空间也是青少年体质健康促进政策的构成要素，任何一项政策都包含了社会行动（社会时间）和行动环境（社会空间）。例如，"每天锻炼一小时""校园足球"就是最明显的政策中时间和空间的要素展现。另一方面，时间与空间还是分析影响青少年体质健康行为和微观环境的重要工具。第一，物理时间和物理空间是评价青少年个体生活方式和行为的重要指标。青少年每天体力活动的物理时间和物理空间活动范围是评价青少年体力活动的重要指标，体力活动行为和静坐少动行为与青少年体质健康息息相关。第二，社会时间和社会空间也是评价青少年个体生活方式和行为的重要指标，其中包括哲学层面的制度性行为活动时间（体育课程时间、饮食时间、其他课程时间等）、微观层面的自我行为时间（课外体育锻炼时间、零食时间、电子产品使用时间等）、哲学层面的权力空间（学校制度对学生的约束力等）、信息空间（健康信息的传播、网络和现实中的健康行为宣传等）、微观层面的行为空间（活动范围、场地设施环境等）、心理空间（对参与体力活动的兴趣、自我效能以及意愿的强烈性等）、关系空间（同伴之间、师生之间、青少年与家长之间的人际关系活动，对健康行为的支持性等）等。因此，时间与空间是青少年体质健康促进中的核心问题。对青少年体质健康促进时间与空间要素的分析，有助于对青少年体质健康促进困境的剖析和青少年体质健康促进模式的构建。

二、"时间荒"：制度无效率

"时间荒"由斯戈提出，是指由于制度性工作内无法完成所分配的任务，或难以达到人们所期望的目标时，人们不得不延长工作时间，从而挤压自由时间的现象,即休闲时间不足。① 对于青少年来说,青少年的工作是学习,成绩进步、中考、高考是青少年的主要工作目标。而"时间荒"则成为青少年日常生活的真实写照。

（一）"中国速度"背后的"时间荒"

"中国速度"是中国改革开放以来的主要代名词之一。"中国速度"以时间概念展示了中国改革开放40多年来,经济、文化、教育、科技、军事实力、信息网络等方面的发展状况。"中国速度"同样体现在城市发展、人民生活水平和生活方式的转变,全国上下为了中华民族伟大复兴和美丽中国梦而不断奋斗。青少年作为祖国的未来和希望,被赋予了更高的社会期望,承担了更大的社会压力。面对高考和工作这两项重要目标,青少年在学校、家庭和社会的支持下充分利用时间、挤压时间为重要目标而奋斗。在学校的教学体系中,学校体育活动和学校课外体育活动是青少年在校内的主要休闲或休息方式,同时也是保障青少年体质健康的必备方式。但是,现代教学理念一味追求"高考第一",导致现代教学中出现"重智轻体"的现象,"体育老师生病了,这节课上……"的网络段子,道出了体育课外时间和体育课程时间在现实中的时间挤压现象。在学校之外的家庭、社区或社会中,学生体育休闲成为一种奢求,补习班、兴趣班、课外作业辅导班等在校外空间给青少年营造了"时间荒"的现象。社会的快速发展,导致青少年日常体力活动不断减少。青少年健康促进的实现就必须从根本上解决"中国速度"发展下青少年的"时间荒"问题。

（二）"政策无效性"背后的"时间荒"

青少年体质健康促进政策是促进青少年体质健康的主要措施和手段。但是在中国现行的社会背景下,政策的无效性导致青少年体质健康促进工作的效率偏低。其无效性主要体现在以下三个方面。一是青少年体质健康促进政策的弹性化。青少年体质健康促进政策在执行的过程中存在很大的弹性,导致政策无法落实到位,或主体部门有选择性地进行实施。在这种情况下,政策的实施者按照利益博弈的原则,追求利

---

① 景天魁,向健,邓万春,等.时空社会学:理论和方法[M].北京:北京师范大学出版社,2012.

益最大化而选择执行、不执行或差异性执行。例如,"每天锻炼一小时"是我国青少年体质健康促进政策中较为重要的政策之一,但是政策的落实情况令人担忧,甚至"开齐开足体育课"在某些学校都会通过"阴阳课程表"的形式来应付检查等。青少年的体育活动时间被挤占,就是政策弹性化导致青少年体质健康促进"时间荒"的重要表现。《2014 年中国学生体质与健康调研报告》显示:2010 年,9—18 岁青少年每天参加 1 小时以上体力活动的比例为 22.7%;2014 年,仅为 23.9%。① 二是青少年体质健康促进政策的僵化。政策执行弹性化的反面是僵化,青少年体质健康促进政策的僵化主要体现在青少年体质健康促进政策制定者对政策执行者不信任,而采用其他手段进行补足,导致时间上的浪费和无效时间的产生。例如,《国家学生体质健康标准》是为了了解青少年体质健康促进状况并为未来青少年体质健康促进政策的制定服务。自 2002 年试行以来,每年汇聚了全国所有学生的数据,但因为部分政策执行者的不作为或乱作为导致数据偏差大,所有数据无法使用,全国工作人员投入的大量时间付诸东流,而成为无效时间。为此,我国不得不颁布《国家学生体质健康标准》抽查复核方案,对《国家学生体质健康标准》数据的真实性进行核验,导致政策僵化和时间浪费。三是青少年体质健康促进政策的短板。我国青少年体质健康促进政策的短板主要体现在政策之间的衔接性不足,无法形成完整的体系和组织保障。例如,我国青少年体质健康促进政策包含了卫生、体育、社会等多个方面,针对每个方面都有不同的政策要求,政策与政策之间无法形成有效衔接和体系。《综合防控儿童青少年近视实施方案》《关于全面启动全国亿万学生阳光体育运动的通知》以及《切实保证中小学生每天一小时校园体育活动的规定》在一定程度上存在重复,都有不同的侧重点,在政策执行中无法形成有效衔接和体系。此外,很多政策颁布后学校或社区成为主要的执行者却得不到有力的组织和物质保障,导致政策执行缓慢、延误等,从而形成了"时间荒"现象。

---

① 中国学生体质与健康研究组. 2014 年中国学生体质与健康调研报告[M]. 北京:高等教育出版社,2016.

（三）"不平衡发展"背后的"时间荒"

城乡差异、社会阶层差异、东西部差异等是当前中国社会发展的现状,在实现完全的共产主义之前这些差异并不能完全消除。我国全面建成小康社会的过程就是消除这些差异的过程,而这些"不平衡发展"给青少年体质健康促进政策和促进工作的执行与实施带来的阻碍引起了"时间荒"问题。不平衡发展导致的青少年体质健康促进的"时间荒"主要体现在以下两个方面。一是教育不平衡发展背后的"时间荒"。教育不平衡发展导致教育质量差异,生活在教育水平低的地区的青少年不得不比生活在教育水平高的地区的青少年付出更多的努力才有可能考上更好的大学,而这些努力的背后就是对休闲时间(体力活动时间主要来自休闲时间)的挤占。二是经济不平衡发展背后的"时间荒"。经济水平差异导致政府财政预算差异,使得青少年体质健康促进工作的资金和物质投入也存在差异,从而导致青少年体育课程质量和体育课外活动质量差异。想要达到相同的质量,可能需要生活在经济水平低的地区的青少年付出更多的时间。同时,经济不平衡发展导致家庭收入差异,使得青少年的营养支持和体育参与也存在差异。

三、空间分异:发展不平衡

空间分异最早源于地理学,是指某一属性值在不同区间的差异。空间分异后来延伸到城市学和社会学领域,用于描述不同空间内经济、文化生活、社会交往、城市发展等各个方面的差异。空间分异也是我国青少年体质健康促进工作面临的主要困境,其中主要包括物质空间的空间分异、社会空间的空间分异以及行为空间的空间分异三个部分。

（一）物质空间的空间分异

物质空间是青少年体质健康促进实施的基本保障。我国国土面积大、幅员辽阔,物质空间存在较大的空间分异。我国青少年体质健康促进的物质空间主要包括自然环境、生活环境和校园环境。自然环境的空间分异对青少年体质健康促进的影响较大。我国国土面积较大,东西大约跨了63个经度,南北跨了52个纬度,导致区域之间的自然环境存在较大差异。以《国家学生体质健康标准》上报数据抽查复核工作为例,南北方的温度差异和东西部地区的海拔差异，无疑对体质测试工作造成了很大困扰。生活环境的空间分异是阻碍青少年体质健康促进的重要因素。生活环境的空间分异主要表现在城乡差异，城市生活空间与乡村生活空间的差异对青少年体质健康促进工作的影响较大。例如，城市生活空间使得体育课外班、体育设施的可达性、便捷性以及数量都高于乡村生活空间，其校外体质健康促进的可能性也较大。校园环境的空间分异同样也影响青少年体质健康促进政策和工作的开展。校园内的运动场地、运动设施、运动器材以及运动场地的人均面积的差异使得健康促进政策实施过程存在较大差异。例如，校园足球建设对足球场地、器材等设施有基本的要求，满足设施空间条件的学校在相关申请中将获得更大的优势。

（二）社会空间的空间分异

社会空间是青少年体质健康促进的重要组成部分，社会空间环境的支持有利于青少年体质健康行为的形成，从而实现青少年体质健康促进的最终目的。社会空间的空间分异同样阻碍了我国青少年体质健康促进政策的执行与促进工作的实施。社会空间的空间分异主要体现在经济水平、教育水平、人际环境、文化环境以及信息环境等的空间分异，而体育空间与教育空间的空间分异是影响青少年体质健康促进的主要因素。经济水平的空间分异对青少年体质健康促进的影响主要体现在：一定的经济基础是青少年体质健康促进实施的重要保障，无论校内的体育兴趣班还是校外的体育兴趣课程，其实现都需要一定的经济基础。经济水平差异导致青少年体质健康促进的进程呈现出较大差异，这种差异表现在城乡差异、社会阶层差异、市级乃至省级政府经济支持水平之间的差异。中国是个多民族国家，国家尊重各民族的风俗习惯、饮食文化和宗教信仰等。文化环境的不同对青少年体质健康促进的影响也不同。从微观层面来看，个体接受周围文化环境的熏陶形成了对体质健康的认知和行为习惯，认知水平的高低同样对青少年体质健康促进的接受程度和促进速度产生一定的影响。比如，某一个体周围环境多习惯于吃高油、高脂肪、高糖的食物，其受到周围环境的影响很难改变饮食行为。教育水平的空间分异主要体现在健康教育空间分异与体育教育水平空间分异。相关研究指出，在大范围的教育调查中，仍有 33.6% 的学生回答没有上过健康教育课程,健康教育课程对增强青少年健康知识储备,促进青少年健康信念和健康行为的形成具有重要作用。[①] 体育教育水平的空间分异主要体现在体育课程和课间体育活动课程时间的保障、体育教师的教学质量以及体育课程设置等。人际环境的空间分异主要体现在青少年之间、青少年与教师之间、青少年与家长之间的互动,人际环境的支持或阻碍对青少年体质健康促进具有非常重要的影响。信息环境的空间分异主要体现在健康信息的可获得程度、获得能力以及获得渠道的种类等。随着信息技术的发展,信息环境的空间分异对青少年体质健康促进的影响将逐步加大。体育时空与教育时空的时空分异是中国独有的社会时空分异内容。由于历史原因,我国体育时空与教育时空相分离,导致青少年体质健康促进的体育促进主体一分为二。体育时空与教育时空的时空分离或者时空分异导致学校体育中业余训练的缺失,体育课成了单纯的体育课,缺少课外练习和业余训练的体育课无法发挥其在青少年体质健康促进中的主体作用。体育时空与教育时空的融合将是未来青少年体质健康促进的主要目标之一。

（三）行为空间的空间分异

行为空间是指人们获得的空间界限,既包括人类直接活动的空间范围(日常生活、工作、学习所经历的场所和通路),也包括人们间接活动的空间范围(个人通过间接交流或者报纸、电视、电脑、手机等电子媒介设备所达到的空间)。不同于物质空间和社会空间,行为空间从个体的角度,探究个体的直接行为空间和间接行为空间的空间分异对青少年体质健康促进的影响。行为空间受到物质空间、社会空间以及个体主观行为意向的影响,行为空间的空间分异对青少年体质健康促进的影响主要体现在直接行为空间的空间分异和间接行为空间的空间分异。直接行为空间的空间分异主要包括个体生活方式和行为习惯的空间分异、个体行为空间轨迹的空间分异。个体生活方式和行为习惯包括个体的体育锻炼行为习惯、个体饮食习惯,良好的体育锻炼行为和饮食习惯有助于青

---

① 朱厚伟,史曙生,申翠梅,等.我国初中生视力的影响因素研究——基于 CEPS(2014—2015 学年)追访数据的多项 Logistic 回归模型分析[J].中国体育科技,2022,58(4):52-61.

少年体质健康促进的实施与执行。个体行为空间轨迹的空间分异包括个体日常体力活动空间轨迹的大小、日常静止行为空间时间百分比等。较大的空间活动轨迹往往预示着日常体力活动的增加,保持较多的体力活动有助于青少年体质健康促进。间接行为空间的空间分异主要包括人际交流的间接空间和媒介信息空间。人际交流的间接空间和媒介信息空间越广,越有助于青少年体质健康促进政策的实施与执行。

本章小结

我国青少年体质健康促进政策的时空变迁。政策的变化源于国家、政府部门以及全体中国公民的集中意志对于当前社会时空转变的一种考量,并针对当前社会时空亟需解决的问题、矛盾和制度中的不足进行完善、补充和修改。社会时空视角下,我国青少年体质健康促进政策的时空变迁主要体现在:政策目标的变化、政策主体空间的转移、政策互动场所的转换以及政策内容的改变。青少年体质健康促进政策目标的时空变化主要表现为从强身健体、保家卫国到增强体质、肩负祖国未来再到体教融合、健康第一的转变过程。我国青少年体质健康促进政策主体的时空变化主要表现为从一元管理到协同管理再到多元协同治理的过程。我国青少年体质健康促进政策场所的时空变化主要表现为从以学校为主转变为以学校为主、走向户外再转变为家—校—社联动。我国青少年体质健康促进政策内容的时空变化主要表现为从青少年体质健康促进政策内容的全面促进转向青少年体质健康促进政策内容的重点干预。

我国青少年体质健康促进途径的时空塑造。基于时空社会学,对我国青少年体质健康促进政策执行的主要途径进行分析,可总结为以下 5 种。一是认知时空改造:学校健康教育。学校健康教育是对青少年认知时空的塑造,健康教育通过教育、宣传、干预等手段,帮助青少年塑造健康的认知体系,使青少年主动地改变不健康行为,促进其健康行为的产生。二是现实时空拓展:学校体育改革。学校体育改革是青少年健康行为在现实时空的拓展和创建。体育作为一种健康行为对青少年体质健康的促进是不言而喻的,学校体育是在学校教育的现行空间下,以体育课程时间、体育运动场地和器材作为现实时空的主要时间和空间条件,保障青少年在学校时空内的健康行为,实现学校体育时空的创建,对青少年体质健康促进具有重要意义。三是虚拟时空构建:数据平台建设。虚拟时空的生成,对人们的思维方式、行为方式、生活方式产生巨大影响。青少年体质健康促进虚拟时空的创建是青少年体质健康促进的主要发展方向。虚拟时空将超脱现有时空对时间和空间的束缚,增强青少年体质健康促进政策的执行力度,促进青少年体质健康行为意识的培养,有助于青少年体质健康行为现实时空的营造。四是国际时空延伸:健康促进学校。时空延伸是时空构成的一种,在青少年体质健康促进学校的创建中,以我国作为一个独立的时空,世界卫生组织创新健康促进项目,在其他国家实施取得成功后,将这一项目引入我国,就可以将这一社会实践过程看作国际时空延伸。五是特色时空创建:专项行动干预。在我国青少年体质健康促进过程中,根据本国国情和青少年体质健康的突出问题,通过专项行动的方式实现中国特色时空的创建。其中,最重要、最具影响力且最具中国本土时空特色的四个国家层面的项目分别是:"现实时空再拓展:阳光体育运动""局部时空撬动:校园足球建设""个体时空变换:综合近视防控"和"时空改换:体教融合"。

　　社会时空视角下,我国青少年体质健康促进的时空困境。本节基于对我国青少年体质健康问题、体质健康促进现状的时空社会学审视,从社会时空视角分析我国青少年体质健康促进的困境,为后续青少年体质健康促进模式的创建提供理论支持。本书的研究认为,我国青少年体质健康促进的主要困境是忽视了时间与空间。"时间荒"是我国青少年体质健康促进的一个复杂困境。空间分异是我国青少年体质健康促进的另一个复杂困境。

第五章　经典健康促进理论的时空观考察

　　青少年体质健康问题是社会发展到一定阶段的必然产物。随着社会发展和经济水平的提升,青少年体质健康问题由营养不良和卫生条件差导致的传染性疾病转变为由营养过剩和体力活动不足导致的超重肥胖、身体素质下降和近视等问题。早在 20 世纪五六十年代,西方发达国家就已经开始面对我国当前所面临的青少年体质健康问题。为了达到维护和改善人们健康的目的,专家学者们将理论、研究和实践三者相结合,形成了个人水平、人际水平、社区水平和综合水平等经典健康促进理论。本章的目的在于通过对经典健康促进理论的时空观解析,找出时空社会学视角下青少年体质健康促进的一般规律,为构建新的干预模式提供理论支撑。

第一节　个体水平健康促进理论的时空观

一、个体水平层面的健康促进理论

（一）健康信念模式

1. 健康信念模式产生的背景及发展

　　健康信念模式（health belief model）是最早的也是最成熟的个体水平的健康促进理论模型。时至今日,健康信念模式在健康促进领域仍有很高的接受度和认可度。目前在急性传染病和慢性病的筛查与预防中的应用较为广泛。20 世纪 40 年代,抗生素的问世,使得传染性疾病对发达国家及部分发展中国家人民的危害性大大降低,传染病不再是导致死亡的主要原因。而慢性非传染性疾病的危害性和致死率不断攀升,这些疾病与不健康的生活习惯、行为方式、职业和环境等因素有关。其中,个人的生活方式与健康的关联性最为密切。从心理学的角度来看,任何与健康行为相关的心理活动都可能与个体健康存在关联,由此提出的心理相关健康行为包括健康促进行为(如运动和健康饮食等)、健康保护行为(如疫苗注射、安全套使用等)以及健康危害行为(如吸烟、过量饮酒等)。健康信念模式的孕育背景是当时的人们急需获得与健康行为相关的认知并明确其社会背景。基于此,20 世纪 50 年代,美国公共卫生组织(U. S. Public Health Service)的心理学家霍克巴姆、罗森斯托克和凯格尔最早介绍了该模式。起初,这一模式主要用于解释健康保护行为和个人认知之间的关系,罗森斯托克等假设:个体健康保护行为的产生,必须建立在该个体掌握与其健康保护行为相关知识的基础上,在主观认为自己是受某一病毒危害的潜在人群时,通过健康保护行为能够达到有效的预防效果,个体才会主动地进行健康保护行为。[①] 1958 年,霍克巴姆探究了肺结核易感人群早期接受筛查的益处与疾病认知和主动进行疾病筛查等健康保护行为之间的关联性发现,疾病认知能够较好地促进人们的健康保护行为。[②] 随后,梅克等对健康信念模式进行了进一步完善,提出了易感性、严重性、益处和障碍等概念。[③] 健康信念模式在结合"刺激—反应原理"和"认知理论"的基础上逐步建立并完善起来。随着健康信念模式被应用于医疗、健康、饮食和体育锻炼行为等领域,该模式变成一个解释、预测人们实施各种健康行为的模型框架。

---

① Rosenstock I M, Strecher V J, Becker M H. Social learning theory and the health belief model[J]. Health Education Quarterly, 1988, 15(2): 175-183.

② Hochbaum G M. Public participation in medical screening programs: A socio-psychological study[M]. US Department of Health, Education, and Welfare, Public Health Service, Bureau of State Services, Division of Special Health Services, Tuberculosis Program, 1958.

③ Maiman L A, Becker M. The health belief model: Origins and correlates in psychological theory[J]. Health Education Monographs, 1974, 2(4): 336-353.

2. 健康信念模式的内涵

人类的行为十分复杂,行为动机、行动背景都受到很多因素的影响。古往今来的学者试图通过各种理论来解释健康行为发生和发展的规律,但每一种理论都有一定的侧重性,无法做到全方位的诠释。健康信念模式最初是单一概念,在不断吸取实践和实验经验、吸收大量社会心理学和行为心理学的理论和研究成果后,其自身不断得到丰富和完善,从而发展成为丰富的复合概念。健康信念模式的基础是健康行为受到 5 个可变因素的影响。如图 5-1 所示,如果一个人患肥胖的概率高于正常人,他会感知到他们(家庭成员)对该病有很高的易感性,知道肥胖引起的并发症所导致的后果和改变行为所带来的益处。依据该模式可以推测,其改变行为的可能性会增加。

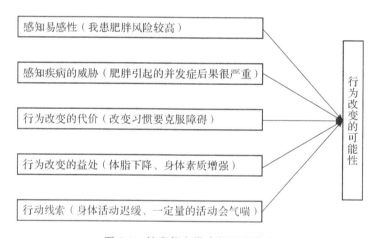

图 5-1 健康信念模式的基本模式

健康信念模式的内容不断丰富,随着社会心理学和人口学等因素的融入,健康信念模式的概念基本完善。其中,主观易感性、主观严重性、主观障碍和主观收益用以说明健康行为产生的动机。同时,其还受到行动线索的调节。研究人员不断丰富健康信念模式的概念构件、定义和应用场景并探索该模式在促使除了疾病防控以外的吸烟、运动不足、过量饮食、静坐少动等不健康行为向健康行为转变的可能性。

健康信念模式的主要概念构件、定义和应用场景如表 5-1 所示。

表 5-1　健康信念模式的基本构成①

概念构件	定　义	应用场景
主观易感性	对可能患某种疾病或存在某种健康问题的信念	定义个体是否有风险和风险水平；基于个体的性格和行为自定义风险；将主观易感性和个体实际面临的风险相对应
主观严重性	对某种状况和后果严重性的信念，包括疾病对身体健康的不良影响和疾病引起的心理、社会后果，如体力、形象、工作、生活、社交等方面的影响	明确风险和状况的结果
主观收益	对采取行动以有效减少风险或影响的严重性的信念	定义怎样、何处、何时采取行动；明确预期的积极效果
主观障碍	对采取行动可能付出的有形的、心理的代价的信念	通过再保证、纠正错误信息、激励和支持来明确和减少主观障碍
行动线索	激活"准备性"的策略和诱发健康行为发生的因素，是导致个体行为改变的"最后推动力"，其是指任何与健康问题相关的促进个体行为改变的关键和暗示，包括内在和外在两个方面	提供怎样做的信息，增强意识，使用恰当的提醒系统
自我效能	对自身行动能力的自信水平，类似自信心，是个体对自己控制内外因素而成功采纳健康行为的能力的评价和判断，以及取得期望结果的信念	为采取建议的行动而提供训练和指导；使用循序渐进的目标设置；给予口头强化；规范所需的行为；减少焦虑

因此，健康信念模式认为，信念是人们某种行为的基础（见图 5-2）。

---

　　① 司琦. 体育健康促进研究的行为理论与方法［M］. 杭州：浙江大学出版社，2017.

如果人们具有某种与疾病、健康相关的信念，他们就会采纳健康行为，改变危险行为。具体而言，社会人口学特征（年龄、性别、民族、同伴影响等）、社会经济阶层和疾病与健康知识会影响人们对疾病易感性和疾病严重性的感知。人们的年龄、性别、民族、疾病与健康知识水平和经济生活水平不同，对疾病的易感性和严重性的感知也会不同，而这些感知和某一行为线索一起触发对疾病威胁的感知。此外，社会学人口特征、社会经济阶层和疾病与健康知识还会影响人们对健康行为益处和采纳健康行为障碍的认知，形成自我效能（类似自信心），对疾病威胁的感知和自我效能相结合促使个体采纳健康行为。

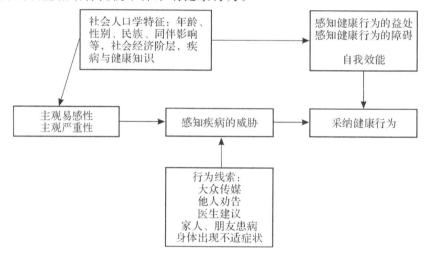

图 5-2　健康信念模式的基本构成

　　基于健康信念模式的概念构件、定义和应用场景，健康信念模式的健康促进干预策略主要包括以下 5 个部分：(1)提高人们对于疾病威胁的认知；(2)帮助人们树立正确的健康观和价值观；(3)帮助人们树立信心；(4)因人而异，提供符合目标人群需求的健康教育；(5)充分利用各种激发因素，促成健康行为发生。健康行为模式强调人的主观意识对健康行为的形成和维持起着决定性的影响作用，而人的主观意志又毫无疑问是人体内外环境各种刺激作用的综合结果。

（二）计划行为理论

1. 计划行为理论产生的背景

计划行为理论的前身是合理行动理论（theory of reasoned action）和自我效能理论（self-efficacy theory），两个理论几乎是同一时期被提出来的。1977年，班杜拉提出了自我效能理论，用以解释特殊情景下动机产生的原因。① 1977年，菲什拜因等首先提出了合理行动理论，该理论将态度分为物体的态度和行为的态度，论述了行为态度、行为意向和行为之间的关系，并通过实验证明（对乳房的筛查态度能够更好地预测个体乳房疾病筛查的行为）行为态度是一个行为产生的预测指标。合理行动理论认为，行为意向是决定行为的直接因素，其受到行为态度和主观规范的影响。② 但是，合理行动理论针对个体行为，不适于广泛应用。为此，1985年，阿那兹将自我效能理论中的感知行为控制变量纳入合理行动理论，形成了计划行为理论（theory of planned behavior）。计划行为理论认为，意向是影响行为最直接的因素。同时，考虑到个体行为意向控制行为的程度，该理论提出行为意向不仅受态度和主观规范的影响，还受到感知行为控制的影响。③ 计划行为理论与合理行动理论的区别在于意志对个体行为意向的控制，合理行动理论解释高度意向控制，而计划行为理论解释较低意向控制。随着计划行为理论的不断丰富和发展，卡斯普日克等借鉴健康信念模式、社会认知理论等进一步对计划行为理论和合理行动理论进行整合，提出了整合行为理论（intergrated behavioral model），并应用于艾滋病预防项目。④

---

① Bandura A. Self-efficacy: Toward a unifying theory of behavioral change[J]. Advances in Behaviour Research and Therapy，1977，1(4)：139-161.

② Fishbein M，Ajzen I. Belief，attitude，intention，and behavior：An introduction to theory and research[J]. Contemporary Sociology，1977，6(2)：244.

③ Ajzen I. From intentions to actions：A theory of planned behavior[M]. Berlin，Heidelberg：Springer，1985.

④ Kasprzyk D，Montaño D，Fishbein M. Application of an integrated behavioral model to predict condom use：A prospective study among high HIV risk groups1[J]. Journal of Applied Social Psychology，1998，28(17)：1557-1583.

2. 计划行为理论的基本概念和内涵

合理行动理论和计划行为理论成立的基础是：人的行为是受主观意识支配的，各种行为在发生前要进行信息加工、分析和思考，由此决定了人们的行为动机，人们所认为的"合理性"是行为发生和维持的主要原因。① 基于上述定义，菲什拜因等构建了合理行动理论和计划行为理论的理论框架（见图 5-3）②，对框架中的构成要素进行了定义（见表 5-2）。

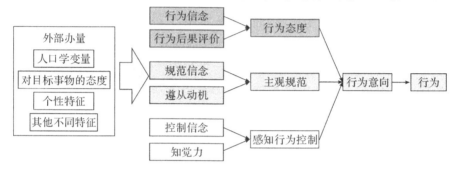

图 5-3　合理行动理论和计划行为理论的理论框架

资料来源：Montano D E，Kasprzyk D. Theory of reasoned action，theory of planned behavior，and the integrated behavioral model〔J〕．Health Behavior：Theory，Research and Practice，2015，70(4):231.

表 5-2　计划行为理论的构成要素及定义

构成要素		定　义
核心要素	子要素	
行为态度	行为信念	行为主体对行为结果或特性的信念
	行为结果评价	行为主体对行为所产生结果或特性的评价
	行为态度	行为主体对某种行为所存在的一般而稳定的倾向或立场，由每个行为信念乘以相应的结构评价之积，其总和作为间接指标

① 郑频频，史慧静，傅华，等. 健康促进理论与实践〔M〕．上海：复旦大学出版社，2011.

② Fisbein M，Ajzen I. Belief，attitude，intention，and behavior：An introduction to theory and research〔J〕．Contemporary Sociology，1977，6(2)：244.

构成要素		定　义
核心要素	子要素	
主观规范	规范信念	对行为主体有重要影响的人或团体对主体的行为期望，即该重要影响的人或团体赞同或不赞同行为主体的行为
	遵从动机	行为主体服从重要他人或团体对其所抱期望的动机
	主观规范	他人的期望使行为主体作出特定行为的倾向程度，由每个规范信念乘以相应遵从动机之积相加的总和作为间接指标。它反映的是重要他人或团体对个体行为决策的影响
感知行为控制	控制信念	行为控制可能性的知觉，即行为主体感知可能促进和阻碍实施行为的因素
	知觉力	对行为控制难易程度的感知，即每个促进或阻碍行为发生因素的影响程度
	感知行为控制	其概念类似自我效能，与行为意向一起共同影响行为，也可以调整行为意向对行为的效果。当意向控制高时，感知行为控制降低，行为意向是行为预测指标。当意向控制低、感知控制可精确评价时，感知控制和行为意向共同影响行为
行为意向与行为	行为意向	行为主体行为趋向的意图，指的是发出行动之前的思想倾向和行为动机
	行为	在计划行为理论中，行为指个体在特定时间与环境内对特定目标作出的外显的可预测的反应。其包括对象（target）、行动（action）、环境（context）和时间（time）四个元素，这四个元素简称为行为的 TACT 元素

从图 5-3 中不难看出，合理行动理论和计划行为理论的理论框架，以及各构成要素与行动产生之间的关系。与健康信念模式的理论基础不同，合理行动理论假设行为意向与实际行动之间存在直接关联，行动意向最终决定实际行动。基于此，合理行动理论认为，行为态度和主观规范是与行为意向直接相关的两个构成要素。行为信念和行为后果评价、规范信念和遵从动机则分别是两个构成要素的子要素和评价指标。随着理论的发展，当合理行动理论中的行为态度和主观规范要素无法完

全诠释行动意向时，感知行为控制要素被加入进来。感知行为控制对行为意向具有一定的调控能力，感知行为控制包括控制信念和知觉力，同时将人口学和环境学因素的影响纳入其中，形成了计划行为理论。人口学和环境学因素并不直接独立作用于行为，而是通过影响行为意向的构成要素来间接影响行为的产生，且行为态度、主观规范和感知行为控制三个要素之间是相互独立作用的。这三个要素的权重并非一成不变，而是与行为和行为人群存在关联。

整合行为理论是基于合理行动理论、计划行为理论和其他理论之上的进一步扩展（见图5-4）。在整合行为理论框架中，行为意向仍然是影响实际行为的主要因素，但不再是唯一因素，执行行为的知识和技能、行为特点、环境限制和习惯成为影响实际行为的其他因素。在整合行为理论中，行为意向的构成要素与计划行为理论相似。执行行为的知识和技能、行为特点、环境限制、习惯与行为意向之间存在一定的联系。从行为意向到实际行为的产生需要执行行为的知识和技能，同时实际行为受到环境的限制，实际行为具有所执行行为的显著行为特点。

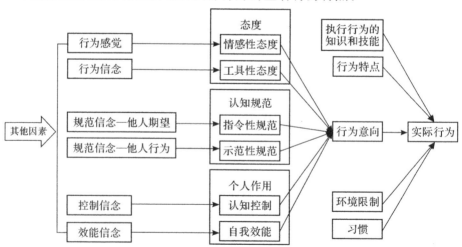

图 5-4　整合行为理论框架

资料来源：Montano D E，Kasprzyk D. Theory of reasoned action，theory of planned behavior，and the integrated behavioral model[J]. Health Behavior：Theory，Research and Practice，2015，70(4)：231.

虽然，整合行为理论吸纳了合理行动理论和计划行为理论，从而变得更加丰富和完整，但是近年来的大多数研究仍集中于计划行为理论，并努力实现计划行为理论的可操作性。国外相关学者编制了计划行为理论问卷，问卷编制遵循的主要原则包括以下三个方面。

第一，一致性原则。编制问卷的测量变量必须与框架元素一致，测量行为与实际行为一致。

第二，明确信念原则。设置三类开放性问题，明确重要信念（行为态度、主观规范和感知行为的认知与情感基础）。开放性问题包括目标行为的益处和害处、目标行为的发生人群、目标行为的促进和阻碍因素。

第三，采用 likert 等级评分法。问卷测量项目均采用 1～5 分或 1～7 分评分法。

（三）阶段变化理论

1. 阶段变化理论的发展背景

阶段变化理论（the transtheoretical model）是在研究了心理学和行为变化的主要理论的基础上被提出来的。阶段变化理论不再局限于将行为的变化定位为"改变/不改变"，该理论认为行为的变化是一个过程，存在一定的变化阶段。1983 年，普罗查斯卡等提出了阶段变化理论。[①]阶段变化理论一经提出就在国际学术界引起了很大的轰动，且在后期的实验干预中均取得了良好的效果，深受健康促进部门和人员的认可。阶段变化理论最早应用于对吸烟患者的戒烟干预，取得了非常好的干预效果。随着阶段变化理论应用范围的不断扩大，阶段变化理论在饮酒控制、药物试验、体育锻炼促进、饮食改变、多重生活方式改变、静坐少动行为改变、乳腺癌筛查、艾滋病预防、精神病的长期治疗以及不健康行为远离等方面取得了令人满意的干预效果。与健康信念模式、计划行为理论不同，阶段变化理论在吸纳了众多相关理论的基础上提出行为的变化是一个阶段性、动态变化的过程，而健康信念模式和计划行为理论都是从诱发因素出发，探讨诱发因素与行为的关联。阶段变化理论侧重针对个

---

① Prochaska J O, Diclemente C C. Stages and processes of self-change of smoking: Toward an integrative model of change[J]. Journal of Consulting and Clinical Psychology，1983，51(3):390-395.

人或群体的特点，采取不同的促进策略。除此之外，阶段变化理论还主张选择适宜的促进项目来满足人们的需求。阶段变化理论无论在干预方法还是在干预策略上都能为健康促进工作者提供有效的干预方法和干预策略，使其具有较好的实用性。该理论认为，人的行为变化可以分为几个阶段，不同的阶段需要不同的干预方法和干预策略。

2. 阶段变化理论的内涵

阶段变化理论主要由变化阶段、变化过程、均衡决策和自我效能等四个核心因素组成。其干预的理论依据和原则可以分为以下几点：(1) 行为干预的复杂性是任何单一理论都无法完全解释的，综合理论模式是大势所趋；(2) 行为改变并非一蹴而就，而是阶段性的过程；(3) 行为变化的阶段相对稳定，但又可改变；(4) 行为干预需要有计划性地进行，否则可能一直处于前期阶段；(5) 大部分高危人群都处于阶段变化理论的无打算阶段；(6) 有效的行为改变应该是螺旋式、渐进式上升的过程；(7) 了解行为变化阶段和行为变化过程的关联，在不同的变化阶段使用不同的手段对相应变化过程中的心理和行为变化进行有针对性的促进，能够取得较好的效果；(8) 慢性行为模式是生物、社会和自我控制诸因素相结合而形成的，阶段匹配干预策略应重视自我控制。

1982 年，普罗查斯卡等在针对戒烟的研究实验中认为，戒烟行为是一个行为变化的过程，指出戒烟行为是一个包括无打算阶段、打算阶段、准备阶段、行动阶段、维持阶段和终极阶段的直线过程。[1] 1986 年，两人在实验研究的基础上提出，行为的变化阶段并不是一个简单的直线过程，而是一个螺旋上升的过程。每个阶段都可能因为行为变化阻碍造成的情绪上的变化而导致行为的变化，从而呈现出行为变化在不同阶段的反复。例如，戒烟者在打算阶段下定决心准备戒烟，在戒烟过程中如果能够持续 6 个月则达到维持阶段，如果不能维持可能再次回到打算阶段和准备阶段，出现复吸行为，经过一段时间的挣扎可能再次进入准备阶段和行动阶段，如此反复（见表 5-3）。

---

① Prochaska J O, Diclemente C C. Stages and processes of self-change of smoking: Toward an investigation model of change[J]. Journal of Consulting and Clinical Psychology. 1983, 51(3): 390-395.

表 5-3　行为变化阶段人的行为和心理特点

行为变化阶段	行为计划	行为和心理特点
无打算阶段	未来 6 个月不打算改变行为甚至坚持不改	未意识到自身问题行为的存在或曾尝试改变,因失败而丧失信心
打算阶段	未来 6 个月打算改变行为	意识到问题行为的存在,改变行为的益处、困难与阻碍,但心理较为矛盾
准备阶段	将于未来 1 个月内改变行为	对所采取的行动已有具体打算或在过去一年中已有所行动
行动阶段	过去 6 个月目标行为已有改变	行为的改变需符合足以降低疾病风险的判断标准
维持阶段	坚持健康行为 6 个月以上,达到预期目的	对避免诱惑、防止旧行为复发较为自信
终止/终极阶段	对某种行为,特别是成瘾行为有这一阶段	对行为改变具有高度的自信心,能够坚持确保不再回到过去的习惯中

　　行为变化过程基本可分为 10 个步骤(见表 5-4),对应的是行为变化阶段人的不同的心理活动过程。人们在行为变化的各个阶段都有不同的心理变化。有效把握这些心理变化,可以促使健康促进工作人员提出有针对性的干预措施。阶段变化理论指出,要改变行为就必须明确行为变化阶段和行为变化过程的相互关系和相互作用,了解每一阶段的变化过程的心理活动,不断采用方法和手段有针对性地对该阶段进行干预。由于变化阶段和变化过程相互作用的关系在学术界的讨论中存在一定的差异,其整体可分为认知过程——提高认识、缓解紧张情绪、自我再评价、环境再评价、社会解放和行为过程——自我解放、寻求帮助、逆向制约、应变管理和刺激控制。其中,提高认识、缓解紧张情绪、环境再评价是无打算阶段的心理活动;自我再评价是打算阶段的心理活动;自我解放是准备阶段的心理活动;社会解放,属于准备阶段的心理活动;应变管理、寻求帮助、逆向制约和刺激控制则属于行动阶段的心理活动(见图 5-5)。

表 5-4 行为变化过程的步骤和定义

步骤名称	定 义
提高认识	发现和学习新事物、新思想,努力形成健康行为等
缓解紧张情绪	缓解伴随不健康行为产生的负面情绪,如恐惧、焦虑、担心等
自我再评价	从认知和情感两个方面对自己有无某种不健康行为的自我形象的差异进行评价,从而认识到行为改变的重要性
环境再评价	意识到周围环境中存在不健康行为的负面影响或健康行为的正面影响,从认知和情感两个方面对自己不健康行为对社会环境产生的影响进行再评价,也包括人们对他人起到的好或不好的角色示范的感知
自我解放	在建立行动信念的基础上,作出改变行为的承诺——人们改变行为的信念和落实信念的承诺
寻求帮助	在健康行为形成的过程中,向社会支持网络寻求支持。家庭支持、同伴支持、电话咨询等均为获得社会支持的有效手段
逆向制约	认识到不健康行为的危害,选择一种健康行为来取代它,学习用健康行为替代不健康行为。可使用放松、厌恶与脱敏疗法和尼古丁替代疗法等方法
应变管理	增加对健康行为的奖励,适时地在一定的行为改变方向上提供结果强化
刺激控制	消除不健康行为的促发剂,增加健康行为的促发剂
社会解放	意识到社会风尚的变化在支持健康行为中的应用

阶段变化理论中的均衡决策借鉴了贾尼斯和曼 1977 年提出的决策模型。该决策模型认为,任何决策都是一个矛盾的、利益冲突的过程,决策产生前须明确预期的决策收益和弊端,并将决策背后的相关因素纳入决策表,具体分析潜在得失。贾尼斯等认为,收益和弊端可分为 4 类:(1)对自身实用性的得失;(2)对他人实用性的得失;(3)自我认可或自我否认;(4)来自重要他人的认可和否认。[①] 因此,个体处于不同阶段时,利弊均衡也存在一定差异。以锻炼行为为例,在准备阶段和行动阶段,

---

① Janis I. Mann L. Emergency decision making: A theoretical analysis of responses to disaster warnings[J]. Journal of Human Stress, 1977, 3(2):35-45.

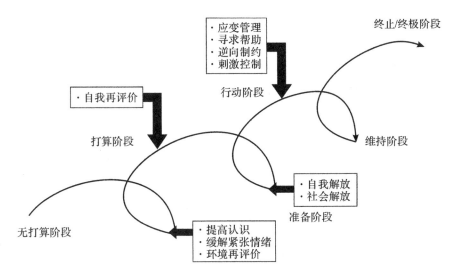

图 5-5　变化阶段与变化过程的相互作用

个体对于运动的收益和弊端的认知存在不同：在准备阶段，个体认为运动的弊端或代价大于收益；而在行动阶段，个体认为运动的收益大于弊端或代价。

自我效能来自班杜拉的社会认知理论，是指对成功实施和完成某一行为目标或应对某种困境的能力的信念，是人们采取行为所具备的信心和抵制诱惑的控制力。自信心是指个人面对挑战时，相信自己能够采取健康行为的信念。诱惑是指人们在面临健康行为挑战时，放弃健康行为的各种诱因。它反映了在矛盾的情况下，渴望采取某种特殊行为的程度。①

二、个体水平健康促进理论中的时空元素

依据现有研究，时空社会学理论将社会空间分为五类——权力空间（权力可能施展的控制、占有范围）、关系空间（社会主体之间的关系构成的世界）、心理空间（社会主体的精神活动世界）、信息空间（网络、知识、文化生成的信息空间）、行为空间（行为可能活动的范围）等，空间之间存

---

① 郑频频，史慧静，傅华，等. 健康促进理论与实践[M]. 上海：复旦大学出版社，2011.

在相互作用的关系。健康信念模式、计划行为理论和阶段变化理论是最主要的个体水平的健康促进理论,个体水平的健康促进理论通过改造目标群体的健康相关空间元素来达到促进健康的目的。其中,健康信念模式和计划行为理论具有较强的空间特性,阶段变化理论则具有较强的时间特性。

(一)健康信念模式中的空间元素

健康信念模式认为,信念是人们某种行为的基础(见图5-6),是心理空间的主要构成要素。人们如果具有某种与疾病、健康相关的信念,就会采取健康行为,改变危险行为。① 具体而言,健康信念模式的核心在于改造个体的心理空间,以达到改变行为的效果。其中,信念是与健康行为直接相关的心理空间指标,而感知则是影响信念形成的重要心理空间指标。健康信念模式主要以个体心理空间改造为主体,结合外部信息空间、关系空间和权力空间的影响以达到改变个体行为、促进个体健康的目的。

(二)计划行为理论中的空间元素

计划行为理论认为,人的行为受主观意识(心理空间要素)支配(见图5-7)。各种行为在发生前要经过信息加工、分析和思考等过程,这一系列过程决定了人们的行为动机。② 时空社会学理论视角下,计划行为理论同样以心理空间改造为个体行为改变的主要目标。但与健康信念模式不同,计划行为理论认为在心理空间中行为意向是与实际行为直接相关的空间要素,行为态度、主观规范和感知行为控制等三个心理空间要素则直接与行为意向相关。此外,行为态度、主观规范和感知行为控制又受到行为信念、行为后果评价、规范信念、遵从动机、控制信念、知觉力等六个外部心理空间要素的影响。这6个外部心理空间要素则受到人口学变量、对目标事物的态度、个性特征、其他不同特征等权力空间和信息空间的影响。通过权力空间和信息空间对心理空间的影响,改变个

---

① Hochbaum G, Rosenstock I, Kegels S. Health belief model[M]. Washington DC: United States Public Health Service, 1952.

② Ajzen I. From intentions to actions: A theory of planned behavior[M]. Berlin, Heldeiberg: Springer, 1985.

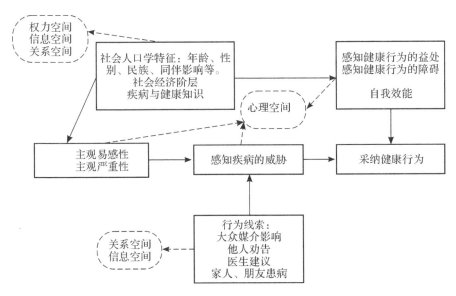

图 5-6　健康信念模式的时空审视

体心理空间要素,从而达到行为改变的目的。人口学和其他不同特征并不直接独立作用于行为,而是通过影响行为意向的构成要素来间接影响行为的产生。行为态度、主观规范和感知行为控制三个要素之间相互独立作用,但这三个要素的权重并不是一成不变的,而是与行为和行为人群存在关联。

（三）阶段变化理论中的时间元素

　　基于时空社会学的理论视角,在个体水平的健康促进理论中,阶段变化理论建立了时间因素与行为改变之间的动态联系。阶段变化理论是在对心理学和行为变化的主要理论进行研究的基础上被提出来的,其不再局限于将行为的变化定位为“改变/不改变”。该理论认为行为的变化是一个过程,存在一定的变化阶段。1983 年,普罗查斯卡等提出了阶段变化理论。阶段变化理论打破了行为改变是瞬间的概念,提出了分阶段、有针对性地实施干预,并在干预过程中关注干预群体的特点,结合每

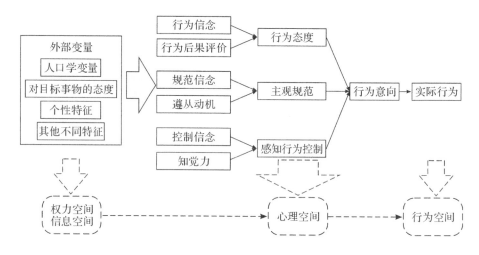

图 5-7　计划行为理论的时空审视

资料来源：Montano D E，Kasprzyk D. Theory of reasoned action，theory of planned behavior，and the integrated behavioral model[J]. Health Behavior：Theory，Research and Practice，2015，70(4)：231.

个阶段干预群体的心理变化，实现干预效果的最大化。[①] 阶段变化理论的理论结构完整且较为合理，在实际实验中得到了较好的支持，阶段变化理论是一个动态的、综合的行为改变理论。

　　阶段变化理论最突出之处在于将行为改变由传统的"瞬时性"变为"阶段性"。"阶段性"即"时间性"，"阶段性"是社会时间中结构时间的要素之一。行为的改变与心理空间的改变是直接联系的。随着时间维度的变化，个体的行为空间与心理空间都发生变化。因此，随着时间的推移，需要不断调整心理空间的改造内容。此外，心理空间改造并非逐步推进，被改变者可能因为某些事情导致心理空间变化回到更早期的阶段。例如，戒烟者在戒烟过程中可能会出现复吸现象等。

---

　　① Prochaska J O，Diclemente C C. Stages and processes of self-change of smoking：Toward an integrative model of change[J]. Journal of Consulting and Clinical Psychology，1983，51(3)：390-395.

三、个体水平健康促进理论中的时空缺失

个体水平健康促进理论主要对心理空间和行为空间之间的关系进行了不同视角的阐述:健康信念模式主要以心理空间中的信念为影响行为的要素;计划行为理论将心理空间分为三个层面,以意愿为影响行为的要素;阶段变化理论则强调行为改变非瞬时性而是阶段性,以阶段性为影响行为的要素。但是,个体水平健康促进理论仍存在不足,其中包括缺乏对权力空间、信息空间和关系空间影响的考量。三种理论的时空缺失之处具体如下。

第一,健康信念模式的不足表现为缺乏对社会空间因素和其他阻碍行为产生的障碍因素作用的考虑。社会空间因素对人们的主观易感性、严重性、主观收益和主观障碍的影响较大。科技的进步将直接改写疾病的治疗方法,降低人们对疾病易感性和严重性的认知。青少年的主观意愿和行为之间存在较大差异,很多行为的产生是被动的,受到家庭、学校、社会的制约。健康信念模式缺乏各因素之间对健康行为产生的衡量尺度,因此其预测效果不理想可能也与缺乏衡量尺度有关。

第二,计划行为理论的不足表现为忽略了关系空间的重要性,同时也忽视了权力空间、信息空间和关系空间对心理空间和行为的影响。此外,目前行为意向和行为之间的关联仍受到一定的质疑。比如,有学者提出时间对于行为意向和行为的关联的冲击:行为意向与实际行动之间的时间间隔越长,行动真正产生的可能性就越小。

第三,阶段变化理论的不足表现为在诸多研究中发现阶段变化理论对儿童青少年行为问题的干预效果并不理想。据推测,这与该年龄段有意识的行为改变的状况较少有关。从关系空间的角度来看,处于不同行为变化阶段的个体之间存在相互影响。这种影响导致相互促进或者相互制约两种结果。由于缺乏对社会环境影响的考虑,社会环境影响在行为变化中起到的作用被忽略。干预往往注重行为改变的结果,而忽略了行为背后的社会环境因素,缺乏对社会文化特征的解读。因此,在行为改变中,行为与社会环境之间的相互作用往往在前期的理论研究中被忽视。如何在不同群体、不同社会阶层、不同社会背景下展开健康行为促进成为一种新趋势。

第二节　人际水平健康促进理论的时空观

在社会时空视角下,人际水平健康促进理论的根本目标是通过改善关系空间中的人际网络关系来实现目标人群或个体的行为改变。人际水平健康促进理论主要包括社会网络和社会支持理论,通过对关系空间和信息空间中健康教育和文化环境的塑造改造被干预人群的心理空间,加强其健康行为的信念和态度以达到行为改变的目的。

一、人际水平层面的健康促进理论

(一)社会网络和社会支持理论

1. 社会网络和社会支持理论的背景

社会网络(social network)是指人与人之间形成的社会关系。由于人与人形成的关系存在多向性和交织性,社会关系交织在一起形成了一个个节点,从而形成了网络状的社会关系。在社会网络中,个体成员形成的网络关系是相对稳定的。此外,社会网络关注的是人与人之间的互动和互助对行为的影响。社会网络有很多类型,常见的社会网络类型包括家庭网、社区网、同事网、朋友网、同学网等。中国传统文化素来关注人际关系和社交网络。例如,《孟子·滕文公上》曰:"出入相友,守望相助,疾病相扶持,则百姓亲睦。"道出了亲友之间相互帮助、守望扶持的良好社会关系有助于居民健康、和谐地生活。社会支持(social support)是社会网络的一个功能,是社会网络运用物质手段和精神手段对弱势群体进行无偿帮助的总和。在健康促进领域,社会支持是人们得到的来自社会网络的物质支持和精神支持。近年来的研究发现,社会资本(social capital)也是社会网络的重要内容。存在于社会结构关系中的社会资源,是与公民信任、互惠合作有关的一系列的态度和观念。

社会网络一词是巴恩斯在 1954 年对挪威一个村庄的社会关系的研究中提出的。随着研究的不断深入,社会关系与精神疾病的患病率、结核病的患病率以及意外事故的发生率之间的密切联系受到了越来越多的关注。① 1979年,布鲁恩等在宾夕法尼亚州的一个小镇的调研中发现,小镇居民的死亡率远低于其他地区。但是,通过传统的调查方法并未发现其低死亡率的原因,直到研究者将问题聚焦于小镇的社会关系时才发现,良好且紧密的社会关系能够有效促进健康。② 就在同一年,伯克曼等在加利福尼亚州的一项研究中指出,社会网络指标(婚姻状况、与家人朋友的接触程度、教会加入情况以及其他正式的和非正式的隶属关系)对居民死亡率的影响较大,在控制相关变量的情况下,拥有高水平社会网络指标的城镇居民的死亡率是低水平社会网络指标的两倍,上述研究结果在之后针对不同地区和不同疾病患者的研究中被不断证实。③随着研究范围的不断扩大,研究者发现社会网络不仅能够降低死亡率,还能够预防疾病。比如,伯克曼等探讨了社会网络与冠心病的患病率和死亡风险之间的关联。④ 1979年至今,社会网络及其社会支持功能的作用被应用于社会学、健康行为学和健康促进学。社会网络和社会支持在生理健康领域和心理健康领域所起的直接作用和间接(压力缓冲)作用得到了证实。社会网络和社会支持也成为独立于其他因素的影响健康行为的关键因素。

2. 社会网络和社会支持的内涵

社会支持一直被认为是社会网络的一个功能。在前期的一些研究中,很多研究者把社会支持和社会网络等同起来,将社会网络测量作为研究的主要部分,社会网络的情况代表了社会支持的数量和质量。随着研究的不断深入,一些研究者发现其中的一些偏颇。社会网络并不等同于社会支持,两者是相互独立的。社会网络相当于个人所处社会关系的

① Barnes J A. Class and committees in a Norwegian island parish[J]. Human Relations,1954,7(1):39-58.

② Bruhn J,Stewart W. The Roseto story:An anatomy of health[J]. Medical Care,1980,18(7):784-785.

③ Berkman L,Syme S. Social networks,host resistance,and mortality:A nine-year follow-up study of Alameda county residents[J]. American Journal of Epidemiology,1979,109(2):186-204.

④ Berkman A M,Brewster A M,Jones L W,et al. Racial differences in 20-year cardiovascular mortality risk among childhood and young adult cancer survivors[J]. Journal of Adolescent and Young Adult Oncology,2017,6(3):414-421.

环境和结构的描述,而社会支持则是指在社会环境中所能获得的资源,社会支持和社会网络对健康的独立效应更值得探讨。

社会网络分析和社会支持研究成为社会网络和社会支持理论的主要研究方法和手段。社会网络分析将个人所处的环境假定为一张布满节点的网络,人或组织是节点,人或组织之间的联系被视为"线",当点和线足够密集时就形成了一个大的网络,甚至整个社会都可以看作一个网络。社会网络参数主要包括规模、联系紧密度、构成复杂性、同质性、异质性等,社会支持类型主要包括情感性支持、工具性支持、信息性支持、赞评性支持等(见表 5-5)。

表 5-5 社会网络参数和社会支持类型的定义

名　称	参　数	定　义
社会网络	规模	个人所处网络的大小,也就是网络成员的多少。网络规模的大小与人们所获得的资源和支持有关。社会网络的规模越大,可获得的资源越多
	联系紧密度	成员之间相互联系的紧密程度
	构成复杂性	网络中各类成员所占的比例,以及各种社会联系的不同作用
	同质性	网络成员与网络中心成员在年龄、性别、经济水平和社会地位等社会特征上的相同程度
	异质性	是指网络成员彼此之间的差异程度

名　称	类　型	定　义
社会支持	情感性支持	表示关心、关爱、信任与同情以及认同与理解别人的处境
	工具性支持	直接为需要帮助的人提供具体、切实的物质帮助和服务
	信息性支持	提供建议、忠告和相关信息,以便让人们有足够的知识和信息应对所面临的健康问题
	赞评性支持	通过提供正向评价或者赞扬,使人们对自我的行动更加感到满意,也称为"正面反馈肯定"

希尼等通过模型的形式探究了社会网络和社会支持对人的社会、心理和生理健康以及人的健康行为的影响(见图 5-8)。他们探讨了社会网络和社会支持与紧张性刺激、应对压力的个人资源,组织和社区资源、健

康行为以及生理、心理和社会健康的双向关系，并且这种双向关系在实践中被不断证实。① 除此之外，图 5-8 还阐述了社会网络和社会支持影响健康的 5 种途径：途径一——社会网络和社会支持与生理、心理和社会健康之间的直接关系；途径二——社会网络和社会支持在应对压力的个人资源方面的作用；途径三——社会网络和社会支持与紧张性刺激之间的相互作用；途径四——社会网络和社会支持与组织和社区资源之间的相互作用；途径五——社会网络和社会支持与健康行为（行为危险因素、预防性健康行为、患病行为）之间的相互作用。除此之外，图 5-8 中的 2a 和 4a 分别显示了应对压力的个人资源以及组织和社区资源形成的一种"缓冲效应"。这种缓冲效应作用在紧张性刺激与生理、心理和社会健康之间，能够有效降低紧张性刺激引起的健康损害。

（二）社会认知理论

1. 社会认知理论的背景

人类的行为是多种因素共同作用的结果，对行为最主要的影响是其所处的社会环境，行为和环境是密切联系且相互作用的。社会认知理论主要解释了个体和环境相互作用以促进行为的形成和改变的过程。社会认知理论认为，个体和其所处的环境相互影响，并因此导致个体行为和社会的改变。社会认知理论的发展最早可追溯至亚里士多德，其用心理学机制解释人的行为过程。随后行为主义者将学习行为当成一种条件反射，认为学习通过刺激—反应不断得到强化，并用一些动物的驯化作为解释证据。直到 1941 年，米勒等共同创建了社会学习理论。社会学习理论主要探究社会背景下的操作性学习。② 在米勒等提出社会学习理论后，其迅速分化为两个分支，即操作性社会学习理论（主要代表人物是罗特、齐弗布拉特、沃林斯顿、罗丹）和认知性社会学习理论（主要代表人物是班杜拉、沃尔斯特、米契尔、帕斯尔、巴拉诺夫斯基）。罗丹是最早将社会学习理论应用于实践的学者，其主张从基础精神分析和动机出

① Heaney C A, Israel B A. Social networks and social support[J]. Health Behavior and Health Education: Theory, Research, and Practice, 2008(4): 189-210.

② 郑频频,史慧静,傅华,等.健康促进理论与实践[M].上海:复旦大学出版社,2011.

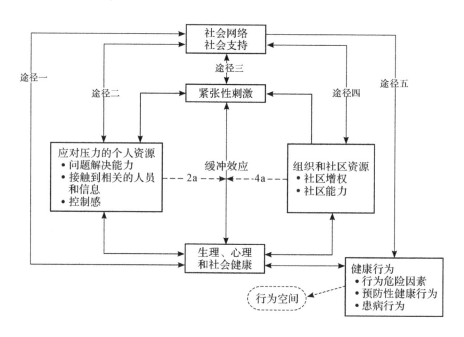

图 5-8　社会网络和社会支持与健康关系的概念框架

资料来源：Glanz K E．Lewis F M E，Rimer B K． Health behavior and health education：Theory，research，and practice[M]． San Francisco：Jossey-Bass，1990.

发，抛开生理直觉和生理需求来解释社会行为并用公式 $BP = f$ (E&RV)进行预测：BP 为行为潜能，E 为期望，RV 为强化价值和心理情境。① 随着研究的不断发展，认知性社会学习理论转向对人类信息处理能力的理解、学习和模仿。1986 年，班杜拉将其更名为社会认知理论。班杜拉是认知性社会学习理论的代表人物，他以儿童为主要对象，提出其行为学习并不一定与受到的鼓励直接相关，并引进自我效能来分析环境、个体和行为的相互作用，主要涉及人类复杂性行为的获得过程。随着理论的不断延伸，社会认知理论描述了健康行为改变的心理学机制与促进行为改变的方法。班杜拉提出了社会认知理论的五大假设，以解释和指导行为(见表 5-6)。

---

① Rotter J B. Level of aspiration as a method of studying personality：A critical review of methodology[J]. Psychological Review．1942．49(5)：463-474.

表 5-6　社会认知理论的五大假设

概　念	定　义	假　设
感受能力	人们能够通过观察别人的行为及其带来的后果进行学习的能力	假设1：人们能够通过观察别人来进行学习,即人们能够进行观察学习
符号化能力	利用符号掌握过去的经验	假设2：符号化能力可以帮助人们和与自己时间及空间上比较遥远的人进行交流
预见能力	人们的多数行为是有目的性的,受事先想法的调节	假设3：人的行为都是指向一个特定的目标
自我调节能力	设定内在标准,并对自己的行为进行自我评价的能力	假设4：行为最终都能由本人进行自我调节,即变成自我调节行为
自我反省能力	分析过去的经历和检查自己行为的思想过程	假设5：人们在预期结果的基础上产生想法,然后回顾判断这些结果的准确性和价值,最后在有必要的时候调节自己的思维方式

2. 社会认知理论的内涵

社会认知理论综合了行为改变的认知性模式、行为主义模式和情感模式的多种概念和过程,其概念体系相对较为复杂,共14条(见表5-7)。社会认知理论强调认知对行为影响的重要性,但是认知因素并非影响行为的唯一因素,同时还要考虑个体(认知、自我控制、自我强化等)、环境、情境对行为的影响以及三者之间的相互关系。

表 5-7　社会认知理论的主要概念体系

概　念	定　义	说　明
相互决定论	个体、行为和执行行为所处环境三者之间动态的相互作用	应考虑多种行为改变措施,包括环境的、技能的,以及个体的行为改变措施
结果期望	事先预料的某种行为的可能结局	示范健康行为的积极结局
期望值	个人赋予特定行为结局、激励因素的价值	展示有实用意义的积极的行为改变的结局

续表

概　念	定　义	说　明
自我控制	通过自我监督、目标设置、反馈、自我奖励、自学和谋求社会支持来调控自身	提供自我监测和自己制定合约的机会
观察学习	通过观察别人的行为活动和行为结局来产生和获得新的行为	利用同伴示范提高学习的自我效能水平
强化	能增强或降低个人行为再发生可能性对个人行为的影响	促进自我给予的奖励和激励
自我效能	个人对行为可能带来渴望结果的能力的信念	利用集体的力量来解决儿童青少年超重和肥胖问题
情感应付反应	个人用以应付情感刺激的策略和技巧	提供问题解决和压力管理的培训,包括在唤起情感的情境中实践有关技能
道德背离	个人对有害行为的思维方式,通过自我调整来脱离自我控制的道德标准,使得遭受的苦难可接受化	非人性化和责任缺失的行为,会导致对他人公共健康的侵害
环境	个人身体之外的因素	提供改变机会和社会支持,包括社会环境和物质环境
情境	个体对环境的主观感觉	纠正不良的主观感觉,促进健康行为的形成,情境类似勒温提出的生活空间(心理场)的概念
行为能力	执行某一特定行为的知识和技能	通过技能培训,促进反复实践的行为学习
集体效能	集体对采取行动以产生渴望结果的能力的信念	利用集体的力量来影响行为
简单化	提供工具、资源或改变环境,以使新行为易于完成	改善城市规划,增加便捷性设计

　　相互决定论是班杜拉社会认知理论的重要观点之一。班杜拉认为,个体、行为和环境相互作用形成了人类的实际活动,人的行为受到个体

心理和环境的制约,同时人的行为也可反向改变周围的环境。① 相互决定论提示我们,行为的改变并非单向的,更多的是相互作用的结果。

结果期望被认为是行为的决定因素,包括物质结果、社会结果以及正性和负性自我评价。期望值则是对某一特定结果的赋值,期望值的大小和正负都会影响行为的产生。

观察学习被认为是环境在行为改变中所起到的作用,环境能够为行为改变提供角色示范。人们能够通过观察周围人的行为方式来实现自我学习,进而改变自己的行为方式。

情感应付反应是指当机体受到过度的情感刺激后会产生恐惧,从而激发机体的防御反应。这些防御反应包括心理防御、认知性技巧、紧张管理技巧、解决问题技巧。

道德背离是指通过特定的心理机制来避免或减轻道德自责,从而在行为上违背自己的道德标准而不感到内疚或羞愧。个体违背标准就是道德背离的机制。道德背离包括道德辩解(粉饰)、最小化忽视和误解后果、非人性化和归责、扩散和责任转移四个组成部分。

社会认知理论复杂的理论体系导致其测量方法虽然较多,但均缺乏整体性和全面性。仅自我效能的测量内容就可分成6类——行为效能、障碍效能、特异疾病/健康行为效能、主观行为控制、一般化效能和其他,足以说明社会认知理论测量评价的复杂性。

二、人际水平健康促进理论中的时空元素

社会网络和社会支持理论是人际水平健康促进的经典理论之一。人际水平健康促进理论主要对关系空间进行改造,进而影响心理空间以达到促进行为改变的目的。

希尼等以模型的形式探究社会网络和社会支持对人的社会、心理和生理健康以及人的健康行为的影响(见图5-9)。他们探讨了社会网络和社会支持与紧张性刺激、应对压力的个人资源,组织和社区资源、健康行为以及生理、心理和社会健康的双向关系,这些双向关系中蕴含着空间

---

① Badura A. Self-efficacy: Toward a unifying theory of behavioral change[J]. Advances in Behaviour Research and Therapy, 1977, 1(4): 139-161.

之间的关系。个体和群体的权力空间和信息空间、关系空间、心理空间、行为空间以及健康之间存在着双向关系。① 这些双向关系可以总结为社会网络和社会支持影响健康的五大途径：途径一——关系空间与健康之间的关系，即社会网络和社会支持与生理、心理和社会健康之间的直接关系；途径二——社会网络和社会支持在应对压力的个人资源方面的作用；途径三——社会网络和社会支持与紧张性刺激之间的相互作用；途径四——社会网络和社会支持与组织和社区资源之间的相互作用；途径五——社会网络和社会支持与健康行为之间的相互作用。除此之外，图 5-10 中的 2a 和 4a 分别显示了应对压力的个人资源以及组织和社区资源在紧张性刺激与生理、心理和社会健康之间形成的一种"缓冲效应"，这种缓冲效应能够有效降低紧张性刺激引起的健康损害。

三、人际水平健康促进理论中的时空缺失

随着社会的多元化发展，社会网络和社会支持这种人际关系层面的健康促进手段受到了越来越多的关注。近年来的实证研究指出，社会网络和社会支持的强弱与健康和寿命成正比：社会网络和社会支持越强，健康状况和寿命越佳。② 社会网络和社会支持理论强化了人际关系网络空间对居民健康的重要性，并分别从社会网络和社会支持中提炼出 5 类参数和 4 种支持类型，从而构建了一个完整的人际关系网络结构。社会网络和社会支持与健康行为关系的时空审视图阐述了社会网络和社会支持以及相关元素对健康行为及生理、心理和社会健康的影响。从整体的角度来看，人际水平健康促进理论通过关系空间的塑造来影响心理空间，进而导致行为的变化，但其忽略了权力空间、信息空间和物质空间的改造对心理空间和行为空间的影响。社会网络和社会支持理论本身也存在一定的时空缺失，其时空缺失可分为"谁提供""怎样提供""什么时候提供"这三个关键问题。

首先，"谁提供"（关系空间）在社会网络中包括家庭、朋友、同事等一

---

① Heaney C A，Israel B A. Social networks and social support[M]. San Francissco：Jossey-Base，2008.

② 张少哲. 老年健康不平等的形成机制研究[D]. 武汉：武汉大学，2019.

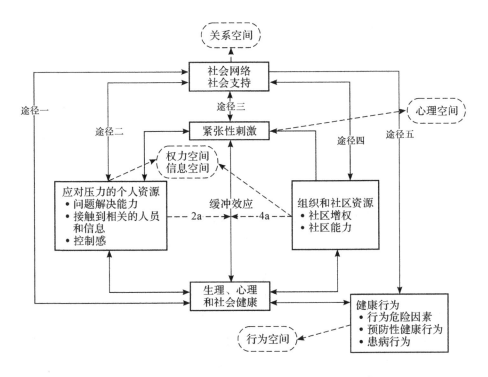

图 5-9　社会网络和社会支持与健康行为关系的时空审视

资料来源：Glanz K E，Lewis F M E，Rimer B K. Health behavior and health education：Theory，research，and practice[M]. San Francisco：Jossey-Bass，1990.

系列社会关系以及健康促进组织（卫生健康委下属的卫生部门以及社区工作人员组成的健康促进小组等）。与健康促进组织相比，家庭、朋友、同事提供的帮助类型和效果存在一定的差异。健康促进组织更多的是针对宏观的健康促进活动的组织与宣传，可能在短期内能够取得良好的效果；家庭、朋友、同事提供的可能是长期的帮助和支持，但具体的效果如何评价？从社会支持的类型来看，或许家庭、朋友、同事更适宜提供情感支持，健康促进组织更适宜提供信息支持，但是有效性评价是社会网络和社会支持进一步研究的方向。其次，"怎样提供"（关系空间）有效的社会支持。实际发生的社会支持与人们主观感知到的社会支持存在中等程度的相关性，但是有些时候实际发生的社会支持并未被感知到，可能与被支持者的经历、社会阶层以及渴望得到的支持内容和数量有关。例如，如何有针对性地提供有效的社会支持需要进一步探究。最后，"什么时候"(时间因素)。由于群体或者个体的性别、年龄和心智成熟程度存在差异,社会网络和社会支持在健康促进中的表现也会存在差异。例如,如何判定提供社会支持的最佳时机是社会网络和社会支持研究的主要内容。社会网络和社会支持单纯地从人际层面探讨了人际关系对健康促进的影响,其层面过于单一,且单纯从社会环境的角度出发。此外,政府、社区、家庭等不同层面提供的社会支持类型、作用方式、支持数量也都存在较大差异。

第三节 社区水平健康促进理论的时空观

在社会时空视角下,组织机构改变理论、社区组织和社区建设理论、健康促进的创新扩散理论以及健康传播研究和实践的常用理论不再局限于个体层面的体质健康促进,而是以社区为基本单位。以社区为基本单位实际上是将健康促进限定在一定的空间范围内,在一定的空间范围内开展健康促进活动,以达到促进整个人群健康的目的。

一、社区水平层面的健康促进理论

(一)组织机构改变理论

1. 组织机构改变理论的背景

社区是不同层面的组织结构相互作用的结果。组织结构可以理解为一个小型且完整的社会系统(例如学校),其中包括了一些拥有共同目标的个体(例如学生、教师等)。在这个系统中,各个单元或部门各司其职,以期实现共同的目标。随着科技的进步和社会的发展,组织结构的复杂性越来越高,组织结构与环境之间的区分性越来越低。健康促进不同于健康教育,健康教育主要面向个体,而健康促进的对象是个体、组织甚至社会。组织内部的行为选择不仅与个体有关,还与组织的内部环境和外部环境有关(例如,学生的行为受到学校环境和社会环境的影响)。因此,健康促进的社区层面必须建立在对组织结构理论的改变之上。不同于个体层面的行为改变,社区层面的健康促进必须建立在对组织结构内部(内部不同系统层次间)、外部(不同组织结构间或组织结构与环境间)以及环境影响作出的综合性决策的基础之上。组织结构改变理论大体包括组织机构改变阶段理论、组织机构发展理论和组织机构间关系理论,这三个分支理论形成的背景存在一定差异,下文作具体阐述。

组织机构改变阶段理论与阶段变化理论存在较大差异,组织机构改变阶段理论源于勒温的阶段模型(强调阻碍组织机构改变发生的因素,认为组织机构改变需要经过三个阶段——旧的行为解冻,接受新的信息和态度,新的行为形成并冻结)和罗杰斯的创新扩散理论(个体作为组织的一部分,个体创新的采纳建立在组织接受创新的基础之上)。①② 史蒂文斯等于1978年在前期组织结构改变阶段理论的基础上提出了更加完善的现代组织结构改变理论模型,并沿用至今。③

组织机构发展理论主要基于20世纪"人际关系"的心理学研究,研究者从中认识了组织结构和组织程序对组织成员行为动机等的影响。20世纪60年代开始出现以提高工作效率为目的的机构发展干预,随后开始强调对执行力的影响。直到20世纪80年代,波拉斯等在前人研究的基础上构建了组织机构发展理论,并将其分为改变过程理论和实施理论两个流派。④

组织机构间关系理论源于20世纪60年代对环境与组织行为的关联和影响的研究,主要强调组织与组织之间简单协作促进生产效益,减少环境不确定性导致的风险,增强利益共享和行业竞争力。1989年,普尔等首先提出了建立组织机构间关系的阶段模型(作出承诺、达成协议、

① Lewin K. Intention, will and need[M]. New York: Columbia University Press, 1951.

② Rogers E M. Diffusion of innovations[M]. 5th edition. New York: Free Press, 2003.

③ Stevens J M, Beyer J M, Trice H M. Assessing personal, role, and organizational predictors of managerial commitment[J]. The Academy of Management Journal, 1978, 21(3):380-396.

④ Porras J I, Robertson P J. Organizational development: Theory, practice, and research[M]. California: Consulting Psychologists Press, 1992.

监督并实施)①;1993 年,奥尔特等提出了组织机构网络发展的阶段模型(松散式联合、统筹共享、系统化网络紧密协作)。② 随后,弗罗林等在社区干预的基础上提出了社区联盟发展的六个阶段(社区动员、建立组织机构、行动能力建设、行动计划制定、实施、评估和修正并实现联盟制度化)。③

2. 组织机构改变理论的内涵

在理解组织机构改变理论的三个分支理论之前,必须明确组织机构改变理论的相关概念。组织机构改变理论的关键概念和定义如表 5-8 所示。

表 5-8　组织机构改变理论的关键概念和定义

关键概念	定　义	说　明
组织机构发展	提高工作质量的方式、方法	明确工作的各个方面,通过组织诊断影响员工行为变化的积极或消极因素
组织机构氛围	一个组织机构的个性特征	组织机构氛围的特征包括领导力、参与式管理等,与成员的满意度和压力相关,并且可以预测工作产出,从而影响项目的实施
组织机构文化	组织机构共同的信念和行为	组织机构文化有助于对组织的了解,从而提出有针对性的干预计划
组织机构能力	组织各子系统运行最佳状态的总和	在干预计划中,可以对组织机构的优势和劣势进行定位
行动研究	提高组织绩效的四个步骤:诊断、行动计划、干预和评价	基于对组织的诊断,发展和实施计划以实现组织变化

① Poole P P, Gioia D A, Gray B. Influence modes, schema change, and organizational transformation[J]. The Journal of Applied Behavioral Science, 1989, 25(3):271-289.

② Alter C, Hage J. Organizations working together[M]. Newbury Park, CA: Sage Publications, 1993.

③ Florin P, Mitchell R, Stevenson J. Identifying training and technical assistance needs in community coalitions: A developmental approach [J]. Health Education Research, 1993, 8(3):417-432.

关键概念	定　义	说　明
组织机构发展干预	用于促进组织改变的方法和技术，包括调查、T 群组①、文化差异分析、过程咨询等	问卷、文化清单、T 群组和过程咨询等干预技术
阶段	组织机构发生改变时的各个步骤	对组织机构阶段变化的认识，有助于推动组织机构的不断变化
问题发现或意识阶段	察觉到存在的问题并寻求解决方法的阶段	该阶段是组织机构改变理论的起点，需要管理者与成员一起发现问题所在
行动发起或采纳阶段	组织制定行动方案，并协调配备资源，组织准备实施	须告知管理者和成员行为改变的过程及改变结果
改变的实施	组织开始实施改变，成员也相应发生改变	该阶段需要技术支持，解决其中遇到的具体问题
改变的制度化	改变已完成，形成了固化和制度化状态	积极促进组织机构改变的巩固措施，破除障碍，形成整合的组织结构

（1）组织机构改变阶段理论

组织机构改变阶段理论是指组织机构行为的改变是一个过程性的、阶段化的内容，在相应的阶段对组织机构采取不同的策略以达到促进该阶段行为改变的目的。组织机构改变阶段理论最初将组织机构的改变分为 7 个阶段：①组织机构的行为无法满足发展的需要或者阻碍组织机构的发展；②提出解决方法；③评估潜在实施方案；④进行决策；⑤组织机构内执行决策；⑥组织机构行为发生改变；⑦组织行为完全改变，并固化和制度化。随后，卡鲁兹尼等在此基础上将①～④进行合并，形成了问题发现（意识阶段）、行动发起（采纳阶段）、改变实施和改变制度化 4 个阶段。② 在以学校为组织机构的实验中发现，不同层次的管理者在不

---

① T 群组是一种团体培训形式，通常由 8 至 15 名参与者组成。它没有明确的议程、结构或特定目标，是在引导者的指导下，参与者通过彼此之间的互动来了解自身以及小群体的运作过程。

② Kaluzny A D, Hernandez S R. Organizational change and innovation[M]// Prochaska J O, Diclemente C C . Health care management: A text in organization theory and behavior. 2nd ed. New York: John Wiley and Sons, 1988.

同的组织机构改变阶段中发挥的作用不同:高层管理者在问题发现和改变制度化阶段起到的作用巨大,中层管理者在行动发起和改变实施的前期起到至关重要的作用,教师在改变实施阶段发挥重要作用。

（2）组织机构发展理论

组织机构发展理论主要用于解释人们如何成功完成组织变化和提高绩效。组织机构发展理论被认为是依据计划将行为科学的知识应用于促进组织有效性的战略、结构和过程,从而帮助组织提高效率和活力。组织机构发展理论后期主要分为两个派别,分别为改变过程理论和实施理论。改变过程理论与组织机构改变理论相比,重点探究组织机构发生改变的可能机制等,但相关研究认为这一理论仍不成熟,不能对组织机构的改变过程进行精准的阐释。① 实施理论则相对较为完整,包括策略层次（阶段理论）、程序层次（诊断、行动计划、干预、评价）、技术层次（调查、文化差异分析、行动计划方案制定、T 群组、组织结构重组、管理层组建、预期改变策略等）。随着研究的不断深入,现代组织机构发展理论逐渐转向对组织机构与环境之间相互作用的研究。组织机构由组织机构文化、组织机构生态、组织机构环境和组织机构结构四个部分构成,组织机构对组织干预过程中的措施采纳、实施和效果均有一定的影响。

（3）组织机构间关系理论

组织机构间关系理论是研究多个组织机构如何共同协作的一种组织机构理论。组织机构间关系的基本思路是组织机构间关系的结构和运作过程受特定环境特征和工作性质条件的影响,反过来,组织机构间关系的结构和运作过程也会影响参与协作的各个组织机构间关系及其对协作网络预期效果的判断。同时,组织机构间关系受到外部控制力、需求和工作量的影响:外部控制力越强,组织机构间的冲突越多;组织机构间的需求和工作量越大,组织机构间的结构就越复杂,组织机构间的联系就越松散。在组织机构间关系理论的运用中,须有针对性地选择干预模型和类别,了解不同阶段组织机构间的关系状况,选择适当的测量和评价方法。

---

① 郑频频,史慧静,傅华,等. 健康促进理论与实践[M].上海:复旦大学出版社,2011.

（二）社区组织和社区建设理论

1. 社区组织和社区建设理论的背景

1974 年，加拿大健康与福利部部长马克龙发表了一篇题为《加拿大人民健康的新前景》的报告，表明在对健康的影响因素中，社会环境、自然环境的改善和生活方式的改变是影响人们健康的重要因素，从而引发了人们对于健康决定因素的新思考。1986 年，世界卫生组织第一届健康促进大会提出了健康促进行动纲领——《渥太华宪章》。《渥太华宪章》提出了五项健康促进策略，强化社区参与是其中重要的组成部分。随着研究的不断深入，个体层面健康干预的效果和其所能覆盖的范围不断受到质疑和挑战。社区健康促进干预是个体水平促进干预的一个延伸，社区水平健康促进或者健康行为的干预不再从个体的角度出发，而是关注社区内的大部分群体。此外，社区干预将使得社区成员的行为、信念、态度发生改变，进而在社区成员中进行渗透，指导大部分成员发生行为改变。社区水平健康促进理论涉及社会、经济、文化、环境以及政策等相关因素，以达到提高健康促进效果的目的。社区组织和社区建设是提高社区参与、实现社区成员增权的重要工具、策略和理论核心。

社区的概念和定义较多，"社区"一词是中西文化交流的产物，并没有出现在我国相关古典记载中。较为公认的社区概念是德国社会思想家滕尼斯于 1887 年在其著作《礼俗社会和法治社会》中提出。滕尼斯认为，"社区是以家庭为基础的历史共同体，是血缘和地缘的共同体的结合"①。后来，包括美国芝加哥大学社会学系帕克教授和美国社会学家希勒里在内的学者对"社区"的概念和定义都进行过深入的讨论。1981年，美国华人社会学家杨庆堃发现有关社区的定义多达 140 种。目前，我国大多数学者所共识的社区定义为：由一定数量的居民组成、具有内在互动关系与文化维系力的地域性生活共同体。其主要包括地域、人口、组织结构和文化四个部分，地域是载体、人口是主体、组织结构是组织形式、文化是精神纽带。随着现代科技的进步，"社区"的概念仍将不断变化。比如，现在地域的含义越来越小，受到现代通信技术发展的影

———————

① 营立成．刘迟．社区研究的两种取向及其反思——以斐迪南·滕尼斯为起点[J]．城市发展研究．2016．23（2）：71-77．

响,"虚拟社区"成为一种超越地域的存在形式。

19世纪末,社区组织的概念源于服务移民和解决贫民住房问题的慈善机构。20世纪50年代,社区组织的实践有了新的方向和内容,其中包括社区组织策略在公民权利、妇女权利等权利运动中的应用。在这个过程中,社区工作者开始组织居民参与行动,以达到解决社区共同问题、发展社区合作精神等目标。在西方国家,社区发展与社区组织的词义大体相同,且经常混用。在健康研究领域,1978年的《阿拉木图宣言》确定了社区在健康促进中的作用,明确了社区组织和社区参与是大范围健康促进目标实现的基础。随后,世界卫生组织发布了一系列文件以及《渥太华宪章》,明确了社区组织和社区建设的重要作用。此外,社会组织和社区建设的重要作用还体现在世界卫生组织发起的健康城市建设中。目前,社区建设理论提出的时间较短,理论和实践尚未成熟,但是社区建设仍是传统社区的重要组成部分。

2. 社区组织和社区建设理论的内涵

社区组织和社区建设是社区健康促进的核心内容之一。社区组织并非指一个社区的各类机构,而是帮助社区群体确定问题或目标,组织社区资源,明确发展方向和实施策略,以达到目标的过程;社区建设则是从社区外部组织者的角度开展活动。

按照罗斯曼分类方法,社区组织模型可分为地方发展模型、社会计划模型和社会行动模型。地方发展模型以任务为导向,社会计划模型以过程为导向,社会行动模型以任务和过程为导向。地方发展模型强调协同合作,培养组织成员的认同感;社会计划模型强调用合理的手段解决问题;社会行动模型强调社区成员的能力是否增强,成员间的关系是否更加协调。虽然罗斯曼分类方法得到广泛使用,但也备受质疑。首先,地方发展模型的概念将社区组织限定在地域性内,限制了组织的非地域性发展;其次,社会计划模型过度依赖外部力量干预,忽视自身能力的增权;最后,社会行动模型既追求结果又追求过程,两个目标似乎相互矛盾。

由于罗斯曼分类方法存在一定的缺陷,后期有学者不断尝试在该分类方法的基础上进行补充。例如,海德等尝试在继承强调社区组织资助和协作的基础上补充提出了协作增权模型和社区建设模型。① 后来的学者在此基础上不断完善和更新,形成了以需求和能力为基础的社区组织和社区建设模型:在以需求为基础的主线中,形成了建立在共识角度的社区发展和建立在冲突角度的社会行动;在以能力为基础的主线中,形成了建立在共识角度的社区建设和建立在冲突角度的以增权为导向的社会行动(见图5-10)。社区发展和社区建设通过协作策略,促进共识达成;社会行动和以增权为导向的社会行动以倡导策略解决冲突,从而达成统一。

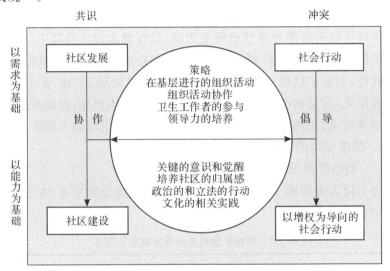

图 5-10　社区组织和社区建设模型②

(三)健康促进的创新扩散理论

1. 健康促进的创新扩散理论的背景

创新扩散理论阐述了新理论、新产品或新的社会实践如何在社会中

　　① Hyde R,Vermillion J. Driving quality through Hoshin planning[J]. The Joint Commission Journal on Quality Improvement,1996,22(1):27-35;Walter C. Community building practice[M]//Minkler M. Community organizing and community building for health and welfare. New Brunswick:Rutgers University Press,2004.

　　② 郑频频,史慧静,傅华,等. 健康促进理论与实践[M]. 上海:复旦大学出版社,2011.

扩散,或者如何从一个社会(社会体系)扩散到另一个社会(社会体系)。① 创新扩散研究最早可以追溯到农业社会学的相关研究(例如,分析新的农业技术在农民间的普及率),随后逐渐在医学、传播学、营销学等研究领域开展起来。在健康促进研究中,创新不仅局限于一项技术、一种行为,还可以是一个健康项目的实施;等等。但是,在相关公共卫生和健康促进的研究中,只有百分之五的研究是涉及创新的研究,只有不到百分之一的研究是涉及创新扩散的研究。公认的创新扩散理论是由新墨西哥大学传播学与新闻学系教授和系主任罗杰斯在20世纪60年代提出的,主要阐释如何通过媒介影响人们接受新观念、新事物和新产品。该理论随后逐渐渗透健康促进领域,其在健康促进领域中的应用主要包括体力活动、肿瘤控制、艾滋病预防和控制、心理健康和毒品预防等。此外,创新扩散理论更强调主动扩散,积极发展、实施、扩散创新项目。近年来,美国和澳大利亚等发达国家通过媒体倡导、启动戒烟项目,制定烟草政策、法规等来控制吸烟率,创新扩散理论也融入其中。

2. 健康促进的创新扩散理论的内涵

(1) 创新扩散理论的基本概念

为了较为清晰地了解创新扩散理论的基本概念和定义,本书总结的相关定义如表5-9所示。

表5-9 创新扩散理论的基本概念和定义

概　念	定　义
创　新	被个体、组织、社区或其他采纳单位看作新的观点、实践、服务等
扩　散	一项创新通过一定的渠道和时间在社会体系成员间扩散的过程
传　播	促使项目或创新被更广泛地采用的活动或方法,扩散则是这些努力直接或间接的结果
传播渠道	信息传播途径,大众传媒、人际传播等

① 郑频频,史慧静,傅华,等. 健康促进理论与实践[M]. 上海:复旦大学出版社,2011.

概　念	定　义
社会体系	为达到某一共识或者目标的不同组织的集合,社会体系具有一定的结构、规范
创新的发展	从新思想最初萌生到发展和产生过程中所有相关决定和活动
制度化	将项目与现有组织的工作规程相结合,或者与当地的政策、法律相结合

创新扩散理论指出,创新扩散过程是从创新的发展经过传播、采纳、实施、维持到制度化的过程。传播阶段要求说服目标群体,使其采纳创新。采纳阶段需要考虑目标人群的需求、态度、价值观,乃至对创新作出的反应,促进创新采纳的方式方法等。在实施阶段,采纳者须思考实施中面临的问题,寻找资源、促进项目实施。维持阶段包括对项目的持续实施,直至项目的制度化。制度化是最后一个阶段,如果项目创新扩散失败,则不会出现制度化。

（2）影响扩散的主要因素

影响扩散的主要因素可以分为创新自身特征、创新采纳者的个体特征、组织与环境特征三个部分。其中,创新自身特征主要包括相对优势、相容性、复杂性、可实验性、可观察性、对社会关系的影响、要求付出的努力、可更改性等,其影响扩散的速度和范围。创新采纳者的个体特征对扩散的影响主要表现在采纳人数与时间之间的关系。随着时间的变化,采纳人数呈现钟形曲线或S形曲线。其中,教育经历、社会经济水平、社会状况都会影响采纳过程。组织与环境特征对扩散的影响主要包括地理因素、社会文化、政治条件以及社会网络等。

（3）创新扩散的过程

创新扩散的过程主要是实现创新特征、创新组织或个体与环境三者之间的协调一致。经典的创新扩散理论给整个创新扩散体系分派了各自特定的角色,创新被视为资源体系,实施被视为用户体系,两者之间通过连接体系来增进资源体系和用户体系之间的交流。广义层面的扩散涉及多层面、多场所的改变,因此创新扩散过程要吸纳多种模型和理论,例如社会学习理论和计划行为理论等。

（四）健康传播研究和实践的常用理论

1. 健康传播理论的背景

20 世纪 60 年代，随着传播学的快速发展，传播学的一些理论开始应用于健康促进领域。最早出现的是"治疗性传播"这一概念，主要关注导致健康和疾病的社会背景，以及疾病和社会的关联。"治疗性传播"的概念存在明显的局限性，十多年后，"健康传播"这一概念应运而生。1971 年，"斯坦福心脏病预防计划"预示着健康传播研究的开始。

传播的英文原义是"共有的""公共的"，传播是人类生存的一种方式，也是一种古老的行为。无论在西方还是在东方，健康传播都可以追溯到农业时代。我国古代谚语中有很多关于健康的知识，如"饭后一百步，强如上药铺""养生在动，动过则损"等，通过谚语或者俚语等语言形式在坊间流传，促进了健康知识的传播。同时，《本草纲目》《神农本草经》等医学著作以文献的形式传播健康知识，《五禽戏》《八段锦》以形体的形式传播健康知识。西方在 18 世纪进入工业革命后，工业化的发展使得传播的模式、策略、途径、媒介都发生了较大的变化，促进了健康传播的发展。

从现代健康传播来看，传统的生物—心理—社会的医学模式逐渐被延伸，健康传播的范围不再局限于健康信息的传递，而是转向健康素养的提升、健康观念的培养和健康行动的倡导等方面。健康策略也转向社会营销策略、公共关系策略、名人效应策略等；传播关注的内容也从病毒感染性疾病转向高血压、心脏病、肥胖等不健康行为导致的慢性疾病，不健康行为改变成为主要的传播内容；传播媒介则逐渐由报纸、广播、电视等传统媒介向手机、网络等新媒体发展。

2. 健康传播理论的内涵

在健康传播研究的过程中，很多专家学者从不同视角、不同学科对健康传播进行定义。但是，目前学术界并没有形成一个全面、完善并得到广泛认可的概念。罗杰斯在 1996 年的一篇论文中从传播学的视角对健康传播进行了进一步解读，将健康传播定义为以健康为主轴，通过自我个体传播层面、人际传播层面、组织传播层面和大众传播层面等 4 个传播层面，将与健康相关的内容传播出去的行为。[①] 随后，徐美苓对 4 个传播层面进行了进一步解读，认为 4 个传播层面有不同的侧重点。[②] 比如，人际传播层面的核心在于"关系"，包括医患关系等；大众传播层面强调媒介，通过大众传媒传递与健康相关的信息。综上，不同学者从不同角度阐述了健康传播的概念和定义。不同的学科背景、不同的研究视角为健康传播的未来勾勒出一幅美丽的蓝图。由此，我们可以认定，健康传播是一个医学与传播学的交叉学科，任何一个健康传播的简单问题，从单一学科、单一视角进行研究都是不完备的。

　　健康传播作为传播学的分支，继承了公共传播学的相关理论和研究方法，并借鉴了其他学科的相关理论，不断丰富自身的理论体系。根据目前健康传播的理论研究和实践探索，常用的健康传播理论可以分为议程设置理论、知沟理论、说服理论和创新扩散理论等。在本章的第三部分已对创新扩散理论进行了详尽的介绍和论述，在此不再赘述。上述 4 个理论关注和强调健康传播对人们认知、态度、行为的影响，但各有侧重点。对上述 4 个理论的详细阐释如表 5-10 所示。

表 5-10　健康传播的常用理论

概　念	定　义	理论观点
议程设置理论	麦库姆斯等指出，议程设置是大众传播媒介影响社会的重要方式。议程设置的前提是：受到媒介某种议程影响的受众议员会按照媒介对这些议题的重视程度来调整对议题重要性的看法[③]	(1)媒介不能左右人们的看法，但可以左右人们关注的内容和时间的重要性； (2)媒介对事件的强调程度与大众对事件的重视程度呈正相关； (3)媒介的高接触率会增加人们对事件的重视程度； (4)媒介的议题强调和议题表达都会产生较大影响

　　① Rogers E M. The field of health communication today：An up-to-date report [J]. Journal of Health Communication，1996，1(1)：15-23.

　　② 徐美苓.健康传播研究与教育在台湾——"传播"主体性的反思[J].西南民族大学学报(人文社科版)，2007(10)：148-153.

　　③ 施拉姆，波特.传播学概论(第二版)[M].何道宽，译.北京：中国人民大学出版社，2010.

续表

概　念	定　义	理论观点
知沟理论	又称知识格差,是关于大众传播活动带来的社会分化后果的一种理论假说,代表学者是蒂奇诺	由于社会经济地位高者通常比社会经济地位低者更快地获得信息,大众传媒传送的信息越多,这两者之间的知识鸿沟也就越呈现出扩大的趋势
说服理论	霍夫兰指出,说服可以看作一个信息交流的过程。通过信息交换式的传递,促使人们主动地转变观点、改变相关行为①	说服模型是说服理论的重要模型,说服模型重点分析和探讨了影响态度转变的四大关键因素:沟通者、沟通本身、接受者和沟通情境

二、社区水平健康促进理论中的时空元素

社区是不同层面的组织结构相互作用的结果。组织结构可以理解为一个小型且完整的社会系统,其中包括一些拥有共同目标的个体。在这个系统中,各个单元或部门各司其职,以期实现共同的目标。从时空社会学理论的角度来看,社区就是一个完整的微型社会时空。社区是人类实践活动的创造物,是自然时空、狭义社会时空和生命时空的集合。而组织机构是一定特性的关系群体组成的集合,它们在微观时空中各司其职形成了一个完整的时空。社会时空视角下,社区水平健康促进理论不同于个体层面的行为改变,社区层面的健康促进必须建立在对社区层面或组织机构层面改造的基础之上,通过社区层面或组织机构的改造来达到行为改变和健康促进的目的。

（一）组织机构发展理论的时空元素

在组织机构内部（组织机构内部空间结构的调整）、组织机构外部（组织机构与组织机构之间空间关系的调整）和外部空间环境（自然空间环境和其他社会空间环境）综合影响的基础上,组织机构的内部行为选择是个体行为和外部空间环境相互作用的结果。组织机构改变理论大

---

① 王雅琴.探析卡尔·霍夫兰的说服研究[J].东南传播.2008.3(12):122-123.

体可以分为组织机构改变阶段理论、组织机构发展理论和组织机构间关系理论,组织机构改变阶段理论和组织机构发展理论凸显了"时间"特性,强调组织机构的改变和发展与个体行为的改变相同,并非"瞬时性"而是阶段性的。

　　组织机构改变阶段理论是指组织机构行为的改变是一个过程性的、阶段化的时间过程,强调组织机构改变的时间性,在相应的阶段对组织机构采取不同的策略以达到促进该阶段行为变化的目的。组织机构改变阶段理论最初将组织机构的改变分为 7 个阶段:(1)组织机构的行为无法满足发展的需要或者阻碍组织机构的发展;(2)提出解决方法;(3)评估潜在实施方案;(4)进行决策;(5)组织机构内执行决策;(6)组织机构行为发生改变;(7)组织机构行为完全改变,并固化和制度化。随后,卡鲁兹尼等在此基础上将(1)~(4)进行合并,形成了问题发现(意识阶段)、行动发起(采纳阶段)、改变实施和改变制度化 4 个阶段。① 在以学校为组织机构的实验中发现,不同层次的管理者在不同的组织机构改变阶段中发挥的作用不同:高层管理者在问题发现和改变制度化阶段起到的作用巨大,中层管理者在发起行动和改变实施的前期起到至关重要的作用,教师在改变实施阶段发挥重要作用。

　　组织机构间关系理论是研究多个组织机构如何共同协作的一种组织机构理论。社会时空视角下,组织机构间关系理论强调的是"空间性",组织机构间关系的基本思路是组织机构间关系的结构和运作过程受特定环境特征和工作性质条件的影响,反过来,组织机构间关系的结构和运作过程也会影响参与协作的各个组织机构之间的关系及其对协作网络空间预期效果的判断。同时,组织机构间关系受到外部控制力、需求和工作量的影响:外部控制力越强,组织机构间的冲突越多;组织机构间的需求和工作量越大,组织机构间的空间结构就越复杂,组织机构间的空间联系就越松散。

---

① Kaluzny A D, Hernandez S R. Organizational change and innovation[M]// Prochaska J O, Diclemente C C . Health care management: A text in organization theory and behavior. 2nd ed. New York: John Wiley and Sons, 1988.

（二）社区组织和社区建设理论中的时空元素

社区组织和社区建设是社区健康促进的核心内容之一。社区作为一个微观时空,社区组织和社区建设是帮助社区群体确定问题或目标,组织社区资源,明确发展方向和实施策略,以实现社区时间和空间的改变,社区建设则是从社区外部组织者的角度开展活动。

在罗斯曼分类方法以需求为基础的主线中,形成了建立在共识角度的社区发展和建立在冲突角度的社会行动。在以微观社区时空中的关系为基础的主线中,形成了以能力为基础的主线,这之中又形成了建立在共识角度的社区建设和建立在冲突角度的以增权为导向的社会行动。社区发展和社区建设通过协作策略,促进共识达成;社会行动和以增权为导向的社会行动以倡导的策略解决冲突,从而达成统一。

社区组织和社区建设理论不再单纯地强调"时间性"和"空间性",而是关注以社区为单位的微观时空内的健康促进内容。在微观时空的改造中,社区参与和社区增权是社区组织和社区建设的理论要点。社区参与对于社区组织和社区建设的重要性,主要体现在以下 5 个方面:(1)健康是一项基本人权,人民享有并履行涉及自身健康的决策的权利和义务(与凸显人的主体性的时空特征相一致);(2)个人行为是影响自身健康的重要因素,但个人行为受到自身所处的社会环境、文化、信仰、价值观的影响(与环境和要素是社会时空的组成相一致);(3)社区参与有助于增强人们对促进自身健康的责任感;(4)让社区成员参与健康促进项目的分析、设计和实施的各个阶段,有助于增强项目的影响力、社区成员的主动性和责任感,促进项目的适应性、有效性和可持续性;(5)社区参与有助于资源的调配和补给,增加资源调配的合理性,并充分挖掘尚未开发和利用的资源。个人和社区增权是强化社区行动的核心,增强个人和社区识别和解决问题的能力,是影响和控制健康决定因素的必要条件。个人和社区增权对社区组织和社区建设的重要性主要体现在以下三个方面:(1)增强个人和社区在人际网络的交流,促进个人和社区资源控制的能力和决策能力,从而起到改造个体生活和环境的效果;(2)增强个体和社区有关健康的权利和责任意识,是促进个体生活方式、改善周围环境的重要举措;(3)增权可以同时在个体和社区两个层面展开,个体层面的增权有助于促进个体行为的控制感和自信心,社区层面的增权有助于促进个体的归属感。

（三）健康传播理论中的时空要素

罗杰斯从传播学的视角对健康传播进行了进一步解读，将健康传播定义为以健康为主轴，通过自我个体传播层面、人际传播层面、组织传播层面和大众传播层面等四个不同传播层面，将与健康相关的内容传播出去的行为。[①] 常用的健康传播理论可以分为议程设置理论、知沟理论、说服理论和创新扩散理论等。社会时空视角下，健康传播理论主要是健康相关内容在人与人之间、人与机构之间、机构与机构之间空间扩散的过程，其以健康信息空间的创建为主旨。常用的健康传播理论存在一定的侧重性，下文以创新扩散理论为例分析健康传播理论中的时空要素。

创新扩散理论阐述了新理论、新产品或新的社会实践如何在社会时空中扩散，或者如何从一个社会时空（社会体系）扩散到另一个社会时空（社会体系）。[②] 创新扩散理论指出，创新扩散过程是从创新的发展经过传播、采纳、实施、维持到制度化的阶段变化过程。创新扩散理论的扩散过程是一个时间变化过程，而创新知识的扩散与传播是一个空间变化的过程。传播阶段要求说服目标群体，促使其采纳创新。采纳阶段需要考虑目标人群的需求、态度、价值观，乃至对创新作出的反应，促进创新采纳的方式方法等。在实施阶段，采纳者须思考实施中面临的问题，寻找资源、促进项目实施。维持阶段包括对项目的持续实施，直至项目的制度化。制度化是最后一个阶段，如果项目创新扩散失败，则不会出现制度化。创新扩散过程主要是实现创新特征、创新组织或个体与环境三者之间的协调一致。经典的创新扩散理论给整个创新扩散体系分派了各自特定的角色，创新被视为资源体系，实施被视为用户体系，两者之间通过连接体系增进资源体系和用户体系之间的交流。广义层面的扩散涉及多层面、多场所的改变，因此创新扩散过程要吸纳多种模型和理论，例如社会学习理论和计划行为理论等。

---

① Rogers E M. The field of health communication today: An up-to-date report [J]. Journal of Health Communication, 1996, 1(1):15-23.

② 郑频频, 史慧静, 傅华, 等. 健康促进理论与实践[M]. 上海: 复旦大学出版社, 2011.

三、社区水平健康促进理论中的时空缺失

社会时空视角下,社区水平的健康促进理论与个体水平和人际水平相比,其时空特性更加完备。社区可以看作一个微观时空,以微观时空为单位进行健康促进工作,健康促进效果更强、可行性更高。社区水平的健康促进理论更适用于针对单一社区、学校健康促进项目的实施,缺乏宏观的权力空间、信息空间、关系空间、信息空间对社区等微观时空的影响。此外,组织机构发展理论、社区组织和社区建设理论以及健康传播理论均存在一定的时空缺失。

组织机构是社区的组成部分,很多社区健康促进工作都是在组织机构内开展的。组织机构改变阶段理论、组织机构发展理论、组织机构间关系理论是组织机构改变理论的重要组成部分,且任何一种单独的理论都不能代替组织机构改变理论。正是多个理论的综合运用,才使得组织机构改变理论的效果更加理想。组织机构改变理论能够在机构内有效促进健康促进工作的执行,在不同的干预阶段、干预层次采用不同的干预策略以达到最好的干预效果,推动新的健康行为在组织成员中形成,有助于健康促进行为干预为社区成员所采纳,从而使项目得到持续实施,直至形成制度化状态。此外,组织机构改变理论的不足主要体现为"时空分异":一方面,组织机构改变理论强调组织机构行为改变的过程,但是忽视了机构类型的差异会导致行为执行能力和速度存在较大差异(例如,在企业和学校内部推行一项政策,学校的执行力度要好于企业,且不同学段水平的学校甚至不同地区的学校之间的执行能力均存在较大差异);另一方面,组织机构间的关系类别差异较大,甚至存在利益冲突。当组织机构间存在利益冲突时,如何实现组织机构间的协调是组织机构间关系理论下一步的研究重点。

社区组织和社区建设理论主要通过社区参与和社区增权的方式增强社区健康促进问题的识别和问题解决能力。其是个体层面健康促进的空间延伸,更适合大范围健康促进项目的实施。社会时空视角下,社会组织和社区建设理论局限于对微观时空的考量,未将宏观时空对微观时空的影响纳入其中。此外,如何在社区概念尚未明确的情况下,对新兴的虚拟社区进行定义和健康促进干预,需要进一步的研究。

健康传播古已有之，随着人类社会的高速发展，现代健康传播在走向专业化、系统化和多样化的进程中，呈现出健康传播模式、健康传播内容、健康传播策划和健康传播媒介的变化和更新。社会时空视角下，健康传播理论对信息空间建设的重要性进行了充分的考量，但忽略了权力空间、关系空间对信息空间建设的影响。

第四节　综合健康促进模式的时空观

一、综合水平层面的健康促进理论

（一）现代健康促进的生态学模型

1. 生态学模型产生的背景与发展

生态学（ecology）起源于生物科学，研究的是生物体和所处环境之间的相互作用关系。环境是除生物体以外的所有一切因素，大体可分为物质环境和社会环境。随着生态学学科的发展，生态学的观点被不断应用于社会学、人类学、政治学和经济学等，在行为学和公共卫生领域，以此观点衍生出了很多行为生态学模型、理论和框架。

现代健康促进生态学模型主要来源于公共卫生学和心理学等领域关于环境和个体之间相互关系的探索和研究。公共卫生学领域认识到环境对疾病的影响更早，公共卫生模型（宿主—病因—环境模型）形象地描述了这种相互关系。在心理学领域，1936 年勒温提出了生态心理学的概念，并在 1961 年针对个人行为、遗传因素和环境因素之间的关系提出了以下公式[①]：

$$B = f(P + E)$$

人的行为（behavior）是个人（personality）因素和环境（environment）因素相互作用函数（f）的结果。个人因素包括了先天遗传和后天学习与发展等因素。环境因素包括社会环境因素和物质环境

---

① 郑频频，史慧静，傅华，等. 健康促进理论与实践[M]. 上海：复旦大学出版社，2011.

因素。勒温认为,环境必须通过人的意识来影响人的行为。① 该观念在心理学界广为流传,后来被巴格等反驳。他们认为环境并不一定需要通过人的意识来影响人的行为。② 斯金纳从行为学的角度阐述了 ABC (antecedent-behavior-consequence)理论,认为环境的前提促使了行为的产生,行为的结果又强化了这种行为,提高了行为发生的概率,在一定程度上驳斥了"意识决定行为"的心理学理论。③ 随后,环境心理学的创始人巴克等提出了行为场合的概念并将其阐释为:行为必须在一定的场合下才能发生,人类的行为更多地取决于场合,而非心理和认知等个体因素;行为与行为场合之间存在相互作用的关系,行为经常发生在合适的场合中。④

布朗芬布伦纳是生态学模型的主要奠基人,其对生态系统的定义和对生态环境的划分为此后生态学模型的发展奠定了基础。生态学模型是理解环境与行为之间的关系,制定行为干预策略的重要依据。布朗芬布伦纳在生态学模型中将环境划分为微小系统(家庭成员等)、中间系统(学校、公司等)、外部系统(用空间或者其他方式界定,如北京或者国家政府机关)和宏观系统(用空间或者其他方式界定,如中国、公共媒体)。⑤ 这一划分确定了系统的大小,但是对系统的内容并没有作细致的划分。后续有学者在布朗芬布伦纳生态学模型的基础上,依据不同的行为对系统的内容进行了划分。其中,个人-人际-组织-社区-社会是最常用的具体的生态学模型之一。同时,各层面环境因素之间的相互作用是复杂的、动态变化的,其随着行为和群体的不同层面环境因素的作用不断发生变化。虽然,班杜拉在相互决定论中也提到了人的行为受

---

① Lewin K. Intention, will and need[M]. New York: Columbia University Press, 1951.

② Bargh J A, Chen M, Burrows L. Automaticity of social behavior: Director effects of trait construct and stereotype activation on action[J]. Journal of Personality and Social Psychology, 1996, 71(2): 230.

③ Skimmer B F. Science and human behavior[M]. New York: Simon and Schuster, 1965.

④ Barker E, Wright H. One boy's day[M]. New York: Harper, 1951.

⑤ Bronfenbrenner U. Ecology of the family as a context for human development: Research perspectives[M]. Binghamton: Haworth Pr Inc, 2013.

到个体因素和环境因素的共同影响①,但是班杜拉的环境定义与布朗芬布伦纳的环境定义相比在具体性方面略显不足。

2. 现代健康促进生态学模型的内涵

从现代健康促进生态学模型的发展和背景中可以看出,现代健康促进生态学模型诞生于公共卫生和心理学研究领域,并经历了一系列发展,综合了操作条件学习理论、社会学习和社会认知理论等健康促进理论。依据促进目的不同,现代健康促进生态学模型大体可分为健康生态学模型、健康行为生态学模型、健康促进生态学模型、结构—生态学模型、三元影响理论、社区食物环境模型等(见表 5-11)。健康生态学模型主要应用生态学模型的知识和原则来分析健康的决定因素,以及如何促进健康。健康行为生态学模型是实现全人群预防策略以促进人群健康的重要方法。健康行为生态学模型主要用于解释环境与行为之间的相互作用关系,以便理解人的行为取向并有效促进其健康行为的形成。健康促进生态学模型以环境改变、政策干预等方式帮助人们在日常生活中作出有利于健康的选择。生态学模型的不断发展和研究热度的不断上升,得益于人们对环境认识的不断深入。没有任何一种行为是脱离了环境仅依靠个体和心理作用就可以实现的,物质环境和社会环境存在的意义不容忽视。

表 5-11　常见的生态学模型及主要观点

作　者	提出模型	主要观点
莫　斯	健康生态学模型	应用生态学模型的相关知识、观点解释健康的决定因素,并理解各种健康问题; 采取综合性、多策略、多措施的手段影响健康的决定因素,从而提高人群的健康水平
麦克勒罗伊	健康行为生态学模型	提出影响健康行为的五个层面的因素体系:个体相关因素、人际相关因素、组织相关因素、社区相关因素和政策相关因素

①　Bandura A. Self-efficacy: Toward a unifying theory of behavioral change[J]. Psychol Rev,1977,84(2):191-215.

续表

作　者	提出模型	主要观点
斯托克斯	健康促进生态学模型	提出 4 点假设：健康行为受物理环境、社会环境和个体相关因素的影响；环境是多维的，例如物质环境和社会环境、客观环境和主观环境、离散属性（空间组织）和架构（社会氛围）；人—环境的交互作用发生于不同水平的集合，例如个体、家庭、文化群体和人口群体；人类反作用于环境，改变环境以改变其行为
科　恩	结构—生态学模型	将结构性影响分为四类：可获取的有益或有害的消费品；物理结构；社会结构或政策；媒体和文化信息
弗莱和佩尔特赖蒂斯	三元影响理论	基因或环境均被假设对行为产生影响； 个体的、社会的和社会文化的因素是影响行为的主要因素
格兰茨	社区食物环境模型	影响饮食行为的主要因素：实用性、价格、摆放位置、促销以及视频的营养信息；可应用于餐馆和食品超市

（二）健康促进规划设计——格林模式

1. 格林模式产生的背景与发展

格林模式（PRECEDE-PROCEED 模式）是目前健康教育和健康促进实践中应用较为广泛的综合框架模式。健康教育和健康促进是一项复杂的系统工程，涉及不同阶段过程、不同人群、不同生命周期、不同疾病和行为等，因此每一个健康促进项目都需要一个严谨周密且翔实的实施框架。格林模式是由美国健康教育学家格林提出的，该模式在 20 世纪七八十年代一经提出就受到了学术界的广泛关注。格林模式的创新在于将现有健康教育和健康促进理论相融合，以结果为切入点，形成了从诊断到效果评价的一个有序的研究框架。近年来，随着格林模式的不断应用，其模式框架的有效性不断得到证实，后续的研究也不断对其进行了丰富和完善。

2. 格林模式的内涵

从图 5-11 中不难看出，格林模式整体分为诊断和评价两个部分。其中，社会诊断阶段、流行病学诊断阶段、行为与环境诊断阶段、教育与组织诊断阶段和管理与政策诊断阶段是诊断或需求评估期

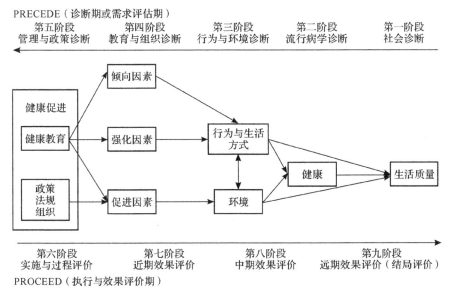

PRECEDE（诊断期或需求评估期）

| 第五阶段 | 第四阶段 | 第三阶段 | 第二阶段 | 第一阶段 |
| 管理与政策诊断 | 教育与组织诊断 | 行为与环境诊断 | 流行病学诊断 | 社会诊断 |

| 第六阶段 | 第七阶段 | 第八阶段 | 第九阶段 |
| 实施与过程评价 | 近期效果评价 | 中期效果评价 | 远期效果评价（结局评价） |

PROCEED（执行与效果评价期）

图 5-11 格林模式的基本框架

（PRECEDE）的主要构成阶段。执行与效果评价期（PROCEED）主要包括实施与过程评价阶段、近期效果评价阶段、中期效果评价阶段和远期效果评价阶段。表 5-12 对各个阶段的主要任务进行了简单描述。

表 5-11 格林模式的阶段任务

阶 段	任 务
第一阶段：社会诊断	从估测目标人群的生活质量入手，评估他们的健康需求和健康问题
第二阶段：流行病学诊断	通过流行病学和医学调查，确认目标人群特定的健康问题和干预目标
第三阶段：行为与环境诊断	确定与第二阶段选定的健康问题相关的行为和环境问题，而其中一些危险因素需要通过干预加以影响
第四阶段：教育与组织诊断	未来进一步使教育与组织策略应用于健康促进规划以促进行为和环境的改变，应该从行为与环境的因素入手
第五阶段：管理与政策诊断	主要评估组织与管理能力，以及在规划执行中的资源、策略、人员能力和时间安排

续表

阶　段	任　务
第六阶段:实施与过程评价	评价规划实施和项目评价实施过程中各项活动的进度、质量与效率
第七阶段:近期效果评价	评价项目参与者的相关知识、信念、态度与行为机能等的提高程度
第八阶段:中期效果评价	评价项目参与者的健康行为和环境因素的改善情况
第九阶段:远期效果评价	评价目标人群的健康状况和生活质量的改善情况,并进行适宜的成本—效益、成本—效果分析

格林模式的内容并非仅表 5-12 中所表达的内容,在实际操作层面格林模式也有很多详细的阐释。以下详细阐述格林模式 9 个阶段的具体内容。

（1）社会诊断（第一阶段）

社会诊断主要分为社会诊断内容和社会需求评估方法两个部分。社会诊断内容主要分析一个社会/社区的生活质量和健康状况,需要从需求者的整体出发,关注某一社区需要帮助解决什么问题,哪些问题需要优先解决,哪些资源可以利用。社会需求评估方法主要通过定量的方法对社会需求进行评估,主要的评估方法包括:知情人座谈会、德尔菲法、社区研讨会或观众听证会、专题组讨论、小组工作法、观察法、常规资料、流行病学调查等。社会诊断阶段特别注重社区和社区内组织的参与、合作,格林模式吸纳了多种社区组织理论和实践,强调社区参与是其中的关键因素之一。

（2）流行病学诊断（第二阶段）

流行病学诊断主要对某一健康问题在人群间、时间和空间中的分布规律进行总结。流行病学诊断与社会诊断是互补的关系,流行病学诊断主要通过回顾性调查、前瞻性调查、现状调查,以及文献研究、专家咨询等方式获得相关资料和数据,以确定影响健康行为的关键问题、目标人群以及可实施干预的因素,从而确定目标人群、解决方法和预期效益。

（3）行为与环境诊断（第三阶段）

在社会诊断和流行病学诊断的基础上进行行为与环境诊断,探究导致目标健康问题产生和恶化的行为方式，寻求潜在的支持性行为方式。环境因素会直接或间接地作用于目标健康问题，物质环境和社会环境会影响目标人群的行为方式，同时物质环境和社会环境也在影响健康问题的产生和改变。因此，创造有利于健康行为方式的支持环境，是提高健康水平的重要因素之一。行为与环境诊断主要包括明确行为诊断和环境诊断的任务和目的，以及确立优先项目（确立原则：重要性原则、可行性原则、有效性原则）。

（4）教育与生态诊断（第四阶段）

教育与生态诊断主要明确规划的总体目标和具体目标，以及干预策略。在实施健康教育前，仍须明确某一健康行为的倾向因素（行为动机或诱发行为的因素，如知识、信念、态度、价值观等）、促成因素（促使行为动机或愿望形成的因素，或者某一行为达成所需的技术和资源）和强化因素（加强某种行为的因素）。这三种因素都包括促进和抑制两个方面，教育者的任务是消除抑制因素，形成促进因素。

（5）管理与政策诊断（第五阶段）

管理与政策诊断主要通过文献研究、专家咨询和定性调查等方法对组织内外的资源进行评估，并对现有政策状况进行诊断。对组织内部的资源评估主要是对组织内健康教育和促进机构的有无、实践经验和组织能力的强弱、现有资源和潜在资源的状况进行评估；对组织外部的资源评估主要是对健康教育规划与本地政府规划的关系、本地政府的重视程度和资源投入力度、相关机构的参与程度、社区成员的接受程度和意愿等进行评估。

（6）实施与过程评价（第六阶段）

健康促进项目实施是在健康促进项目规划设计完成后进行的。实施过程包括按照计划时间表执行、控制实施质量、建立实施组织机构、培训工作人员、配置和购置所需设备物件等，最终实现规划设计的预期目标和效果。实施与过程评价的关键因素主要包括：机构建设和政策改革；人才开发，项目管理和实施人员的技术水平；以社区为基础的干预策略；监测与评估。

（7）近期效果评价（第七阶段）

评价影响健康相关行为的倾向因素、促成因素和强化因素的改变程度。

（8）中期效果评价（第八阶段）

评价环境和行为的改变情况。

（9）远期效果评价（第九阶段）

远期效果评价又称结局评价，是对健康促进规划最终目的（促进健康和提高生活质量）是否实现进行的评价。

二、综合健康促进模式中的时空元素

现代健康促进理论经历了从个体层面、人际层面、社区层面到综合层面的发展历程，综合健康促进模式以生态学为基础，在吸收操作条件学习理论、社会学习和社会认知理论等公共卫生和心理学研究领域的理论后形成了现代健康促进生态学模型和格林模式。现代健康促进生态学模型的基础是理解环境与行为之间的关系，其是制定行为干预策略的重要依据。从时空社会学的角度来看，现代健康促进生态学模型通过理解人类运动与狭义社会空间和物质空间之间的关系，制定改变狭义社会空间和物质空间的干预策略，最终达到影响人类运动的效果；而格林模式则是基于现代健康促进生态学模型所制定的健康促进实施框架。

（一）现代健康促进生态学模型中的时空元素

社会时空视角下，现代健康促进生态学模型的内涵包括：行为与空间之间存在密切的联系，空间具有多层次性和多维度性，从不同层次、不同维度对空间进行改造，有助于健康行为的产生。布朗芬布伦纳在生态学模型中将环境划分为微小系统（家庭成员等）、中间系统（学校、公司等）、外部系统（用空间或者其他方式界定，如北京或国家政府机关）和宏观系统（用空间或其他方式界定，如中国、公共媒体）。① 这一划分确定了系统的大小，但是对系统的内容并没有作细致的划分。后续有学者在布朗芬布伦纳生态学模型的基础上，依据不同的行为对系统的内容进行了划分。其中，个人—人际—组织—社区—社会是最常用的具体的生态学模型之一。健康行为生态学模型主要用于解释环境与行为之间的相

---

① Bronfenbrenner U. Ecology of the family as a context for human development: Research perspectives[M]. Binghamton: Haworth Pr Inc, 2013.

互作用关系,以便理解人的行为取向并有效促进其形成健康的行为。健康促进生态学模型以环境改变、政策干预等方式帮助人们在日常生活中作出有利于健康的选择。生态学模型的不断发展和研究热度的不断上升,得益于人们对环境认识的不断深入。没有任何一种行为是脱离了空间环境仅依靠个体和心理空间作用就可以实现的,物质空间环境和社会空间环境存在的意义不容忽视。同时,相关研究者对生态学的应用原则进行了如下总结:(1)环境因素的多层性(空间环境是多层次的);(2)环境因素的多维性(空间环境因素不仅来自多个层面,还来自多个方面);(3)生态学模型的具体性(微观时空下行为的具体性和环境的具体性);(4)多层次的干预(多层次的干预效果要优于单层次的效果)。

（二）格林模式中的时空元素

格林模式是目前健康教育和健康促进实践中应用的较为广泛的综合框架模式。格林模式的创新在于将现有健康教育和健康促进理论相融合,以结果为切入点,形成了从诊断到效果评价的一个有序的研究框架。健康教育和健康促进是一项复杂的系统工程,涉及不同阶段过程、不同人群、不同生命周期、不同疾病和行为等。

社会时空视角下,格林模式是兼具时间性和空间性的健康促进模式。从图5-12中不难看出,格林模式整体分为诊断和评价两个部分。其中,社会诊断阶段、流行病学诊断阶段、行为与环境诊断阶段、教育与组织诊断阶段和管理与政策诊断阶段是诊断或需求评估期的主要阶段构成;执行与效果评价期主要包括实施与过程评价阶段、近期效果评价阶段、中期效果评价阶段和远期效果评价阶段。格林模式健康促进的阶段性是时间性的重要体现,同时其重视行为与生活方式所形成的生命时空与狭义社会空间和物质空间的相互作用,将权力空间和信息空间的改造作为实施过程评价的基础。此外,格林模式在实施过程中有两个重要原则,分别是自愿性原则和重视空间环境因素原则。整个模式重视在实施的各个环节激发目标人群行为改变的主动性。格林模式强调如果想要实现目标人群行为改变的持久性就必须遵循自愿性原则,通过提高个体认知和信念、促进社区参与和社区增权,实现促进目标人群健康和提高生活质量的最终目标。此外,格林模式在实施过程中重视环境因素的影响。个体行为的改变受到环境因素的制约,例如吸烟、饮酒、久坐等。

通过改变环境,创造适宜健康行为的物质环境和社会环境,有助于健康行为的形成。因此,在健康教育和健康促进工作中,环境因素不容忽视,对环境的改造是实现健康行为持久性的必要因素之一。

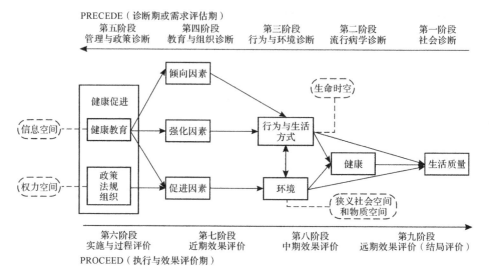

图 5-12　格林模式的时空审视

三、综合健康促进模式中的时空缺失

综合健康促进模式相较于个体水平、人际水平和社区水平的健康促进模式,其理论框架更加完备、所涉及的层面更加丰富、干预手段更加完善。从时空社会学的角度来看,综合健康促进模式较为完善地涉及了权力空间、信息空间、关系空间、心理空间、物理空间和微观时空的改造,以达到促进健康行为形成的最终目的。但是,总体而言,综合健康促进模式对权力空间、信息空间、关系空间以及心理空间之间的关系阐述不足,对社会时间的重视程度不够,生态学模型和格林模式的时空缺失具体如下。

生态学模型的重点在于分析环境中影响行为的重要因素,这也是目前健康促进领域的研究重点,其通过改变环境来达到改变行为进而促进健康的目的。在论证了影响因素的基础上,对症下药提出有针对性的健康促进建议使得健康促进生态学模型在短时间内得到公共卫生、健康促进领域学者的广泛认可。但是,从时空社会学角度来看,生态学模型也存在一些问题和挑战。一是生态学模型更多的是为研究者提供一个解读健康行为或者健康问题的新视角,构建多层次、多角度的环境与行为之间的框架,其仍停留在行为与空间关系的讨论上。虽然空间层级的多层级性和多维度性已被充分考虑,但仍缺失对时间性的考虑,在实施过程中时间性的缺失表现在缺乏具体可操作的框架上。二是实现真正意义上的多层面生态学促进和干预的难度相当大,尤其是最高层面的环境改变(政策、文化、经济、教育等权力空间改造)是一个循序渐进且长时间不断努力的过程,干预效果的测量与评价也是一个长时间的过程。由于现实干预过程仍然受到各种条件(人力、物力、财力)的限制,在执行过程中也很难保证所有层面能够同时进行。此外,生态学模型的应用不得不考虑实际的物理空间环境和社会空间环境。物理环境改变难度之大,社会环境变化速度之快都为生态学模型的应用增加了难度。因此,到目前为止,生态学模型的干预效果还未得到有力证据的证实。

格林模式并非一个单纯的健康促进理论,而是一个系统的、综合的健康促进模式框架,其充分考虑了行为与社会空间、物质空间的相互关系,强调权力空间和信息空间改造的重要性。格林模式综合了多种理论(个体层面、人际层面、社区层面、生态学模型等),并应用于框架的不同部分。格林模式对本书的研究具有较大的借鉴意义,健康促进本身必须遵从问题诊断、影响因素诊断、干预计划制定、干预计划实施、干预效果评价的时间顺序,格林模式将这些阶段进行了细化,并给出了完整的可操作框架,具有非常大的实践意义。但格林模式仍缺失对关系空间的讨论,忽略了人际关系、人与机构关系等对行为促进的影响。

本章小结

青少年体质健康问题是社会发展到一定阶段的必然产物。20世纪五六十年代,西方发达国家已经开始面对我国当前所面临的青少年体质健康问题。为了达到维护和改善人们健康的目的,以理论、研究和实践三者相结合形成了个体水平、人际水平、社区水平和综合水平等经典健康促进理论。本章的目的在于分析各种水平的经典健康促进理论的时空元素和时空缺失,为我国青少年体质健康促进理论的构建提供借鉴。

个体水平健康促进理论的时空观。个体水平健康促进理论的时空表现为:(1)健康信念模式主要以个体心理空间改造为主体,结合外部信息空间、关系空间和权力空间的影响以达到个体行为改变促进个体健康的目的;(2)计划行为理论同样以心理空间改造为个体行为改变的主要目标,但与健康信念模式不同,计划行为理论认为心理空间中的行为意向是与实际行为直接相关的空间要素,并提出影响行为意向的心理空间呈现出多层级性;(3)阶段行为理论中最突出的是将行为改变由传统的"瞬时性"改变为"阶段性","阶段性"即"时间性","阶段性"是社会时间中结构时间的要素之一。个体水平健康促进理论的时空缺失包括缺乏对权力空间、信息空间和关系空间的影响。此外,不同理论的时空缺失包括:(1)健康信念模式缺乏对社会空间因素和其他阻碍行为产生的障碍因素作用的考虑;(2)计划行为理论忽略了关系空间的重要性,同时也忽视了权力空间、信息空间和关系空间对心理空间和行为的影响;(3)阶段行为理论缺乏对狭义社会空间的考量,尤其是对社会文化和关系网络等空间因素重要性的考量。

人际水平健康促进理论的时空观。人际水平的健康促进理论主要包括社会网络和社会支持理论,通过对关系空间、信息空间中健康教育和文化环境的塑造改造被干预人群的心理空间,加强其健康行为的信念和态度以达到行为改变的目的。人际水平健康促进理论对关系空间的内在联系的分析不够充分,缺乏对时间因素的考量。

社区水平健康促进理论的时空观。社区水平健康促进理论的时空表现为:社区就是一个完整的微型社会时空,社区是人类实践活动的创造物,也是自然时空、狭义社会时空和生命时空的集合。而组织机构可以理解为一定特性的关系群体所组成的集合,它们在微观时空中各司其职形成了一个完整的时空。社会时空视角下,社区水平健康促进理论不同于个体层面的行为改变,社区层面的健康促进必须建立在对社区层面或组织机构层面改造的基础之上,通过社区层面或组织机构层面的改造来达到行为改变和健康促进的目的。社区水平健康促进理论的时空缺失主要体现在以下三个方面。一是组织机构改变理论的不足主要体现为"时空分异":一方面,组织机构理论强调组织机构的行为改变过程,但是忽视了机构类型的差异导致的行为执行能力和速度的差异;另一方面,组织机构间的关系类别差异较大,甚至存在利益冲突。二是社会组织和社区建设理论局限于对微观时空的考量,未将宏观时空对微观时空的影响纳入其中。此外,社区的概念缺乏明确的定义,网络技术的发展促使虚拟社区出现。例如,如何对虚拟社区进行定义和在虚拟社区中开展健康促进干预? 三是健康传播理论对信息空间建设的重要性进行了充分的考量,但忽略了权力空间、关系空间对信息空间建设的影响。

综合健康促进模式的时空观。综合健康促进模式中的时空元素主要包括以下两个方面。一是现代健康促进生态学模型的内涵:行为与空间之间存在密切的联系,空间具有多层次性和多维度性,从不同层次、不同维度对空间进行改造,有助于健康行为的产生。二是格林模式健康促进的阶段性是时间性的重要体现,同时其重视行为与生活方式所形成的生命时空与狭义社会空间、物质空间的相互作用,将权力空间和信息空间改造作为实施过程评价的基础。综合健康促进模式的时空缺失主要体现在以下两个方面。一是生态学模型更多的是为研究者提供一个解读健康行为或者健康问题的新视角,构建多层次、多角度的环境与行为之间的框架,其仍停留在行为与空间关系的讨论上。虽然空间层级的多层级性和多维度性已被充分考虑,但仍缺失对时间性的考虑。在实施过程中,时间性的缺失表现在缺乏具体可操作的框架上。二是格林模式充分考虑了行为与社会空间、物质空间的相互关系,强调权力空间和信息空间改造的重要性,但其仍缺失对关系空间的讨论,忽略了人际关系、人与机构关系等对行为促进的影响。

第六章　青少年体质健康促进
时空社会学模式的构建

　　通过对我国青少年体质健康促进的时空社会学和青少年体质健康状况的时空演变进行考察，把握我国青少年体质健康状况的时空演变规律；通过对我国青少年体质健康影响因素进行时空社会学考察，阐述我国青少年体质健康影响因素时空转变的内在机制；通过对我国青少年体质健康促进实践的时空社会学考察，梳理我国青少年体质健康促进政策，分析其内在时空转变特征；通过对经典健康促进理论的时空社会学考察，总结其潜在时空观念。在我国青少年体质健康促进时空社会学考察的基础上，结合时空社会学理论，梳理我国青少年体质健康促进的逻辑，构建我国青少年体质健康促进时空社会学模式理论框架，阐述我国青少年体质健康促进时空社会学模式的运行逻辑。在我国青少年体质健康促进时空社会学模式理论框架的基础上，阐释我国青少年体质健康促进时空社会学模式实施路径的生成逻辑，构建我国青少年体质健康促进时空社会学模式实施路径的理论框架和操作步骤。

第一节　青少年体质健康促进时空社会学模式的构建理路

一、青少年体质健康促进时空社会学模式的逻辑起点

　　时空社会学理论对马克思主义的社会时空内涵进行了充分的考察，在总结前人社会时空定义的基础上对社会时空重新进行了定义。时空社会学理论认为，广义的社会时空观包括生命时空、物理时空和狭义的

社会时空。人的实践活动由生命运动、物理运动和社会运动复合而成，而生命运动、物理运动和社会运动各有其内在的运动节律即时空特征，社会时空就是这三种时空或运动节律的复合。人的发展是人的实践活动方式的发展，因而人的发展也就体现为社会运动节律或社会时空形态的变化，特别是体现为这三种时空或运动节律之复合方式的变化。人的自由发展，就是个体的生命运动节律与物理运动节律、社会运动节律的和谐。①② 引申到青少年体质健康促进中，时空社会学理论认为社会时空是一种时空观念，是由人类的社会实践活动形成的，而青少年体质健康促进本身也是一种社会实践活动，体质健康促进是一种以促进和维护青少年体质健康为目的的实践过程。这一过程是涉及社会变迁和政治体制改革的综合过程。而在体质健康促进的实践过程中，时间和空间成为最重要的变量。从个体角度来看，体质健康促进是促进个体行为改变的过程。无论健康教育增强健康信念的过程还是阶段性促进体质健康行为改变的过程，都蕴含着时间和空间。时间和空间是体质健康行为发生的基本要素。没有时间，体质健康行为不存在持续性；没有空间，体质健康行为也就不存在意义。体质健康行为本身必须依托于时间和空间而建立：从时间的角度来看，行为持续的时间长短（物理时间）、行为过程的时间构成（时间的结构）、个人行为过程的心理感知（心理时间）都体现了时间对体质健康行为的节律；从空间的角度来看，行为过程实际发生的空间（自然空间或物理空间）、行为过程心理活动（心理空间）、行为过程的关系互动（关系空间）等都体现了空间对体质健康行为的支配。从人际层面和社区层面来看，通过社会关系网络和社会互动促进社会认知，改变整个社区或组织机构的运行状态，其中也蕴含着时间和空间。人际网络和社区本身就是一种社会空间结构，想要通过局部社区网络空间结构的运作达到促进群体体质健康行为的转变就必须依托于权力空间（政策等）、信息空间（网络、知识、文化等）、关系空间（师生关系、朋友关系、亲人关系等）对局部空间的加持。此外，健康促进项目在组织和社

①　王南湜. 社会时空问题的再考察[J]. 社会科学战线，2009(3)：225-233.

②　景天魁，向健，邓万春，等. 时空社会学：理论和方法[M]. 北京：北京师范大学出版社，2012.

区层面的开展需要时间节律,时间的长短、快慢,心理时间、事件时间的构成都会影响体质健康促进的整个时间过程。

我国青少年体质健康促进的关键在于行为方式。从社会时空的视角透析我国青少年体质健康相关行为方式的变化,时空社会学模式主要从时间和空间视角分析青少年体质健康行为,解释青少年体质健康水平下降的原因。从宏观上看,以往青少年学习、生活、社交等社会实践活动主要是发生在生命时空和自然时空层面。随着虚拟社会时空的完善,青少年社会实践活动场所逐渐从生命时空和自然时空层面向生命时空和社会时空层面转移。从微观上看,生活和饮食方式的改变,即体力活动时间的减少和体力活动空间的压缩以及饮食结构的变化,导致青少年体力活动减少,摄入的能量过多。除直接因素外,包括文化、教育、科技、经济、政治等在内的空间层面的变化都会导致青少年行为方式的变化。此外,必要的体力活动时间的减少也加剧了青少年体质健康问题的严重性。

青少年体质健康促进时空社会学模式的逻辑起点是社会时空和自然时空对生命时空制约方式的变化,这使得社会运动、生命运动以及物理运动由自然性转向社会性。关于自然时空对生命时空制约方式的改变,科技革命是导致这种改变的主要因素。从传统农耕方式转变为大机械甚至自动化机械生产,传统步行方式转变为汽车、高铁、飞机出行,传统家务劳动被机械化和智能化所替代,这些无不显示着自然时空对生命时空制约方式的改变:生命运动从传统农耕时代主导的物理运动(农耕时代的工具更多的是人类身体的延伸,支配者或者动力源是生命运动)转变为机械化或自动机械化时代(人类开始遵从物理运动节律,工厂中围绕机械生产的员工,坐在汽车、火车上的人们,支配者或动力源转变为物理运动)主导的机械化物理运动。狭义的社会时空或社会运动节律对生命时空或生命运动节律的制约逐渐加强。社会时空对生命时空的制约源于社会组织的不断丰富、劳作方式的不断复杂化、大型机械化体系的形成。传统的社会生产模式正在不断转变,社会时空通过社会必要劳动时间的交换价值生产对个体的生命时间进行支配。社会时空和自然时空对青少年生命时空的制约方式也因此发生了变化。从自然时空对生命时空制约方式的转变来看,青少年的生命时空从支配状态转变为被支配状态。家务劳动、出行方式、饮食结构、居住环境从生命时空支配自然时空转变为自然时空支配生命时空,家务劳动被机械化所替代,出行方式以汽车、火车为主,甚至上下楼均可乘坐电梯。在生命时空被支配的同时,生命时空的空间也在不断被压缩。狭义的社会时空对生命时空的制约程度不断加深。例如,教育改革导致青少年学习压力不断增加,教育部门、学校等不得不在现行教育制度下对青少年的生命运动进行制约。此外,社会时空虚化导致青少年对虚拟时空的依赖性增强。随着社会的发展,青少年的生命时空也在不断被压缩,生命时空的压缩导致青少年生命运动的减少,进而导致其行为方式的改变,最终导致青少年体质健康水平下降和体质健康问题产生。总之,生命时空的压缩是导致青少年体质健康行为改变和体质健康水平下降的主要原因。例如,青少年体质健康水平下降和青少年肥胖源于体力活动时间和空间的压缩,青少年近视源于视远时间和视野空间的压缩等。

综上所述,我国青少年体质健康促进时空社会学模式的基本逻辑是:社会变迁是导致青少年体质健康变化的根源,时间和空间是社会变迁的基本构成要素,青少年体质健康的变化源于青少年在社会实践过程中时间和空间的变化。青少年的社会实践过程可以简单地分为有益于体质健康的实践和不利于体质健康的实践。调整青少年的时间和空间配比是青少年体质健康促进的关键,即减少不利于青少年体质健康实践的时间和空间配比,增加有益于青少年体质健康实践的时间和空间配比,以及在适度范围内提高有益于青少年体质健康实践的时空效益。

二、青少年体质健康促进时空社会学模式的总体架构

社会时空的改变是导致我国青少年体质健康变化的主要因素。与青少年体质健康相关的社会时空的改变主要表现在自然时空与生命时空、生命时空与狭义社会时空、自然时空与狭义社会时空之间相互作用的变化。我国青少年体质健康促进社会时空模式的基本假设如下。一是青少年体质健康受狭义社会时空、自然时空和生命时空等的交互影响。二是时间和空间是复杂的,要理解时空之间的交互效应,时间和空间可以是物质的或者社会的,实际存在的或者体验的;时间和空间可以是现实存在的或者观念的、虚拟的;时空与时空之间既存在共性也存在

差异。三是学校、家庭和社区是青少年体质健康促进的主要微观时空，三个时空相互衔接，却又存在较大差异。四是时空压缩是导致青少年体质健康水平下降的根源，实现时空扩展和获得更大的时空效益是目前青少年体质健康促进的关键。从社会时空的视角来看，青少年体质健康促进的实质是改变青少年的生命时空（或增加体质健康相关实践），青少年生命时空的改变要以狭义社会时空和自然时空为支撑，时间和空间是时空改变的要素，也是基本的评价指标。

如图 6-1 所示，我国青少年体质健康促进时空社会学模式的理论架构主要分为三个部分：自然时空、生命时空、狭义社会时空。青少年体质健康促进时空社会学模式的目标就是改变青少年的生命时空、自然时空和狭义社会时空的时空形态，实现生命时空、自然时空和狭义社会时空的和谐发展。

生命时空是指人作为生命体有意识、有目的的生命活动所形成的运动节律或时空形式。青少年行为方式和生活习惯是青少年体质健康促进生命时空的主要构成因素，生命时空在自然时空与狭义社会时空之间起着中介作用，生命时空将自然时空与狭义社会时空相连接，青少年生命运动时空受到自然时空与狭义社会时空的制约。青少年体质健康促进时空社会学模式的生命时空包括：饮食行为、体力活动行为、用眼行为、静坐少动行为、作息行为、预防性健康行为等。

自然时空主要包含自然空间和自然时间。广义的自然空间包含狭义的自然空间和人化的自然空间。狭义的自然空间是指自然界自发形成的、不受人为影响的空间环境，这种空间环境会自发形成生命体和其他物质。人化自然空间是指人类社会出现后，自然作为人实践活动的空间而存在，人化自然空间是人类按照自我观念，不断拓展自然空间的界限，重构自然空间，驱动自然空间向人造空间升级。自然时间指的是以自然的标准定的时间，也指钟表时间。

狭义的社会时空包括权力空间、关系空间、心理空间、信息空间、结构时间、事件时间、心理时间、虚拟时间等。权力空间是指权力可能施展的控制、占有范围，权力不仅仅指国家、专职机构等的权力，还包括政策、机制、技术、经济等的权力，权力具有服务、影响、操作、联系、调整、通话、异化、整理、汇聚、通知、镇压、干涉、反抗和抵触等多重属性，工厂、学校、

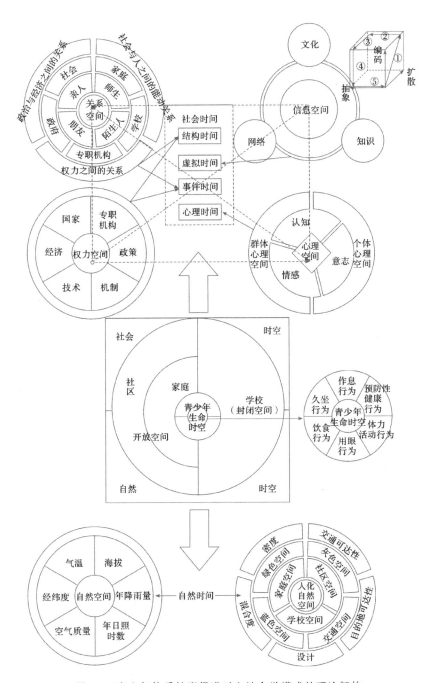

图 6-1　青少年体质健康促进时空社会学模式的理论架构

军队、监狱是权力施展的集中体现。关系空间是指社会主体之间的关系构建的世界,关系空间从地理空间发生发展,其空间内部充斥着各种各样的权力关系、政治与经济关系,以及社会与人之间的能动性关系。心理空间是指社会主体的精神活动世界,心理空间主要分为个体心理空间和群体心理空间。个体心理空间是指以自我认知为核心的语境系列,是以自身通过接受内外部刺激所产生和体验的经验关系为表征,主要包括感知空间、情境空间、语义空间,由个体的认知、情感和意志等心理活动组成。① 群体空间是指个体心理空间交织形成的各种空间形式,包括绝对与相对空间、抽象与具体空间、共享与独享空间、主导与从属空间等。行为空间是指人类所能获得的范围,包括直接活动空间和间接活动空间。直接活动空间是指人们日常生活、工作、学习所经历的场所和通路;间接活动空间是指人们通过交流(报纸、网站、信息等)所了解到的范围。信息空间是指网络、知识、文化所生成的信息世界,信息空间是以信息的编码、抽象、扩散实现信息流动为主要特征的空间形态,其依托区域信息基础设施,实现区域间的信息流动与共享。随着网络化时代的来临,信息空间中逐渐衍生出新的空间,信息化技术的发展正为人们建立一个新的流动的空间——虚拟空间。虚拟空间的建立使得人们脱离了地域性,造成了物理距离感在网络空间的消失。结构时间是指结构化的时间,例如城市化、工业化、阶层结构、人口结构等。事件时间是指用时间参数描述事件发生的过程,例如生物钟,奥运时间(有起点和终点)。心理时间是指个体主观感知的时间,即个体对客观事物延续性和顺序性的反应。例如,主观上认为的"现在",即"知觉到的现在",就是个体能把一些相继发生的事件感知为相对同时发生的时间段;又如心理观念、深度感知等。虚拟时间是随着网络化、信息技术以及数字化的发展而形成的,虚拟时间最大的特点是并发事件的发生顺序,时间被缩短,将历史感的时间转换成"在场"的空间,形成了无时间的时间。生命时空是指人类生命运动的节律,是人类发展的根本。生命运动是高级的物质运动形式,包括生长、繁殖、代谢、应激、进化、运动、行为,原生质的成分和结构的复杂性决

---

① 张绣蕊、王爱芬. 心理空间的历史渊源和概念解析[J]. 教育理论与实践. 2019,39(25):49-53.

定了生命运动的特殊性。青少年生命运动的节律即生命时空受到生物
和遗传特征的影响,主要包括群体遗传学、人类学和分子生物学层面的
影响。此外,与青少年体质健康相关的生命运动主要包括生活习惯和行
为方式,其可分为主动行为和被动行为。

三、青少年体质健康促进时空社会学模式的运行逻辑

（一）自然时空对生命时空制约方式的转变

科技革命是导致自然时空对生命时空制约方式改变的主要因素。
生命运动从传统农耕时代主导的物理运动,转变为机械化或自动机械化
时代主导的机械化物理运动。对于青少年而言,自然时空对生命时空制
约方式的转变主要分为自然空间的转变、人化自然空间的转变和自然时
间的转变。随着社会的发展,人们对自然空间的改造逐渐完善,自然空
间对青少年体质健康的影响逐渐减弱,随之而来的是人化自然空间对青
少年体质健康的影响。城市中的灰色空间、家庭空间、交通空间、绿色空
间、蓝色空间等均可以称为人化自然空间。随着社会的发展,人化自然
空间对青少年体质健康和行为生活方式的影响正在逐渐加强,且存在较
大的城乡差异和东西部差异。青少年的行为生活方式更加依赖人化自
然空间,而人化自然空间的开发并非秉持"健康第一"的理念,经济化、利
益化、便捷化等导致青少年生命运动时空受到人化自然空间的压缩。例
如,建筑物过于密集、缺少健身路径、缺少绿色空间、家庭空间狭小、交通
空间不通畅等,都会导致青少年体力活动的减少,而便利店、超市、饭馆、
小吃店的高可达性也会加深青少年食物获取的便捷程度。此外,自然时
间在这一过程中扮演了一个更加重要的角色。时间是重要的衡量标准,
它衡量了生命运动在自然空间中的表现形态。例如,生命运动在两个空
间点之间运动需要时间作为衡量标准,食物的摄入、消化、吸收等生命运
动也需要时间来衡量。因此,自然时间是生命运动重要的衡量标准
之一。

（二）狭义社会时空对生命时空制约方式的转变

狭义社会时空对生命时空制约的多线性、多层级交叉的复杂性,导
致生命时空的压缩和体质健康促进的复杂性。社会空间的大小多少代

表了群体自由行动的领域空间或范围。就其根本而言,社会空间是人与人、人与物质(包括物质环境)之间的关系状态,其结构状态即是一种关系结构。权力空间、关系空间、心理空间、信息空间、行为空间表示的是青少年与其他群体、青少年与其他物质之间的关系状态。如图 6-2 所示,我国青少年的权力空间、关系空间、心理空间、信息空间、行为空间正逐渐由简单化转向复杂化。权力空间由简单化转向复杂化,权力空间的复杂化导致权力主体责任的不明确,进而导致体质健康促进难度的增加。青少年受到了越来越多的权力管控或者被越来越多的权力所占有,当然现代社会的权力并不是单纯的控制,权力具有服务、影响、操作、联系、调整、整理、汇聚、通知等一系列作用。权力也非单一指国家政府部门、专职机构等的权力,还包括政策、机制、技术、经济等的权力。中华人民共和国成立以来,针对青少年体质健康促进的国家政府部门和专职机构逐渐增加,从教育部门、体育部门,逐渐向卫生部门、财务部门、人力资源社会保障部门、市场监督管理部门、新闻出版部门、广播电视部门等扩展。关于青少年体质健康促进的政策、机制、技术都在不断丰富和完善,逐渐在权力空间中形成了一个纵横交织的网络。

关系空间主要包括权力关系、政治关系、经济关系和人与人之间的社会关系。青少年体质健康权力空间的复杂化导致权力关系的复杂化。以往青少年体质健康促进仅仅是单纯的个体问题或国家层面的线性关系,但其他权力的延伸(如教育、就业、经济等)对青少年体质健康促进造成了权力冲突。此外,机构、政策、机制等权力主体的丰富也导致青少年权力空间的复杂化。生产力和生产关系的变化导致经济关系的复杂化。改革开放以来,我国经济水平不断提高,经济关系不断复杂化,物质生产的丰富为青少年提供了良好的物质基础,但过高的物质基础可能导致青少年营养过剩。社会关系或者人际关系是影响青少年体质健康最直接的关系形式,父母、教师、朋友对青少年体育锻炼的观念和饮食观念的塑造将直接影响青少年体质健康。虽然人际关系的主体并没有复杂化,但权力关系、经济关系的复杂化导致人际关系中的竞争性增加。

随着信息技术的发展尤其是 5G 技术、区块链、虚拟现实技术、自媒体技术的发展,青少年获取信息的速度逐渐加快,获取的信息量和信息的复杂性逐渐增加。信息空间的扩展,为体质健康信息的传播提供了便

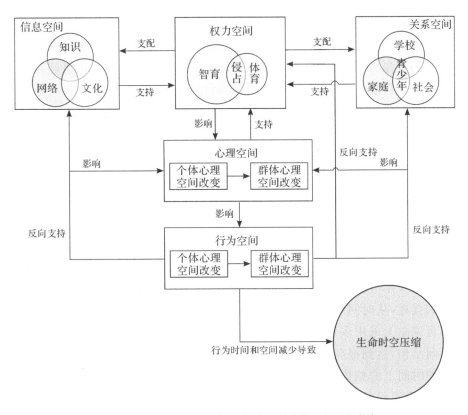

图 6-2 社会时空对青少年生命时空制约的运行逻辑框架

利,同时也带来了更大的机遇和挑战。此外,信息空间的不断丰富,使人们逐渐脱离了地域性,以虚拟的身份在网络上存在,加剧了信息空间对青少年体质健康的影响。一方面信息空间传播的信息有利于促进青少年体质健康,另一方面信息中可能夹杂着一些不健康的信息引发负面效果。此外,虚拟空间导致青少年对现实与虚拟身份的认知不清,长期沉迷于虚拟世界导致其生命时空被压缩。

心理空间的变化较难评价,心理空间主要包括个体心理空间和群体心理空间。个体心理空间具有自我认知、情感和意志等个性化心理特征,每个自我又不断地对客观环境进行感知、体验、协调,以完成自我整理。因此,个体心理空间受自身和外部双重影响,其变化趋势难以评价。群体心理空间是个体心理空间的集合,群体心理空间受到文化、民族、习俗、历史发展阶段等因素的影响。由于青少年心理层面并未发育成熟,加强群体心理空间建设十分重要。

青少年行为空间的转变呈现出直接活动空间缩减和间接活动空间增加的现象。近年来,青少年直接活动空间缩减在相关研究中已经得到了证实。信息空间的扩大导致青少年间接活动空间的增加。

社会时间是指社会通过一定的社会逻辑运作,形成了类似自然时间的时间形式。社会时间是社会活动与自然时间建立某种特殊联系时产生的,即自然时间有了社会时间的内涵,社会活动有了自然时间的属性。与青少年体质健康直接关联的是青少年的行为方式和生活习惯,也就是与青少年体质健康相关的行为的生命时空表达。社会时间可分为结构时间、事件时间、心理时间和虚拟时间。结构时间的变化主要表现在青少年体质健康的健康率、近视率、肥胖率等体质健康水平的表达、青少年人口结构等。1985 年至今,每五年一次的全国学生体质与健康调研将我国青少年身体素质、身体机能、身体形态、体质健康状况进行了时间线上的描述,从时间线上分析了青少年体质健康结构时间的变化。此外,体育课堂上采用多种教学、练习、互动形式,通过调整固定的体育课堂的时间结构,达到提高青少年体育参与兴趣的目的,从而避免单一运动带来的时间上的枯燥感。与青少年相关的事件时间包括课程表、学习时间、体育课程时间、体育课外活动时间、吃饭时间、休息时间、作业时间,体育活动时间与其他事件时间存在时间上的竞争关系。某一事件时间的增加可能导致其他事件时间的减少。例如,课后作业时间的增加导致体育活动时间的减少。当然,事件时间可以存在自然时间上的重叠。比如,边跑步边背诵诗词课文等。体力活动事件时间或体育活动事件时间的增加有助于青少年生命时空的扩展和体质健康水平的提升。相反,体力活动事件时间的减少,例如,取消课后体育活动或者步行回家改为乘坐汽车、爬楼梯改为乘坐电梯,则会导致青少年生命时空的压缩和体质健康水平的下降。心理时间则与青少年体质健康行为息息相关,青少年的时间观念或者速度感知都将影响青少年生命时空和体质健康行为。例如,青少年对跑 800 米或 1000 米的心理时间远大于实际时间,多次进行后可能会减少心理时间,但实际自然时间并没有发生变化。过高的心理时间可能会导致心理压力,致使心理意志空间缩减,进而引发生命时空和体质健康促进行为的减少。因此,心理时间是不断变化的。心理时间和心理空间是青少年行为产生的主要动力机制,了解个体心理时间的调节机制将有助于促进青少年体质健康生命时空的扩展。

《2014 年全民健身活动状况调查公报》显示:在 6—19 岁青少年各类不愿意参加体育锻炼原因的人数百分比中,选择影响学习选项的占到了 44.2%。[1] 下文以我国青少年智育和体质健康权力空间的相互作用为例,分析社会时空和社会时空作用于生命时空对青少年生命时空的影响。首先,青少年的智育权力和体质健康权力存在相互冲突或者相互制约的关系。当社会政策、机制赋予智育权力更多的覆盖范围时,智育权力对体质健康权力形成了一种权力上的侵占和制约。这种侵占和制约关系,会以权力关系的形式延伸到关系空间,智育的权力空间得到了家庭、社会、学校以及基层政府的支持。社会媒体以报道高考状元为新闻热点,学校以学生的本科上线率为宣传招生的手段,家长以学生取得好的成绩为荣,基层政府以生源的质量为教育水平的直接评价指标,这些关系空间的串联都将支持智育权力空间的延伸。而传统文化思想、知识以及网络舆论都将加速智育权力空间的延伸,成为智育权力空间延伸的主要渠道。其次,智育权力空间的延伸作用于青少年心理,使得青少年个体和群体的心理空间发生改变,从而促使智育权力空间得到进一步的扩大。这将导致青少年个体行为空间和群体行为空间的改变,越来越多的青少年将更多的自然时间投入发展智育的过程,甚至不惜以牺牲自己的身体健康为代价。自然时间与社会行动的结合形成了社会时间,使得青少年的课程时间结构发生变化。最后,青少年物理时空和社会时空的改变导致了青少年生命时空的压缩。其主要表现为青少年体力活动时间和体力活动空间的减少,青少年视觉空间的压缩和视远空间的减少。

---

① 国家体育总局. 2014 年全民健身活动状况调查公报[EB/OL]. (2015-11-17) [2022-10-17]. https://www.sport.gov.cn/n315/n329/c216783/content.html.

第二节　青少年体质健康促进时空社会学模式的实施路径

一、青少年体质健康促进时空社会学模式实施路径的生成逻辑

家庭、社区、学校等微观时空与青少年日常生活相关联，是青少年体质健康促进时空社会学模式实施的落脚点。青少年体质健康促进的时空社会学模式分为三个层面：狭义社会时空、生命时空和自然时空。但家庭、社区、学校等微观时空并非由单一时空组成，而是狭义社会时空、生命时空和自然时空的结合体，任一时空的缺失都无法组成微观时空。青少年的实践活动将多个微观时空紧密地串联在一起，家庭、社区、学校等微观时空是青少年体质健康促进时空社会学模式的主要组成部分。如图 6-3 所示，自然时空是家庭、社区、学校等微观时空的物质组成基础，家庭、社区、学校等物质建筑是人类通过实践活动对自然界进行改造的结果（人化自然空间）。由于家庭、社区和学校被赋予的社会功能的差异，其建筑空间构造也存在较大差异。在家庭、社区、学校之中以及之外，自然环境与人化自然环境的结合形成了绿色空间、蓝色空间、灰色空间、交通空间等，这些自然空间和人化自然空间的密度、物质的混合度、设计、目的地可达性的差异以及交通可达性的差异，导致了青少年生命运动节律或生命时空的变化。

家庭、社区、学校等微观时空的差异源于社会时空赋予其不同的社会含义和社会功能。这些微观时空包括权力空间、关系空间、信息空间、行为空间和心理空间，以及事件时间、结构时间、心理时间、虚拟时间。其中，权力空间不仅包括来自国家政府部门、专职机构的权力，还包括政策、机制、技术、经济等的权力。关系空间包括亲人、朋友、师生、陌生人形成的人际关系，学校、家庭、社会、国家政府部门、专职机构形成的群体关系，以及权力主体之间的关系、政治与经济之间的关系和社会与人之间的关系。信息空间主要包括网络、文化和知识。信息空间通过编码、抽象、扩散来实现信息的传递。青少年个体通过审视（信息提炼）、解决问题（对信息进行编码）、抽象（将个体编码变为公众编码）、扩散（信息传

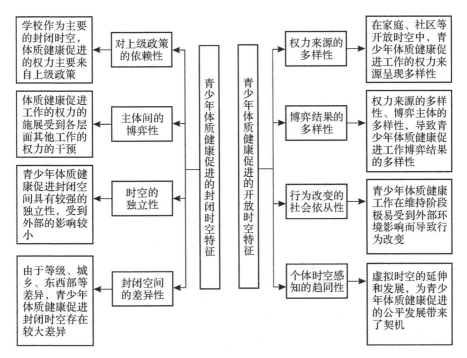

图 6-3 我国青少年体质健康促进的基本时空特征

播与扩散的过程)、吸收(以"做中学"的方式,将编码和抽象的认识应用于各种不同的情景,使得知识逐渐被群体中的所有成员吸收),促使信息在群体中逐渐形成影响。心理空间主要包括个体认知、情感、意志的综合表现以及个体和群体的空间特性。权力空间对心理空间、信息空间和关系空间具有支配作用,关系空间和信息空间相互影响,关系空间和信息空间也影响心理空间。所有的社会空间都与社会时间相结合,最终形成了社会时空,例如心理空间与心理时间结合、信息空间与虚拟时间结合,权力空间、关系空间与结构时间、事件时间结合。

青少年的生命时空存在于微观时空之中,享有生命的主观能动性。生命运动节律即生命时空既显示了其在自然时空和社会时空活动的能动性,又受到自然时空和社会时空的制约。青少年的生命运动受到家庭、社区、学校等微观时空中的自然时空和狭义社会时空的影响。家庭、社区、学校等微观时空中的自然时空(人化自然空间、自然空间)和狭义社会时空(权力空间、关系空间、信息空间、心理空间、事件时间、结构时

185

间和心理时间）的改变导致青少年生命运动节律或生命时空的改变，从而促使青少年体质健康状况发生改变。此外，与青少年体质健康相关的生命运动节律或生命时空主要包括作息行为、饮食行为、体力活动行为、用眼习惯、预防性健康行为。

（一）我国青少年体质健康促进的基本特征

1. 青少年体质健康促进的封闭时空特征

目前，我国青少年体质健康促进工作一直以学校为社区水平体质健康促进的主要组织机构，从《中共中央国务院关于加强青少年体育增强青少年体质的意见》《关于印发儿童青少年肥胖防控实施方案的通知》《综合防控儿童青少年近视实施方案》《关于印发深化体教融合 促进青少年健康发展意见的通知》等青少年体质健康促进政策中可以明确看出，学校在青少年体质健康促进中扮演重要角色。从时空的角度可以将学校理解为一个封闭时空，在学校这一封闭时空中，时空的分割、分类、分等都由封闭空间的权力所控制。青少年在学校的空间分割使得每个人都有自己的位置，学习时间、活动时间、座位次序、活动空间都由权力者进行管理。因此，我国青少年在学校时空的体质健康促进中表现出对上级政策的依赖性、主体间的利益博弈性、封闭时空的独立性、不同封闭时空的差异性等特征。首先，青少年在学校时空的所有社会互动中均受到权力的影响。青少年体质健康促进工作的执行过度依赖上级政策所赋予的权力支撑，上级政策的权力支撑是推动青少年体质健康促进工作的必要条件。目前，学校体育活动时间、每周的体育课程时间、课程内容设置等都需要相关政策的支持。此外，学生的饮食控制和体育场地建设也都需要相关政策的支持。其次，青少年体质健康促进工作存在主体间的利益博弈性。青少年体质健康促进工作依赖上级政策所赋予的权力，而权力所能施展和控制的范围又存在权力之间的利益博弈。个体、家庭、学校以及各级政府部门的利益决策形成了一个复杂的利益网络，青少年体质健康促进权力在学校范围内的施展控制、占有范围是与其他权力博弈的结果。比如，对于学生和家长来说，学生体质健康的重要性远不如升学、工作、未来获得更好的生活更重要；对于学校来说，抢夺好的生源，创造更高的升学率，提高学校的社会地位远比实施体质健康促进工作来的重要；对于政府而言，升学率与地方政府的政绩挂钩，这些利益诉求形成的权力会干预青少年体质健康促进权力在学校时空中的施展。再次,学校作为封闭时空具有独立性。在封闭空间内,虽然青少年体质健康促进权力的施展受到其他权力的干扰,但是每所学校具有相对的独立性,不易受到其他外部空间因素的影响。青少年体质健康促进工作的实施具有较强的稳定性,一旦形成良好的促进环境和行为可以使青少年形成长期的行为维持状态。最后,青少年体质健康促进存在不同封闭时空之间的差异性。即使从上级政策中获得相同的政策权力,其他权力的干扰程度一致,由于学校时空存在等级差异(小学、初中、高中、大学)、城乡差异、东西部差异、学校整体教学水平差异等,青少年体质健康促进在不同封闭空间的权力的施展控制、占有范围等方面仍存在较大差异。

2. 青少年体质健康促进的开放时空特征

除了学校作为封闭时空进行青少年体质健康促进工作外,家庭、社区等校外开放时空也逐渐成为青少年体质健康促进的新场所。在《中共中央国务院关于加强青少年体育增强青少年体质的意见》《关于印发儿童青少年肥胖防控实施方案的通知》《综合防控儿童青少年近视实施方案》等青少年体质健康促进政策中,家庭和社区逐渐成为青少年体质健康促进的新空间。与学校的封闭时空不同,家庭和社区并不是贯彻纪律的封闭空间,而是青少年具有一定自主权力的开放时空,青少年在此拥有权力支配其社会互动的时间和空间。因此,我国青少年体质健康促进的开放时空特征为权力来源的多样性、权力博弈结果的多样性、行为改变的社会依从性、个体时空感知的趋同性。首先,青少年体质健康促进开放时空具有权力来源的多样性。青少年体质健康促进在开放时空的权力来源包括学校教育、国家政策、社会文化、社会经济、建成环境、自然环境、人际交往等,它们都在一定程度上影响了青少年体质健康促进工作。与封闭空间相比,政策不再是权力的唯一赋予者,其他因素对青少年体质健康促进工作的影响同样重要。其次,青少年体质健康促进权力博弈的结果呈现出多样性。不同于封闭时空多主体利益博弈的结果在一定区域内总体呈现出一致性,青少年体质健康促进权力在开放空间的权力博弈同样是多主体参与,但个体差异较大。比如在家庭空间中,家长角色在利益博弈中所拥有的权力要大于学校、青少年和政府部门,每个家庭的博弈结果呈现出多样性。再次,青少年校外时空体质健康促进权力来源的多样性、权力利益博弈结果的多样性导致青少年体质健康促进工作校外时空的实施难度较大，并且青少年体质健康促进在开放时空的行为改变存在社会依从性。由于开放时空的物理空间、社会空间、社会时间的可变性很大，青少年健康行为改变后，其行为的维持极易受到外界环境的影响，导致其无法持久。最后，青少年体质健康促进开放时空的特征是对个体时空感知的趋同性。虚拟时空的扩散与发展给青少年体质健康促进工作带来了新的问题，但虚拟时空对封闭空间的影响相对较小。虚拟时空的发展导致个体的时空感知差异较大。具体而言，时空感知差异包括等级差异、城乡差异、东西部差异、学校整体教学水平差异等。随着虚拟时空的不断发展与延伸，以及体质健康数据平台、数据追踪、虚拟现实等技术的发展，时空感知差异将逐渐被消除，促使虚拟时空推动青少年体质健康促进工作的公平发展。

（二）家庭时空转变对青少年体质健康促进实施的影响

青少年体质健康促进的基本时空特征显示了狭义社会时空和自然时空对青少年生命时空在家庭、社区、学校等维度的影响。我国青少年体质健康问题的凸显和体质健康水平的下降与青少年生命运动节律或生命时空的改变存在直接关联。与青少年体质健康相关的生命运动节律或生命时空主要包括体力活动行为、静坐少动行为、饮食行为、用眼行为、预防性健康行为、作息行为等。探究青少年体质健康变化主要是分析青少年生命时空的转变，即体力活动行为、静坐少动行为、饮食行为、用眼行为、预防性健康行为、作息行为等，这些行为的改变是青少年体质健康变化和体质健康问题产生的主要原因。体力活动行为包括日常体力活动时间的缩短、空间范围的缩小、运动时间的减少和运动强度的降低，其直接导致青少年身体素质和身体机能水平的下降，尤其是耐力、速度和力量等素质的改变。静坐少动行为是与高体力活动行为相反的行为模式，青少年体力活动不足和静坐少动行为往往会导致心血管疾病、肌肉骨骼失调、精神状况失调、呼吸系统疾病、肿瘤、代谢失调等。静坐少动行为的改变主要包括静坐少动时间和静坐少动姿势，科技的进步导致青少年体力活动的减少和静坐少动行为时间的增加。尤其是科技塑造的虚拟时空，使得青少年无法控制自己的心理，长时间沉浸在手机或电脑构建的虚拟时空中。饮食行为的改变主要包括食物结构和时间。

从时间角度分析,随着中国社会的发展,青少年的饮食时间从单纯的一日三餐向以一日三餐为主、零食为辅转变。从空间的角度分析,食物的可获得性不断增强,无论城市还是乡村,超市、便利店、菜市场等场所的空间分布越来越密集,青少年的食物可获得性不断增强。青少年的用眼行为发生了一定的改变,主要表现为近距离用眼时间和屏幕时间不断增加。这一行为改变不仅使用眼时间延长,还使得青少年视觉空间被不断压缩。预防性健康行为和作息行为的时间和空间的改变也在一定程度上对青少年体质健康状况产生了影响。然而,狭义社会时空和自然时空的改变同样影响了青少年生命运动节律或生命时空。

　　青少年体质健康促进时空社会学模式的逻辑框架显示,狭义社会时空和自然时空对生命时空的作用方式在不同的微观时空中呈现出不同的规律。在家庭时空中,青少年生命时空的改变主要包括以下几个方面。首先,自然时空中建成空间或人化自然空间的改变、城市化和社会化进程的不断加快,导致城市和乡村的聚集现象越来越明显,人口密度的增加导致青少年家庭的建成空间不断缩小。从20世纪七八十年代的泥土瓦房到现代化的高楼大厦,建成空间的改变导致青少年体力活动行为、静坐少动行为、饮食行为和作息行为发生了改变。一是家庭空间的变化导致青少年体力活动的减少。家庭中的自然院落空间正在逐渐消失,更多的青少年无法在家庭空间中开展运动,青少年体力活动时间减少。二是科技进步导致青少年花费更多的时间沉浸在虚拟空间中,进而导致青少年长时间地处于静坐状态。三是家庭空间中青少年食物的可获得性增加,食物储存量和储存种类也在不断丰富。此外,在中国人的饮食结构中,小麦、大米等主食的摄入比例不断减少,肉类、蛋奶类、鱼类等的摄入比例不断增加。四是家庭空间灯光环境的不断改变,导致青少年的作息时间发生了一定的变化。尤其是电视、电脑、手机等娱乐设备的增加导致青少年的睡眠时间缩短。其次,狭义社会时空的改变。心理空间和心理时间是与青少年生命时空直接相关的时间与空间,很多健康促进理论都是通过改变心理空间和时间来实现的,例如健康信念模式、计划行为理论、阶段变化理论。青少年个体和群体心理时空的改变直接影响青少年生命时空的变化。例如,青少年意志力的降低和对一定难度的体育活动的抵抗引起心理时间的增加,加上手机、电脑、电视等对青少年的吸引力更大，导致青少年在家庭时空中沉迷于虚拟空间，使得青少年的运动行为和日常体力活动行为不断减少，静坐少动行为时间持续增加，且这一行为逐渐向群体化转变。青少年健康饮食认知的不足，导致其过多地摄入高油、高脂肪的快餐和零食。关系空间和信息空间将直接或间接影响青少年的生命时空。社会的发展导致青少年的关系空间发生变化，"隔辈亲""独生子女"等人际关系的转变使当代青少年得到更多的关注和宠爱。此外，很多父母没有向子女传达正确的健康知识，或者其自身健康知识匮乏使得青少年偏食、挑食。信息环境的变化导致就业压力增大，年轻一代的竞争压力增大，父母"望子成龙"使得青少年的学习压力增大。权力关系的变化间接影响青少年生命时空的变化，不同的政策、机制、制度乃至专职机构在权力施展的过程中都存在一定的关系，这些关系错综复杂。例如，智育权力和体育权力是青少年应有的两项权力，但是在过去几十年中智育权力的施展要远远大于体育权力，导致很多时候体育要为智育让步，其在家庭时空中的变化主要体现为父母安排青少年参加各种课外补习班、调整青少年学习的结构时间、增加青少年学习的事件时间，将青少年限制在家庭空间中更小的局部空间中（以书桌为主体的空间内），体力活动空间和视觉空间被压缩。信息空间的改变对青少年生命时空的影响主要体现为青少年获取体质健康知识的渠道的增加和能力的增强，同时信息空间的扩展导致虚拟空间的建立，很多青少年沉迷于虚拟空间，使得现实的生命时空被改变（静坐少动行为时间增加、体力活动减少、视近行为时间增加）。权力空间能够驱使关系空间、信息空间产生变化。在权力空间中，国家政府部门、专职机构、政策、技术、机制、经济等赋予的青少年体质健康的权力逐渐增强，权力空间在家庭时空的施展多是从学校时空中延伸而来，青少年体质健康的权力在学校空间中变大。有关青少年体质健康促进的政策越来越多，如涉及整体性的促进政策（《中共中央国务院关于加强青少年体育增强青少年体质的意见》）和专项化的促进政策（《综合近视防控》《关于印发儿童青少年肥胖防控实施方案的通知》），这些政策逐渐从学校时空走向家庭时空，青少年体质健康权力在家庭空间的增大，将有助于青少年体质健康促进的开展。

（三）社区时空转变对青少年体质健康促进实施的影响

社区时空转变对青少年体质健康促进实施的影响主要体现在社区空间聚集性的不断增强。社区人化自然空间的聚集导致青少年生命时空的改变。随着城市化的发展和人口的增加，城镇和乡村更加集中化，尤其是城镇社区功能的专门化，很多青少年在进行体育活动时不得不到专门的运动场地，社区交通密度、体育场地可达性的降低都可能导致青少年体育活动的减少。此外，社区内出行方式的改变使得青少年由步行或自行车骑行转变为公共交通或私家车出行，这也会导致青少年日常体力活动时间和体力活动总量的减少。社区空间的聚集化，社区内超市、小吃摊、快餐店、奶茶店、甜品店的聚集性不断增强，使得青少年在社区空间内获得食物的能动性不断增强，导致青少年在社区空间内获得食物的可能性增大，从而增加了青少年日常食物的摄入量。社区内社会时空的变化对青少年体质健康产生了影响，其中社区空间的聚集性导致青少年心理空间的意志力降低。很多研究指出，社区环境的聚集性（目的地可达性低、交通不便捷、建筑密度过高）会降低青少年的运动信心。社区空间食物可得性的增加在一定程度上增强了青少年对高油脂、高糖食品和饮品的心理动机。[①] 社区内关系空间和信息空间的改变同样对青少年体质健康产生一定的影响。社区之间的关系空间主要是社区内组织与组织之间、组织机构与个人之间的关系。随着社区的发展，社区功能的增多，与改革开放前相比，个人在社区内的归属感不断减弱，不利于青少年体质健康促进工作的开展，且社区内存在的关系冲突（如广场舞大妈霸占篮球场是老年群体与青少年群体关系冲突的一种）在一定程度上也影响了青少年体质健康。权力空间在社区内的开展也主要通过权力从学校时空向外延伸至社区。目前，社区内专项促进青少年体质健康的法规和条例较少，更多的是以学校时空为主的协作关系。

（四）学校时空转变对青少年体质健康促进实施的影响

学校人化自然空间呈现出不断完善的状态，一方面学校的运动空间尤其是体育场地和器材逐渐增加，另一方面教学楼的数量逐渐增多，楼

---

① 何晓龙,翁锡全,林文弢,等.中国澳门地区4～6年级学童超重/肥胖与步行及住所周边环境因素的关系[J].中国体育科技,2016,52(5)：104-111.

道活动空间狭小、课后楼下活动时间的不充足性可能在一定程度上抑制青少年的体力活动。学校食堂食物的数量和种类不断增多，在一定程度上也增加了青少年日常食物的摄入量。学校时空下，社会时空对青少年体质健康的影响区别于家庭时空和社区时空，在学校时空中起着至关重要的作用。在权力空间的支配下，学校以人化自然空间为基础形成了一个封闭空间。在学校这一封闭空间中，权力空间的大小直接影响青少年的生命活动，进而影响青少年的体质健康。国家政府部门、专职机构、政策、制度、机制等权力倾向将直接影响青少年的生命时空和体质健康，在"重智育、轻体育"的优质教育或应试教育权力倾向下，智育的权力得到无限放大，甚至有学校的主课教师占用课间、体育课、艺术课等课程的时间以达到促进青少年智育的目的。相关资料显示，广东省89.9%的学校存在体育课程被其他课程占用的情况，导致青少年学习和活动的结构时间和事件时间发生改变。① 随着智育权力范围的不断扩大，国家政府部门和专职机构颁布了很多政策文件促进青少年体质健康，但青少年体质健康水平仍呈现持续下降的趋势。关系空间和信息空间受到权力空间的支配和影响，学校领导与教师、教师与教师、教师与学生、学生与学生之间的关系，都将受到权力的影响。受"重智育、轻体育"的权力空间的影响，学校领导以升学率、学生总体成绩排名为教学质量的主要指标，使得学校领导运用权力给教师施压，形成主课教师的地位被抬高、副科教师的地位被降低的教师关系，教师会将这种关系传递给学生，学习成绩好、学习花费时间更多、更努力的学生能够得到教师的赞扬，学生之间也就形成了比拼学习成绩的环境氛围，最终结果就是青少年学习与活动的结构时间被调整、事件时间发生变化。同样，学校时空中的信息空间也受到权力空间的支配。学校时空下，知识、文化和网络等信息的传递都受到权力空间的影响。以发展智育为目标的信息空间建设，必将增强文化知识的重要性，信息空间将直接对青少年的心理空间产生作用。青少年个体和群体心理时空的改变将直接影响青少年生命时空的变化。例如，青少年意志力的降低导致其面对一定难度的体育活动时，内心产

---

① 钟亚平.蒋立兵.多学科视域下青少年体质健康促进的困境与突破[J].体育学刊，2018，25(3)：38-43.

生长时间的抵抗心理,使得很多青少年个体难以完成高强度的运动项目和长时间的耐力运动项目,且这一行为逐渐向群体化转变。青少年对健康饮食的认知不足,导致青少年群体过多地摄入高油、高脂肪的快餐和零食。在"重智育、轻体育"的权力空间倾向下,学校的关系空间和信息空间氛围使得青少年的心理发生了改变,逐渐认可智育的发生高于体育甚至健康。很多青少年以取得更高的学习成绩为荣,不惜减少体力活动时间、增加静坐少动行为时间和视近时间,以消耗健康为代价取得更好的成绩。这些正是当代青少年体质健康水平不断下降,近视、肥胖等体质健康问题不断凸显的时空社会学原因。

二、青少年体质健康促进时空社会学模式实施路径框架和实施步骤

(一)青少年体质健康促进时空社会学模式实施路径框架

我国青少年体质健康促进时空社会学模式实施路径框架是在借鉴格林模式的基础上形成的,我国青少年体质健康促进时空社会学模式实施路径框架主要分为两大阶段:如图 6-4 所示,上半部分从右至左统称为考察阶段;下半部分从左至右统称为执行和效果评价阶段。

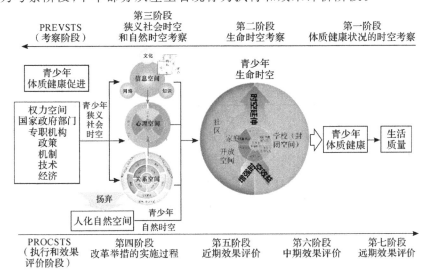

图 6-4　我国青少年体质健康促进时空社会学模式实施路径框架

上半部分——考察阶段（PREVSTS），指在评估过程中发现体质健康促进的倾向因素、促成因素和强化因素。

下半部分——执行和效果评价阶段（PROCSTS），指在执行时空改革中应用政策、反馈和组织改变等手段。

根据格林模式，可以将我国青少年体质健康促进实施路径分成 7 个步骤，即从最终的结果追溯到最初的起因，用演绎的方式逐步推进。我国青少年体质健康促进格林模式的详细步骤见表 6-1。

表 6-1　我国青少年体质健康促进格林模式的详细步骤

步　骤	任　务
步骤 1：体质健康状况的时空考察	通过时空社会学数据，调查确认青少年人群特定的体质健康问题和干预目标
步骤 2：生命时空考察	确定与步骤 1 选定的体质健康问题直接相关的生命时空因素，筛选其中的关键危险因素
步骤 3：狭义社会时空和自然时空考察	在步骤 2 的基础上考察狭义社会时空和自然时空对生命时空的影响，并明确其中的倾向因素、促成因素和强化因素
步骤 4：改革举措的实施过程	基于青少年体质健康促进的时空社会学考察，制定青少年体质健康促进的具体改革举措
步骤 5：近期效果评价	评价项目参与者的相关心理空间和生命时空的转变
步骤 6：中期效果评价	评价项目参与者的狭义社会时空、自然时空和生命时空的改变
步骤 7：远期效果评价	评价目标人群的健康状况和生活质量改善情况，并进行适宜的成本—效益、成本—效果分析

（二）青少年体质健康促进时空社会学模式实施步骤

目前开展的各项实践过程因干预行为、干预人群等内容上的差异存在一些不同，但基本遵从了健康教育和健康促进的步骤。这些步骤包括判断需求—寻找问题—制定目标和策略—执行策略—效果评价。具体来说，可分为以下 6 个阶段：(1)阶段一，评估目标人群需求；(2)阶段二，确定需要解决的问题；(3)阶段三，制定总体目标和具体目标；(4)阶段四，制定干预策略；(5)阶段五，执行干预策略；(6)阶段六，评价干预效果。我国青少年体质健康促进的时空社会学模式和格林模式同样也遵循了上述几个阶段的步骤:步骤 1 对应阶段一,步骤 2 对应阶段二,步骤 2、3 对应阶段三,步骤 3 对应阶段四,步骤 4 对应阶段五,步骤 5、6、7 对应阶段六。

由于青少年处于认知逐步形成和完善的阶段,教育和空间环境对青少年体质健康行为的改变具有同样重要的意义。在青少年心理空间并不完全时,青少年的生命时空或者生命运动节律按照运动行为的意愿可分为主动行为和被动行为。因此,青少年体质健康促进的时空社会学模式遵从培养青少年的主动原则和重视空间改造的原则。

青少年体质健康促进时空社会学模式实施路径重视在实施的各个环节激发目标人群行为改变的主动性。青少年体质健康促进的时空社会学模式强调,想要实现青少年行为改变的持久性就必须遵循自愿原则。这一原则体现在青少年体质健康促进时空社会学模式的全过程。通过权力空间、信息空间、关系空间的增权来增加青少年对体质健康的认知,激发青少年体质健康行为改变的动机和学习体质健康行为改变的技能,并积极地在家庭、社区、学校中增强自身的参与感,从而提高青少年体质健康和生活质量。

我国青少年体质健康促进时空社会学模式实施路径重视空间改造的原则。该原则强调狭义社会空间和人化自然空间对青少年生命时空或生命运动节律的重要作用。青少年生命时空或生命运动节律对青少年体质健康的影响是毋庸置疑的,但青少年生命时空或生命运动节律也受到狭义社会时空和人化自然空间的影响。比如,当前青少年日常体力活动减少、运动强度偏低、饮食结构不合理、日常能量摄入过多、视近时间过长等直接影响青少年的体质健康,但这些行为并非完全是个体的自主行为,而是在不同程度上受到外部(学校、家庭、信息空间、关系空间、人化自然空间以及权力空间)因素的影响。承认和理解青少年生命时空或生命运动节律会受到狭义社会时空和自然时空的促进和限制,是我国青少年体质健康促进时空社会学模式的核心内容。应用我国青少年体质健康促进时空社会学模式的一系列考察,制定相关规划和实施策略,改变狭义社会时空和自然时空,是实现青少年体质健康行为持久性的必要因素之一。

1. 青少年体质健康状况的时空考察(步骤1)

青少年体质健康状况的时空考察主要是对某一体质健康问题在人群间、时间和空间中的分布规律进行总结。体质健康状况考察与社会考察是互补的关系,体质健康状况考察主要通过回顾性调查、前瞻性调查、现状调查,以及文献研究、专家咨询等方式获得相关资料和数据,以确定影响体质健康行为的关键问题、目标人群以及可实施干预的因素,从而确定目标人群、解决方法和预期效益。

我国青少年体质健康时空社会学模式采用的流行病学考察方法包括文献资料法、回顾性调查和现状调查等方法。通过回顾性调查,选取1985—2014年《中国学生体质与健康调研报告》中的青少年体质健康数据,从时间(时序分析法)和空间(空间自相关分析法)的角度分析我国青少年体质健康状况的时序变化和空间变化,厘清当前我国青少年体质健康变化的主要规律以及体质健康变化与社会发展之间的内在联系。通过文献研究,梳理了性别、年龄、城乡、区域等因素对青少年体质健康的影响。由此,综合第一章第二节和第四章的研究内容得出以下两个方面的内容。一是我国青少年身体形态的时序变化随时间的变化而变化。我国青少年身体机能的时序变化呈现出先下降(2005年为节点)后上升的趋势;我国青少年身体素质呈现出持续下降的状态,部分指标呈现出先下降(2005年为节点)后上升的趋势,虽然整体上均呈现出下降趋势,但2005年以后各项指标的下降速度得到一定的遏制;我国青少年的体质健康问题(肥胖和视力)呈现出低龄化和增长速率突增化的趋势。值得注意的是,我国青少年体质健康指标的变化存在性别和城乡差异。在身体形态方面,我国青少年身高的环比增长速度乡村大于城市、男生大于女生,1985—1995年是增长幅度最大的10年;体重和胸围的环比增长速度1985—2005年为城市大于乡村、男生大于女生,而2005—2014年则为乡村大于城市、男生大于女生。在身体机能方面,我国青少年肺活量下降速度女生大于男生、乡村大于城市,回升速度基本一致。在身体素质方面,我国青少年50米跑成绩乡村为上升,城市为下降,乡村男生和城市男生的增长速度和下降速度均大于女生;我国青少年立定跳远的下降速度为女生大于男生、城市大于乡村;我国城市男生力量素质的下降速度大于乡村男生,乡村女生力量素质的上升速度大于城市女生;

我国青少年耐力素质的下降速度为女生大于男生,城乡差异较小。我国乡村男生柔韧素质的下降速度大于城市男生,城市女生柔韧素质的上升速度大于乡村女生。二是我国青少年身体形态和身体机能指标具有较高的空间趋势走向的一致性、全局空间聚集性和良好的局部空间结构性。具体来说,1985—2014 年,我国青少年身体形态的空间趋势走向均具有较高的一致性,趋势走向由南向北,逐渐升高,形成"北高南低"的空间分布态势。全局空间相关分析和局部空间自相关分析发现,我国青少年身体形态的空间分布具有较高的空间依赖性,且依赖性随时间变化逐渐增高。从局部空间自相关分析得出,我国青少年身体形态的空间分布呈现出"北高南低"两极化的聚集特征,地缘亲疏关系更加凸显,说明青少年身体形态存在空间扩散或溢出效应。1985—2014 年,我国青少年身体机能的空间趋势走向呈现出从南向北、从西北到东南先升高再降低的倒 U 型,从西向东先降低后升高,形成了"中东部地区高、其他地区低"的空间分布态势。全局空间相关分析和局部空间自相关分析发现,我国青少年身体机能的空间分布具有一定的空间依赖性,且依赖性随时间变化逐渐减弱。从局部空间自相关分析得出,我国青少年身体形态的空间分布呈现出由"东北高西南低"转向"东高南低"的聚集特征,地缘亲疏关系逐渐减弱。1985—2014 年,我国青少年身体素质空间趋势走向各指标的空间分布特征和不同年份空间特征的变化趋势的规律性较差。全局空间相关分析和局部空间自相关分析发现,我国青少年身体素质空间分布的空间依赖性较差,且依赖性随时间变化逐渐减弱。从局部空间自相关分析得出,我国青少年身体素质的空间分布呈现出"东高西低"的聚集特征,地缘亲疏关系逐渐减弱。

2. 我国青少年体质健康的生命时空考察(步骤 2)

(1) 我国青少年体质健康的生命时空考察步骤阐释

在我国青少年体质健康时空考察的基础上,我们进行了青少年体质健康生命时空的考察。青少年生命时空或生命运动节律的改变直接导致青少年体质健康水平的提升或下降。而探究青少年生命时空或生命运动节律中导致青少年体质健康问题的行为危险因素,是本阶段的主要任务和目的。

①我国青少年生命时空考察的任务和目的

（a）区分引起青少年体质健康问题的生命时空因素与自然时空和狭义社会时空因素。

（b）区分重要的青少年体质健康行为和相对不重要行为。一般根据行为和青少年体质健康联系的密切程度，以及行为发生的频率。

（c）区分高可变行为和低可变行为，确定行为预期的干预效果。高可变形式是干预的主要目标行为。

在确定目标行为后，就应对其进行明确和具体的限定，包括目标人群（希望改变行为发生变化的对象）、目标行为（希望改变的行为）、目标程度（希望行为改变的程度）、干预时间（开始干预的时间和预期所需的时间）。

②确立优先项目

青少年体质健康问题涉及的问题是多方面、多层次的。在资源有限的情况下，无法实现对所有问题的改进，因此必须选择优先项目以达到资源利用的效益最大化。确立优先项目的标准如下。

（a）重要性：该项目能反映青少年最重要的健康问题，反映国家和社会最关注的问题，也是促进青少年体质健康最有效的问题。

（b）可行性：该项目容易被青少年、家长、教师接受，易于执行，有客观的评价标准，能够长期持续地观察。

（c）有效性：该项目对结果能产生有效影响，包括社会效益等。

在安排项目时，有两个相对重要的因素需要考虑：问题的相对重要性和问题的可变性。如图 6-5 所示，第 Ⅰ 象限的问题非常重要，经干预后效果非常好，因此列为高优先级项目；第 Ⅱ 象限的问题非常重要，但是至今缺乏有效的手段，因此列为创新优先项目；第 Ⅲ 象限问题的重要性相对不高，但干预后可以改变，因此列为低优先级项目，第 Ⅳ 象限问题的重要性不高，也没有有效的干预方法，因此列为不适合开展项目。

（2）我国青少年体质健康促进项目的确定

根据已有文献和本书第五章的研究结果，并结合相关专家的访谈建议，与青少年体质健康相关的生命时空或生命运动节律主要包括体力活动行为、饮食行为、作息行为、用眼行为和预防性健康行为等。目前，我国青少年最突出的体质健康问题是青少年近视率过高，且呈现出低龄化

图 6-5 根据问题的重要性和可变性评估项目的优先程度

趋势,青少年超重、肥胖比例过高,青少年身体素质持续下降。青少年体力活动不足、久坐时间过长、运动强度不足、饮食结构不合理(饮食不规律、摄入能量过多)是导致青少年超重、肥胖以及青少年体质下降的重要行为,且这些行为均为可变行为。青少年体力活动不足、久坐、用眼行为不当(视觉空间过小、视近时间过长等)、作息行为不规律是导致青少年近视率不断增高和不断低龄化的主要原因,且这些行为均为可变行为。青少年体质健康促进的目标人群包括青少年、教师、家长等。经过体质健康促进问题重要性和可变性评估模型确认,体力活动行为、静坐少动行为、饮食行为、用眼行为和作息行为是青少年体质健康促进的主要改变行为。

(3)我国青少年体质健康生命时空考察步骤的具体实施规划

将体力活动行为、静坐少动行为、饮食行为、用眼行为和作息行为等青少年生命时空或生命运动节律作为我国青少年体质健康促进的主要改变行为。从生命时空的角度来看,上述生命时空或青少年体质健康行为时空变化的规律可分为时空延伸和时空效益。

时空延伸是指随着目标行为的改变,与之相应的空间和时间也要发生改变。改变青少年体力活动行为就是在青少年时空效率不变的情况下增加青少年的体力活动时间。比如,现在提出了保障青少年每天运动一小时,保证每周两到三节体育课等。青少年体力活动时间的延长必定以空间的扩张为保障,例如,某学校在场地有限的情况下,增加每个学生的体力活动时间就必须增加学校的场地空间。此外,在学校时间和空间不足的情况下,这种需求会延伸到社区、家庭以保障青少年体力活动的时间和空间。减少青少年的久坐时间,鼓励青少年在课间和家中休闲之余进行体育锻炼,以减少静坐少动行为的持续性。青少年饮食行为的改变也是如此,调整青少年的饮食结构和减少零食、甜品的摄入同样是一种内在的时空变化。青少年用眼行为的改变就是要增加视远行为的时间比例和视觉空间。增加青少年的视远行为时间就必须减少视近行为时间,增加青少年的视觉空间就必须尽量多地在教室、家庭、社区等区域内增加视觉空间。改变青少年的作息行为就要增加青少年的休息时间,增加青少年的休息时间就必须挤占其他时间。此外,在家庭空间休息时间不能保障的前提下,需要在学校开辟新的空间来保障青少年的休息时间(增加在教室或宿舍的午休时间)。

时空效益是指生产力的发展为社会创造了更多的剩余价值,为人的活动赢得了更多的自由时间和更广阔的发展空间。青少年体质健康行为改变在增加青少年体质健康行为时间和空间的基础上,还需增加时空效益。青少年的时间和空间在一定程度上是恒定的,增加一定的时间和空间并不一定就能保证青少年体质健康状况得到有效的改善。因为这里面还存在一个时空的利用率和有效率的问题,只有提高效益,才能使青少年在一定的时间和空间内获得预期理想的效果。提高青少年体力活动行为的时空效益就要增加青少年在单位时间内的体力活动和运动强度;提高青少年视远行为的时空效益就要在规定的时间和空间内达到更好的视觉放松效果,提高眼睛的放松效率(如眼保健操等);提高青少年饮食行为的时空效益就要增加低卡路里食物和饱腹感食物的摄入,延长咀嚼和消化时间;增加青少年作息行为的时空效益就要减少青少年的入眠时间、久坐时间,增加青少年深度睡眠的时间等。

3. 我国青少年体质健康的狭义社会时空和自然时空考察(步骤3)

(1) 我国青少年体质健康狭义社会时空和自然时空考察的步骤阐释

①目标制定

在确定优先项目后,就要把项目主题转化为规划目标。一个规划必须要有明确的目标,且目标具有可测量性。我国青少年体质健康狭义社会时空和自然时空考察阶段的第一步就是确定规划的总体目标和具体目标。总体目标是指在执行某项健康促进规划后期所应达到的影响和效果。总体目标通常指远期的、较为笼统的效果。具体目标是为实现总体目标所要达到的具体结果,要求是明确的、具体的、可测量的指标。规划的具体目标必须要回答 3 个 W 和 2 个 H 问题,即 who——对谁,what——实现什么变化,when——在哪段期限内实现这种变化(一年或五年),how much——变化程度多大(增加多少或减少多少)? how to measure it——如何测量这种变化(指标或标准)?

②时空审视与策略制定

对我国青少年体质健康的权力空间进行考察,分析我国与青少年体质健康相关的机构、政策、机制、技术以及经济状况,寻找与青少年体质健康促进时空社会学模式相一致的项目计划、专项政策等。对狭义社会时空和自然时空进行评估和审视,以倾向因素、强化因素、促成因素为要点,通过对青少年生命时空的考察,在青少年体质健康行为时空变化的基础上,分析狭义社会时空和自然时空中影响青少年体质健康行为时空变化的主要因素,并依据影响因素制定相应的干预策略。

(a)心理空间中的倾向因素。倾向因素通常先于行为,是产生某种行为的东西或愿望,或是诱发某种行为产生的因素,其中包括知识、信念、态度及价值观。倾向因素可以看作"个人"或者"群体"对某一行为的偏向,这种偏向不是有利的健康行为就是有害的健康行为。

知识对青少年形成体质健康行为起着重要作用,但知识的增加并不一定能够引起行为的改变。因此,知识是行为改变的必要条件,而非充分条件。

信念是指个体或群体对某一现象或物体的存在深信不疑。比如,"我确信体力活动不足会导致肥胖和身体素质下降""只要下决心增加体力活动肯定就可以增加身体素质"。

态度是指个体对人或事所采取的一种持久性和一致性的行为倾向,态度是信念的合集。态度通常以好坏、积极和消极加以界定和评价。

个人的价值观和行为的选择紧密相联。虽然人们都珍惜自己的生命和健康,但自相冲突的价值观还是相当普遍的。

相关研究指出,要使 40％ 的人发生行为转变,就要有 60％ 的人持积极态度参与改变行为实践;要使 60％ 的人参与改变行为实践,就要有 80％ 的人相信这种实践对健康是有益的;要使 80％ 的人相信这种实践对健康是有益的,就要使 90％ 以上的人具有改变这种行为所必须具备的知识。① 因此,心理空间的倾向因素是产生行为的主要动力,其直接影响行为的产生和发展。信息空间和关系空间的重要任务就是通过教育、环境塑造等方式促使青少年产生行为改变的动机,自愿改变不利于体质健康的行为。

(b)关系空间中的强化因素。强化因素是存在于行为干预后加强或减弱某种行为的因素。比如,采取奖励或惩罚措施以使某种行为得以巩固或增强、淡化或消除。实施强化因素的个体多来自关系空间中对青少年具有直接影响的人,例如教师、家长、朋友、同学等,以巩固青少年在体质健康行为改变中的依从性。

(c)多空间中的促成因素。促成因素是指促使行为动机或愿望得以实现的因素,即实现或达到某种行为所必需的技术和资源。促成因素主要包括来自人化自然空间中的医疗卫生设施、交通工具、体育场地等,来自关系空间中的家长、教师、朋友等,来自权力空间中的体质健康促进专职机构、政策、机制、经济等。

(2)我国青少年体质健康狭义社会时空和自然时空考察步骤的具体实施规划

①总体目标

(a)国家学生体质锻炼标准的优良率到 2030 年达到 60% 以上(2022 年达到 25% 以上),优秀率达到 25% 以上,合格率基本达到 100%。

(b)以 2018 年为基线,全国青少年总体近视率力争每年降低 0.5 个百分点以上,近视高发省份每年降低 1 个百分点以上。到 2030 年,小、初、高各阶段的近视率分别下降到 38% 以下、60% 以下、70% 以下。

(c)到 2030 年,在青少年超重率和肥胖率年均增幅基线(2002—2017 年超重率和肥胖率年均增幅)的基础上,高、中、低流行地区分别下降 80%、70%、60%。

(d)到 2030 年,学校体育场地设施与器材配置达标率达到 100%,基本实现青少年熟练掌握 1~2 项以上体育运动技能,确保学生校内每

---

① 郑频频,史慧静,傅华,等. 健康促进理论与实践[M]. 上海:复旦大学出版社,2011.

天的体育活动时间不少于 1 小时,每周 3 次以上的中等强度。

②具体时间目标

(a)家庭(开放空间):保证青少年每天接触户外自然光的时间达 60 分钟以上(增加事件时间);电子产品使用单次在 15 分钟以内,每天累计不超过 1 小时,持续使用 30 分钟后应立即停止,并休息 10 分钟(改变结构时间);读写连续用眼时间不宜超过 40 分钟(控制事件时间);确保青少年每天睡眠时间——小、初、高分别为 10 个小时、9 个小时、8 个小时(增加事件时间);体育课程作业时间在 30 分钟以上(增加事件时间)。

(b)学校(封闭空间):青少年家庭作业完成时间——三至六年级不超过 60 分钟、初中不得超过 90 分钟、寄宿制学校要缩短学生晚上的学习时间(控制事件时间);中小学生每天在校内中等及以上强度的体力活动时间达到 1 小时以上,保证每周至少 3 小时的高强度身体活动(增加事件时间);确保小学一、二年级每周 4 课时的体育课,三至六年级和初中每周 3 课时,高中阶段每周 2 课时,中小学校每天安排 30 分钟的大课间体育活动(调整结构时间);使用电子产品开展教学的时长占比原则上不超过教学总时长的 30%(调整结构时间)。

③具体空间目标

(a)学校(封闭空间):到 2030 年,扩展青少年校内体力活动空间,学校体育场地设施与器材配置达标率达到 100%(人化自然空间);扩展视觉空间,鼓励采购符合标准的可调节课桌椅和坐姿矫正器,为学生提供符合用眼卫生要求的学习环境,加快消除“大班额”现象,学校教室照明卫生标准达标率达到 100%(人化自然空间);青少年在读写过程中应严格遵守“一尺、一拳、一寸”的要求(行为空间);依托健康教育相关课程,对青少年开展体质健康教育,积极利用学校闭路电视、广播、宣传栏、家长会、家长学校等形式对学生和家长开展体质健康教育,通过学校和学生辐射、教育家长(信息空间);支持、鼓励学生成立健康教育社团,开展体质健康同伴教育(关系空间);建立集校领导、班主任、校医(保健教师)、家长代表、学生视力保护委员和志愿者等于一体的青少年体质健康管理队伍,明确和细化职责(关系空间)。

(b)社区(开放空间):增加适合儿童青少年户外活动和体育锻炼的场地设施,持续推动各类公共体育设施向儿童青少年开放(人化自然空间);充分发挥广播、电视、报刊、网络、新媒体等的作用,利用公益广告等形式,多层次、多角度宣传推广体质健康知识(包括肥胖和近视的预防)(信息空间)。

(c)家庭(开放空间):家长应当了解体质健康知识,以身作则,带动和帮助孩子养成良好的体质健康行为习惯(护眼行为和科学饮食行为),尽可能提供良好的居家体质健康环境(关系空间);营造良好的家庭体育运动氛围,积极引导孩子进行户外活动或者体育锻炼(人化自然空间、关系空间);配合学校切实减轻孩子负担,不盲目参加课外培训、跟风报班,应根据孩子的兴趣爱好合理选择,避免学校减负、家庭增负。

(3)我国青少年体质健康促进的时空审视与策略制定

本书第四章对中华人民共和国成立以来我国青少年体质健康促进的相关政策(包括党中央、国务院及部委、地方政府和部门颁发的指示、意见、通知、通告、规定、法律条文、措施、颁发、决定、条例、发展规划、纲要等,还包括课程大纲、重要会议报告,以及重要领导人有影响力的讲话、报告、书信等)进行了梳理,分析了相关政策的时空演变,并对相关政策的颁发时间、颁发机构以及政策类型进行了详细统计。其中,颁发机构包括国务院、中央全面深化改革委员会、教育部、国家体育总局、国家卫生健康委、共青团中央、财政部、人力资源社会保障部、国家市场监督管理总局、国家新闻出版署、国家广电总局等。国家层面,与青少年体质健康促进密切相关的政策主要包括《中共中央国务院关于加强青少年体育增强青少年体质的意见》《"健康中国2030"规划纲要》《综合防控儿童青少年近视实施方案》《关于印发深化体教融合 促进青少年健康发展意见的通知》《关于印发儿童青少年肥胖防控实施方案的通知》等。我国正在实施的相关项目包括学校健康教育(认知时空改造)、学校体育(现实时空拓展)、体质健康数据平台(虚拟时空雏形)、健康促进学校(国际时空延伸)、阳光体育运动、校园足球、近视综合防控、体教融合、肥胖防控等。

本书第三章对信息空间、关系空间、心理空间中青少年体质健康促进影响因素进行了详细的阐述。其中,倾向因素为青少年、家长、教师对青少年体质健康促进的知识、态度、信念和价值观冲突(就业与健康的冲突)等;强化因素为来自关系空间中对青少年有直接影响的人,例如教师、家长、朋友、同学等，以巩固青少年在体质健康行为改变中的依从性；促成因素为来自人化自然空间中的体育场地设施、医疗卫生设施，来自关系空间中的家长、教师、朋友，来自信息空间中学校、社区的报刊、专栏、广播、电视、报刊、网络、新媒体等，以及来自权力空间中的体质健康促进专职机构、政策、机制、经济等。

4. 改革举措实施过程（步骤4）

在完成我国青少年体质健康促进时空考察后，依据时空社会学模式实施具体的时空改革举措使预期目标得以实现，进而获得预期效果。改革举措的实施按照时空社会学模式的规划进行，以实现目标并获得预期效果。这一过程也是对规划思想的具体获得和实践（详见第七章）。

5. 效果评价（步骤5～7）

效果评价包括近期效果评价、中期效果评价和远期效果评价。近期效果评价主要对青少年的第一层级时空和第二层级时空的改变程度进行评价。中期效果评价主要对青少年的生命时空进行评价。远期效果评价也是结局评价，用来衡量青少年体质健康促进的最终目标是否实现。青少年体质健康促进的最终目标是提高青少年的体质健康水平和生活质量，创建健康文明的世界，其有着鲜为人知的巨大效益。

青少年体质健康促进时空社会学模式的近期效果评价主要对青少年体质健康促进权力空间、信息空间、关系空间、自然空间、心理空间以及社会时间的改造程度进行评价。第一，青少年体质健康促进权力空间的评价可采用德尔菲法、专题组讨论法、小组工作法制定青少年政策权力、专职机构、运行机制、科学技术水平、经济保障和社会时间改造的评价指标体系，进而对青少年体质健康促进权力空间和社会时间的改造程度进行评价。第二，青少年体质健康促进关系空间中的人际关系和权力关系也可以通过德尔菲法、专题组讨论法、小组工作法制定青少年人际关系网络、人际关系的社会支持和权力关系的调节情况的评价指标体系。第三，青少年体质健康促进的信息时空改造可以通过德尔菲法、专题组讨论法、小组工作法制定青少年健康教育（试卷形式）、虚拟健康空间和体质健康数据平台的评价指标体系。第四，青少年体质健康促进的心理空间改造可以通过研制青少年体质健康心理自评量表来对青少年的认知、信念、态度、价值观的改造进行评价。第五，青少年体质健康促进的社会时间改造可以通过德尔菲法、专题组讨论法、小组工作法制定青少年的制度时间、结构时间、事件时间、心理时间改造的评价指标体系。

青少年体质健康促进时空社会学模式的中期效果评价主要对青少年体质健康生命时空的改造程度进行评价。青少年体质健康促进生命时空改造程度的评价主要对青少年的体力活动量和体力活动时间(低强度体力活动时间、中强度体力活时间和高强度体力活动时间)、饮食行为(卡路里的摄入总量,营养素的摄入比例,脂肪摄入量占总能量的比例,食物品种的多样性,荤素搭配,铁、钙和维生素 C 的摄入量,食盐以及不饱和脂肪酸的比例等)、用眼行为(读写时间、读写姿势、远视时间、大屏幕使用时间、小屏幕使用时间等)、作息时间(睡眠时间、午休时间、睡眠质量、深度睡眠时间等)进行问卷调查,通过等级量表进行评价。

青少年体质健康促进时空社会学模式的远期效果评价主要对青少年体质健康的改善状况和生活质量的提高状况进行评价。其主要通过《国家学生体质健康标准》、《国家学生体质健康标准》上报数据抽查复核和全国学生体质与健康调研作为青少年体质健康状况改善的主要评价指标,通过德尔菲法制定青少年体质健康促进生活质量提高状况评价指标体系,达到对青少年体质健康促进远期效果评价的目的。青少年体质健康促进的最终目标是提高青少年体质健康水平和生活质量,为创建健康文明的社会而努力。但是,青少年体质健康促进项目是一个全国性的、多学科的、难度极大的工程,其耗费的人力、物力以及时间都是非常巨大的,且青少年体质健康促进中有很多指标需要长期追访,有些指标因缺乏有效性和特异性而难以定量,短期内实现有效评价的难度较大。因此,远期效果评价应与《"健康中国 2030"规划纲要》《体育强国建设刚要》《国务院关于实施健康中国行动的意见》等国家战略规划相一致。

本章小结

青少年体质健康促进时空社会学模式的构建理路。我国青少年体质健康促进时空社会学模式的基本假设为:社会变迁是导致青少年体质健康变化的根源,时间和空间是社会变迁的基本构成要素,青少年体质健康的变化源于青少年在社会实践过程中时间和空间的变化。青少年的社会实践过程可以简单地分为有利于体质健康的实践和不利于体质健康的实践。调整青少年的时间和空间配比是促进青少年体质健康的关键,即减少不利于青少年体质健康实践的时间和空间配比。增加有利于青少年体质健康实践的时间和空间配比,最重要的是在适度范围内提高有利于青少年体质健康实践的时空效益。青少年体质健康促进时空社会学模式的理论框架阐释了青少年体质健康水平的下降是由狭义社会时空和自然时空对青少年生命时空的作用引起的。微观层面,时空社会学模式视角下,青少年体质健康水平的下降是由狭义社会时空和自然时空在学校、家庭、社区等微观时空中对青少年生命时空的作用引起的。青少年体质健康促进时空社会学模式的运行逻辑主要包括两条主线:自然时空对生命时空的制约和狭义社会时空对生命时空的制约。自然时空对生命时空制约方式的转变主要分为自然空间的转变、人化自然空间的转变和自然时间的转变;狭义社会时空对生命时空制约的多线性、多层级交叉的复杂性,导致了生命时空的压缩和体质健康促进的复杂性,并通过体育发展和智育发展的狭义社会时空竞争对青少年生命时空的影响,阐释了狭义社会时空对生命时空的制约过程。

青少年体质健康促进时空社会学模式的实施路径。依据我国青少年体质健康促进时空社会学模式实施路径的生成逻辑,分析我国青少年体质健康促进的时空特征,将目前我国青少年体质健康促进的时空特征分为封闭时空特征和开放时空特征。学校是主要的封闭时空,社区和家庭是主要的开放时空,并对学校、社区、家庭的时空改变对青少年体质健康促进实施路径的时空效益进行了阐释。基于青少年体质健康促进时空社会学模式的理论框架和实施路径的生成逻辑,借鉴格林模式形成了青少年体质健康促进时空社会学模式实施路径框架,框架分为考察阶段与执行和效果评价阶段。其中,考察阶段包括对体质健康状况的时空考察、生命时空考察、狭义社会时空和自然时空考察;执行和效果评价阶段包括改革举措的实施过程评价、近期效果评价、中期效果评价和远期效果评价,并分别对各个阶段每个步骤的实施进行详细的阐述。

第七章　我国青少年体质健康促进的时空改革举措

　　在"健康中国"战略不断深入推进的背景下，我国青少年体质健康促进必将发生深刻的变化。本书在青少年体质健康促进时空社会学模式和实施路径框架设计的基础上，明确了我国青少年体质健康促进的关键是时空压缩，并对导致时空压缩的社会时空变化进行了阐释。因此，我国青少年体质健康促进的具体实施路径就是对时空进行改造，实现时空扩展和时空效益，为我国青少年体质健康促进提供切实可行的发展路径。

　　我国青少年体质健康促进的时空改革举措是一个时空改造的过程，通过不同层级的时空改造最终达到改变青少年体质健康状况的目标。如图 7-1 所示，我国青少年体质健康促进的时空改革举措可分为三个层级。第一层级以权力时空的改造为主，在空间改造的基础上实现青少年结构时间的调整并增加事件时间，最终实现青少年体质健康促进的权力时空改造。第二层级包括对物质空间、信息时空、关系时空和心理时空的改造，在空间改造的基础上实现青少年社会结构时间、事件时间、心理时间（运动心理时间）的调整。物质空间的改造包括体育设施与场地建设、视觉空间改善和饮食结构改善；信息时空的改造包括加强青少年体质健康教育、增强健康文化与价值观的传播，以及青少年体质健康数据平台的构建；关系时空的改造包括与青少年相关的人际关系、青少年体质健康促进机构与群体之间的权力关系、社会与青少年的能动关系，以及事件时间的改造；心理时空的改造包括对与青少年体质健康相关的认知、信念、态度、价值观以及心理时间的改造。第三层级的时空改造主要对青少年生命时空进行改造，主要体现在对青少年体力活动行为与时间的改变、用眼行为与时间的改变、饮食行为与时间的改变、作息行为与时间的改变、静坐少动行为与时间的改变。

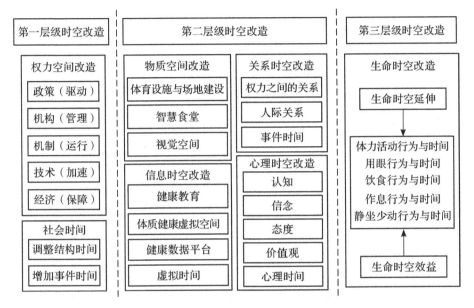

图 7-1 青少年体质健康促进的时空改革举措

第一节 权力时空改造:完善青少年体质健康促进的顶层设计

一、政策权力是驱动力

从青少年体质健康促进的时空改革举措图中可以清晰地了解到,青少年体质健康促进是一个干预内容繁多、干预手段多样的项目。想要达到促进青少年体质健康的目的,不仅要做好常见疾病的防御工作,还要做好青少年体育锻炼、饮食干预、用眼卫生、心理健康等诸多工作。在我国,青少年体质健康促进工作涉及家庭、学校、社会、国家,青少年体质健康促进政策是整个青少年体质健康促进权力空间的源泉和驱动力。政策是党和国家赋予的权力，是规范、引导相关专职机构、社会团体及个人行为的准则和指南。我国青少年体质健康促进政策的制定主体包括党中央、国务院、教育部、国家体育总局、国家卫生健康委、共青团中央等机构，政策的制定经历了有针对性地提出政策问题—准确定位政策目标—初步设计政策方案—系统论证政策方案—逐步完善政策细节—履行政策出台程序这一过程。因此，我国青少年体质健康促进政策的制定具有政策制定主体的权威性、政策制定的民主性、政策制定的连续性和政策制定的区域性等特点。政策的变化源于国家、政府部门以及全体中国公民的集中意志对于当前社会时空转变的一种考量，并针对当前社会时空亟需解决的问题、矛盾和制度中的不足进行完善、补充和修改。时空社会学视角下，我国青少年体质健康促进政策的时空演变主要体现在政策主体空间的转移和政策互动场所的转换。政策主体拥有的权力主要表现在其拥有的"决策"和"动员"两个方面的转换能力，政策主体的空间转换也造成了政策内容、目标和结构的变化。我国青少年体质健康促进政策的互动场所就是青少年体质健康促进政策实施的一个"平台"，我国青少年体质健康促进政策的互动场所经历了三次转换，由学校为主，学校为主、校外为辅向家庭—学校—社区联动转换，未来将向现实空间和数据空间联动转换。我国青少年体质健康促进权力空间的政策方向，一方面应针对现存的体质健康问题，积极推动新的相关政策的出台；另一方面应积极结合现有政策，增强青少年体质健康促进政策的执行效力，形成系统性、综合性的干预效果。增强青少年体质健康促进政策的系统性、综合性、可操作性，有助于增强青少年体质健康促进权力空间的建设。同时，省级层面可依据省级政府自身的经济发展水平和青少年体质健康现状，在国家级青少年体质健康促进政策的基础上，出台更加具体、更有针对性的省域政策。

二、专职机构是管理者

专职机构是青少年体质健康促进项目实施的管理者。我国青少年体质健康促进的组织架构是指青少年体质健康促进组织的整体结构，是在管理要求、管理定位、管理模式及业务特征等诸多因素的影响下，在组织内部组织资源、搭建流程、开展业务、落实管理的基本要素。组织架构包括工作任务的分工、分组和协调合作,反映了组织中各个要素之间的位置顺序、聚集状态、联络形式以及相互之间的关系,它是组织的基本要素,是组织机制发挥作用的基础,是为了保证组织目标的实现而对组织要素进行的系列策划和安排。① 专职机构的权力既包括其自身的职能权力又包括政策赋予其的权力。我国青少年体质健康促进的组织架构是以省域为主体,通过责任书的形式逐级推进的模式。党中央、国务院以及其他国家层面的机构通过政策的形式向省级部门下达任务,由省级部门作为实施主体,形成了特色鲜明的省域体质健康促进。省级层面的青少年体质健康促进与国家层面的青少年体质健康促进并没有实质性的差异,其主要的区别在于空间尺度、实施主体、工作重点、目标进程等方面的差异。在空间尺度上,省级和国家存在明显的空间尺度差异。由于我国国土空间多样,在自然空间和社会空间的交互作用下,区域差异与非均衡性十分突出。在实施主体上,省级政府能够充分发挥调控作用。在工作重点上,省级政府可以根据省域内的社会空间和自然空间特征以及青少年体质健康状况,有针对性地开展体质健康促进工作。在目标进程上,在特定的时空范围内,青少年体质健康促进的目标应是有限的、可行的,相比建设之前有适度的提高和进步。不同区域由于发展的起点和基础不同,青少年体质健康促进的目标有高有低,建设进程也有快有慢。

　　我国青少年体质健康促进专职机构的组织架构如图 7-2 所示,青少年体质健康促进的专职机构可分为三个层级。第一层级是国家层面。党中央、国务院制定青少年体质健康促进的宏观战略方针,以教育部为主体联合国家体育总局、国家卫生健康委、共青团中央、财政部、国家新闻出版署、国家市场监督管理总局、国家广电总局等制定青少年体质健康促进政策。第二层级是省级层面。国家层面颁布青少年体质健康促进相关政策并与各省级政府签订体质健康促进责任书,由省级政府在签订责任书后联合省级人大常委会,在国家级体质健康促进政策的基础上,结合自身的自然空间、社会空间以及青少年体质健康状况有针对性

---

　　① 乐生龙,陆大江,夏正常,等."家庭—社区—医院—高校"四位一体运动健康促进模式探索[J].北京体育大学学报,2015,38(11):23-29.

地制定省级层面的体质健康促进政策,并组织以省级教育部门为主体联合省体育局、省卫生健康委、共青团省委、省财政厅等省级部门作为青少年体质健康促进的省级专职机构。例如 2019 年,云南省教育厅在《关于进一步深化高中阶段学校考试招生制度改革的实施意见》中明确提出"中考体育与语文、数学、英语并列 100 分"。广东省遵循"健康第一"的发展理念,逐步形成学校、社区、家庭三位一体、体教共享共建的青少年体育发展模式,中考体育分值由 60 分调整为 70 分。此外,四川省、湖北省、江西省都在省级政策和教育部门的支持下上调中考体育分值。第三层级是县(市、区)级层面。由省级部门与县(市、区)级部门签订责任书,县(市、区)级部门传达并执行省级部门的青少年体质健康促进政策,县(市、区)级部门以小、中、大学为青少年体质健康促进的实施主体(学校是封闭空间,是政策执行力最高的空间区域),以学校为中心向家庭、社区辐射,并借助社会团体组织(以体育教师、康复医师、心理师、营养师、健身教练等为主体的专业社会组织)和市场经济组织(以体育企业、医疗保健机构等为主体的青少年体质健康促进相关企业)实现青少年体质健康促进的学校、家庭、社区空间衔接机制。

三、权力运行机制是运行动力

运行机制是指系统内各构成要素之间相互关联和作用的制约关系及其功能。我国青少年体质健康促进权力运行机制整体设计的最终目标是通过建构合理、完善的青少年体质健康促进运行机制,促使相关各方重视青少年体质健康促进工作,并能够长期有效地持续运行,使得青少年体质健康水平下降和体质健康凸显问题能够得到解决。青少年体质健康运行促进机制具体包括权力运行机制、动力机制、执行机制、资源配合机制、协调机制、监督机制、评价奖惩机制(见图 7-3)。

权力运行机制:政府部门和专职机构运用各种政策赋予的权力,推进和实施青少年体质健康促进工作。权力运行机制涉及整个社会时空中各个层级、各个要素之间相互交错、相互联系的关系。在权力使用的过程中会涉及与其他政策、机构以及机构内部的权力冲突,必须在充分考虑这些冲突的基础上建立平衡机制,以实现青少年体质健康促进权力的良好运行。通过公共责任制,加强监督管理,要求各级政府以责任书

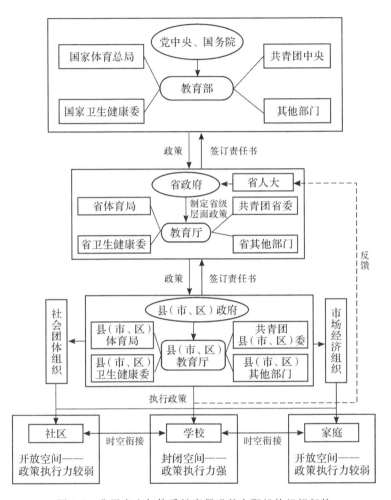

图 7-2 我国青少年体质健康促进的专职机构组织架构

的形式,将青少年体质健康促进的责任凸显出来,进一步规范政府行为和程序,加强管理、监督和检查。

动力机制:以政策权力为推动力,激发各级政府、学校、家庭、社区和青少年自身参与实施青少年体质健康促进项目,形成内生动力,实现青少年体质健康促进项目的持续运行。家庭、学校和青少年自身对体质健康的需求是基本动力,健康教育、健康信息传递、健康空间塑造是外在动力。政府部门和专职机构的外在动力是政策驱动,内在动力是政府和专

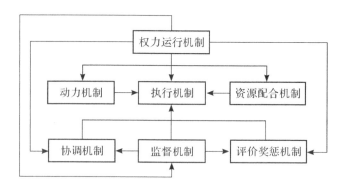

图 7-3　我国青少年体质健康促进的权力运行机制

职机构的利益驱动。

执行机制：在权力运行机制的支配下，组织各方依据责任分工开展工作和提供时空支持。通过政策法规，明确政府和专职机构的权利义务以及工作职责和资源投入；通过监督和反馈，明确政府和专职机构的执行效果；通过协调和联系，确保跨部门合作的有序联结。

资源配给机制：青少年体质健康促进所需的资源存在各地区、各学校资源分配不均和地理空间及城乡差异，使得区域发展和资源配比不均衡。资源配给机制利用现有资源实现最大效益，尽量缩小各地区在资源上的差异，按计划配额，由省级政府针对经济落后地区成立专项基金，培养专员实现城乡之间的资源互通。

协调机制：项目实施过程中不同主体进行有效协调、沟通，并协调工作。以政策法规为主要的约束和协调手段，以建立专门的青少年体质健康促进机构（专家委员会）为协调媒介，同时通过定期联席会议增加部门和机构之间的组织协调。

监督机制：一是建立督查制度，明确部门责任，增强全面执行力；二是省级督查机制能够有效弥补国家级督查机制（地方出现上有对策、下有对策的局面）的局限性，自查和互查能有效节约成本；三是实施复命制度，由下级部门逐级向上级部门复命任务完成情况，未完成任务的部门说明原因。

评价奖惩机制：建立过程和结果评价相结合、短期目标和长期目标评价相结合的评价机制。实现青少年体质健康水平的持续性提高是青少年体质健康促进工作的最终目标。但是，各地区的基础存在一定的空间差异,在短期评价中,各地区的目标达成也存在一定的差异。因此,要注重过程评价和长期评价相结合,摒除追求短期提高而放弃长远发展的措施,注重激励和惩罚并施,建立问责制度,对不履行或不正确履行规定职责导致政策成效差的地区、单位、个人进行处罚。

四、科学技术是加速反应剂

科学技术是推动社会发展和快速变革的主要因素,青少年体质健康促进权力时空改造的核心问题就是在良好的、已建立的社会空间和自然空间的基础上,尽量缩短项目的实施时间。科学技术就是青少年体质健康促进项目实施的"加速反应剂"或者"助燃剂"。科学技术的发展,使得青少年体质健康促进消除空间区域差异、城乡差异、阶层差异成为可能。如图 7-4 所示,我国青少年体质健康促进的技术支持架构是以大数据集成网络为基础,结合地理信息和地域统计系统形成的青少年体质健康促进智慧平台。平台的主要功能包括问题成因特征挖掘分析(用于对青少年生命时空的特征和体质健康状况影响因素进行分析)、政策匹配选集(用于青少年体质健康促进政策的选择和应用)、干预需求与预判(用于青少年干预方案和地方资源配给方案的制定)。平台运行的基础是数据库,该数据库是基于地理信息系统和地域统计系统建立的青少年体质健康数据库和基础地理信息数据库,用于对省级青少年体质健康促进和国家级青少年体质健康促进的管理。平台下设两项数据监测,包括青少年生命时空监测(体力活动行为、饮食行为、用眼行为、作息行为等时间和空间数据的年报告、月报告、周报告甚至精准到日报告)和青少年体质健康数据监测(身体形态、身体机能、身体素质、视力等)。数据监测平台借助区块链技术(去中心化、不可篡改、可追溯、多方共同维护的分布式数据库)和 5G 技术保障了数据的快速传输和数据的公平、公正。青少年体质健康促进智慧平台可以根据青少年体质健康数据库和基础地理信息数据库针对个人、学校、县(市、区)制定评估报告,将个人、学校的运动处方发放下去,并根据青少年体质健康促进的进展情况结合经济统计系统、社会发展统计系统、教育体育卫生系统形成的省域经济信息数据库、省域社会发展信息数据库和省域教育体育卫生信息数据库制定下一阶段的目标和资源配给方案。此外,摆脱传统体育的束缚,依据虚拟现实交互技术和5G技术针对青少年开发有利于增加青少年体力活动、增强青少年参与信念和改善青少年参与态度的智能体感游戏和智能体感虚拟现实交互运动系统(智能体感跑步机、单车、网球等),以达到促进青少年体质健康的目的。

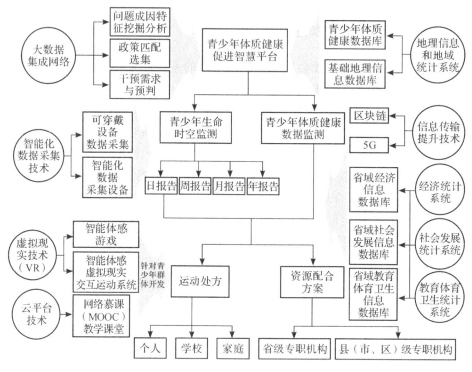

图 7-4 我国青少年体质健康促进的技术支持架构

五、经济基础是运行保障

经济基础决定上层建筑。1843 年,马克思在《黑格尔法哲学批判》一书中提出,不是国家决定市民社会而是市民社会决定国家的命题。[①]一国的 GDP、人均 GDP、城镇和乡村居民可支配收入已成为衡量经济发展和社会总体发展水平的重要指标。经济发展促使青少年生活方式、教

---

① 马克思. 黑格尔法哲学批判[M]. 中共中央马克思恩格斯列宁斯大林著作编译局,译. 北京：人民出版社,1962.

育方式的改变,经济也是实施青少年体质健康促进的基本保障。经济权力的施展在于其保障青少年体质健康促进过程中社会空间(政策推行、健康教育、健康信息宣传等)、自然空间(活动场地、健康设施、体质健康测试仪器等)的塑造。在政策的支持下,经济形成一种权力引导,使得更多与青少年体质健康相关的企业从中获利,刺激了青少年体质健康促进产业的发展,在市场层面达到了促进青少年体质健康的效果。比如,校园足球政策的推行使得足球运动获得更多的基层支持,越来越多的家长在给青少年报课外辅导班时会选择足球培训班,促使青少年足球培训迅速火热起来,更多的企业和体育工作者愿意加入其中,青少年在享受足球快乐、获得足球技能的同时达到了促进体质健康的目的。

六、时间是权力施展的量化标准

社会通过一定的逻辑运作,形成了具有自然时间性质的社会时间。自然时间具有一维性和可计量性,给我们提供了一个基准尺度,使我们能够精准地计量事物的动态变化。青少年体质健康促进时空社会学实施路径的宏观社会空间改造和社会时间改造是互相结合的。宏观社会空间改造更多的是创造有利于青少年体质健康促进的环境,而社会时间改造则是青少年体质健康促进实施路径执行的根本和重要保障。社会时间通过一定的逻辑运作,形成了具有类似自然性质的自然时间。青少年体质健康促进时空社会学模式实施路径的社会时间改造主要包括在第一层级主要通过对社会权力空间的改造来实现青少年体质健康促进,通过政策手段增加青少年体育参与时间(增加事件时间)、减少久坐时间、增加户外活动时间(增加事件时间)、增加每周体育课时数(增加事件时间),规定青少年近视率、肥胖率每年下降的幅度(结构时间)。事件时间和结构时间的调整和增加使得青少年体质健康促进权力有了明确的量化标准。第一,结构时间的改造。结构时间是指在青少年体质健康促进过程中具有结构性的时间,最具有标志性的就是青少年体质健康促进政策的总体结构规划。我国国家社会的发展以五年为一个结构层次,城市化发展、工业化发展、人口结构都可以五年为节点形成结构性和层次性。我国青少年体质健康促进的结构时间改造也遵从以五年为节点的结构变化,以五年为节点在国家发展规划的基础上,对青少年体质健促进的目标进行规划,包括五年内青少年近视率的下降比率、肥胖率的下降比率、青少年体质健康合格率、青少年体质健康优秀率等。此外,我国青少年体质健康促进的结构时间改造还包括青少年政策执行效率评价、各部分之间的协调合作效率、青少年运动健身场地设施的覆盖率、青少年体质健康知识的普及率、青少年体质健康促进家校社合作率等。当然,结构时间的调整可以在五年发展规划的基础上,搭建更加细致的结构时间,以三年、一年、半年、一个月等为结构时间点,在五年结构时间的基础上搭建更加细化的结构时间框架,形成更加有效的青少年体质健康促进执行保障。第二,事件时间的改造。事件时间是指有起点、终点的时间,例如睡眠时间、休息时间、体育锻炼时间、体育课程时间、户外体育锻炼时间等。我国青少年体质健康促进事件时间的改造从国家层面或政策层面的角度,增设或增加青少年体质健康促进的事件时间、青少年体质健康课程或健康教育课程内容,提倡学校在建设"一校一品""传统体育学校"的基础上提出符合本校特色的健康促进事件时间。

第二节 物质空间改造:统筹青少年 体质健康促进的场所使用

我国青少年体质健康促进的物质空间改造主要通过统筹体力活动空间的扩展、健康饮食空间的建立和视觉空间的改造来实现。

一、加强体育设施与场地建设以扩展体力活动

体力活动空间的扩展是青少年体质健康促进物质空间改造的重要组成部分,体力活动空间的扩展以学校、家庭和社区的物质空间建设为主。学校体力活动空间的扩展以学校体育场地设施与器材配置达标率为基本保障,学校应为青少年提供和配备安全、足够的运动场地和设施。配备标准应符合《国家学校体育卫生条件试行基本标准》(见表 7-1~表7-5),在政府经费投入的基础上结合校园原有器材增添运动设备或以班级为单位提供简单的运动器材,以提高青少年体力活动的积极性。社区应统筹增加运动场地的人均比率,依据附近的青少年比例增加与之相适

应的运动健身器材,人均体育场地面积、人均室内体育场面积、每万人健身步道公里数、"三大球"及网球场地数、"一场两馆"覆盖率等,尤其是在社区内保障步行通行的安全,以提高青少年体力活动的积极性。家庭应在可能的限度内设立建议的体育锻炼空间,便于天气不良时青少年能够在家庭内开展体育活动。

表 7-1 小学体育活动场所规范

运动场地类别	≤18 班	24 班	30 班以上
田径场(块)	200 米(环形)1	300 米(环形)1	300 米~400 米(环形)1
篮球场(块)	2	2	3
排球场(块)	1	2	2
器械体操+游戏区	200 平方米	300 平方米	300 平方米

注:体育活动所用器材的种类和数量根据学校的不同而不同,包括接力棒、跨栏架、指令枪、标志杆、实心球、垒球、篮球、排球、足球等。具体参见《国家学校体育卫生条件基础标准》。

表 7-2 九年制学校体育活动场所规范

运动场地类别	≤18 班	27 班	36 班以上
田径场(块)	200 米(环形)1	300 米(环形)1	300 米~400 米(环形)1
篮球场(块)	2	2	3
排球场(块)	1	2	2
器械体操+游戏区	200 平方米	300 平方米	350 平方米

注:体育活动所用器材的种类和数量根据学校的不同而不同,包括接力棒、跨栏架、指令枪、标志杆、实心球、垒球、篮球、排球、足球等。具体参见《国家学校体育卫生条件基础标准》。

表 7-3 初级中学体育活动场所规范

运动场地类别	≤18 班	24 班	30 班以上
田径场(块)	300 米(环形)1	300 米(环形)1	300 米~400 米(环形)1
篮球场(块)	2	2	3
排球场(块)	1	2	2
器械体操+游戏区	100 平方米	150 平方米	200 平方米

注:体育活动所用器材的种类和数量根据学校的不同而不同,包括接力棒、跨栏架、指令枪、标志杆、实心球、垒球、篮球、排球、足球等。具体参见《国家学校体育卫生条件基础标准》。

表 7-4　完全中学体育活动场所规范

运动场地类别	≤18 班	24 班	30 班	36 班以上
田径场(块)	300 米(环形)1	300 米(环形)1	300 米～400 米(环形)1	400 米(环形)1
篮球场(块)	2	2	3	3
排球场(块)	1	2	2	3
器械体操＋游戏区	100 平方米	150 平方米	200 平方米	200 平方米

注:体育活动所用器材的种类和数量根据学校的不同而不同,包括接力棒、跨栏架、指令枪、标志杆、实心球、垒球、篮球、排球、足球等。具体参见《国家学校体育卫生条件基础标准》。

表 7-5　高级中学体育活动场所规范

运动场地类别	≤18 班	24 班	30 班	36 班以上
田径场(块)	300 米(环形)1	300 米(环形)1	300 米(环形)1	400 米(环形)1
篮球场(块)	2	2	3	3
排球场(块)	1	2	2	3
器械体操＋游戏区	100 平方米	150 平方米	200 平方米	200 平方米

注:体育活动所用器材的种类和数量根据学校的不同而不同,包括接力棒、跨栏架、指令枪、标志杆、实心球、垒球、篮球、排球、足球等。具体参见《国家学校体育卫生条件基础标准》。

二、推动智慧食堂建设以控制肥胖

青少年时期是生长发育的关键期,膳食营养不均衡、膳食结构不合理会导致青少年营养不良或营养过剩,平衡膳食营养是青少年体质健康促进物质空间建设的重要组成部分。学校应根据自身食堂条件积极推广实施"学生营养午餐",寄宿制学校应进一步推广"学生营养早餐"和

"学生营养晚餐",应根据食堂、学生家庭经济情况、饮食习惯等实际情况推行切实可行的食谱。按照《推荐的每日膳食营养素供给量标准》,青少年午餐营养素的摄入量应占每日营养素摄入总量的 40%,午餐摄入量应占每日总能量的 30%～40%。青少年午餐脂肪摄入量按学段分,小学、中学分别应控制在 30% 以下和 25% 以下,食盐摄入量每日在 5 克以内。有条件的学校应建立智慧食堂,针对学生的身体发育状况,提供智能午餐搭配。普通学校应针对营养不良和营养过剩的青少年提供有针对性的午餐,减少学校、社区、家庭空间中不健康零食和高糖饮料的供给,家庭和社区空间应遵照青少年《推荐的每日膳食营养素供给量标准》搭配早餐和晚餐。

三、改造视觉空间以保障视力健康

青少年视觉空间的改造主要包括青少年印刷品质量、采光照明、眼镜质量、视远空间等。首先,提升青少年使用的印刷品的质量,减少纸张过差、字迹模糊引起的视觉疲劳。相关研究证实,红点黄本与白色页面相比,更不易引起疲劳,建议学校和企业协调改善。[1] 其次,不良采光照明使青少年眼物空间距离缩短,导致青少年视觉调节过度紧张,引发视力低下。建议遵照《中小学校教室采光和照明卫生标准》的相关规定,家庭中设置可调节桌椅和交流荧光台灯。再次,相关研究指出,佩戴不合格眼镜的青少年的视力下降速度是佩戴合规眼镜的青少年的 2.5 倍。[2] 目前,眼镜协会对眼镜质量的抽查质量合格率仅为 90% 左右,应规范眼镜市场,增加验光师的专业水平。最后,家庭、学校、社区应为青少年提供相应的视觉休息空间,便于青少年在户外活动时能够尽量做远距离视觉活动,使青少年每天在家有一个小时的室外活动时间。很多研究建议,学校和社区应增加绿色空间(绿色植被)和蓝色空间(水源等)建设,

---

① 王智勇,瞿佳,周翔天,等.不同颜色簿本和墨水亮度及色度对眼疲劳影响[J].中国公共卫生.2004(4):113-114.

② 何光华,张艳丽,张敏.渐进多焦点眼镜的不良验配对少年儿童视功能的负面影响[J].中国斜视与小儿眼科杂志.2014,22(4):38-39,4.

以便达到青少年眼睛放松的效果。①

第三节　信息时空改造:优化青少年
体质健康促进的文化环境

青少年体质健康促进信息时空的改造主要包括健康教育或健康知识的传播、体质健康文化空间或体质健康虚拟空间的塑造、青少年体质健康促进数据平台的建立以及通过信息空间的改造实现社会时间的改造等方面。

一、推动健康教育走向多级空间

健康教育或健康知识的传播主要以青少年获得的空间为主,进行健康信息的传递和传播。目前,青少年健康教育或健康知识的传播主要通过学校、社区和家庭,学校是青少年体质健康促进信息传播的主战场。中小学健康教育规定:以体育与健康课程为主,结合晨会、班会进行健康知识的传播。健康教育的内容包括健康习惯的养成、不良生活方式的危害,良好作息习惯、饮食习惯的养成,青少年心理健康的加强,以及部分传染病的预防;等等。同时,健康促进(金牌、银牌、铜牌)学校的创建,也为青少年体质健康促进学校信息空间的改造提供了可实施的项目。社区和家庭体质健康促进信息空间的开发是未来的主要方向。

二、构建青少年体质健康的虚拟空间

社区青少年体质健康促进信息空间的开发。首先,要发挥政府的领导作用,通过省级政府与县(市、区)级政府签订责任书,明确各级政府和社区领导在青少年体质健康促进中的责任。省级青少年体质健康促进专家委员会下设社区健康教育与健康促进决策机构(由政府牵头,教育、

---

① Yang B Y, Li S, Zou Z, et al. Greenness surrounding schools and visual impairment in Chinese children and adolescents[J]. Environmental Health Perspectives, 2021. 129(10):100-106.

卫生、体育、宣传、企业、群众组成),统筹社区青少年体质健康促进信息空间的开发。其次,利用社区资源,充分开展青少年体质健康促进信息空间的建设工作。充分利用社区的物质资源、人力资源和非人力资源,包括积极募集资金,争取技术、人力、设施并充分挖掘社区内部资源(社区成员和社区组织的人力、财力、物力、信息等)。再次,建立和完善健康教育网络,加强各级政府、专职机构的合作,开展"双轨管理、条块结合"的网络建设模式,即政府和专职机构两条渠道,社区医务人员、专兼职健康教育人员组成的网络。最后,开展多种形式的社区青少年体质健康教育活动,不断强化和改善社区卫生、体育等服务,加强社区青少年体质健康教育与健康促进计划的设计、监测与评价。

家庭青少年体质健康促进信息空间的开发。家庭健康教育是青少年体质健康促进信息空间改造的重要组成部分。目前,我国家庭健康教育尚处于起步阶段,是健康教育的短板,家庭青少年体质健康促进信息空间的开发将实现青少年体质健康促进家—校—社三个时空的有效连接。全面、系统、规范的家庭健康教育实施必须包括以下 4 个方面。首先,建立家庭健康教育机构。家庭健康教育机构可以与学校健康教育机构和社区健康教育机构相结合,明确并制定家庭健康教育规划、教育目的、教育内容等。其次,培养家庭主要成员。通过着重培养家庭主要成员,使其承担起家庭保健员和健康教育者的双重责任。其中,家庭妇女和中老年知识分子是重点培养对象,培养方式以集体培训和个体指导为主,培训采取的信息传播方式包括针对集体的(集会、演说、讲座、座谈会等)和针对个人的(个别谈话、谈心、咨询等)方式。再次,培养家庭健康教育示范户。为提高群众的健康意识和健康素质,激励更多家庭追求健康文明的行为方式,以学校或社区为颁发单位有目的性、有代表性地评选家庭健康教育示范户。最后,开展多种家庭健康教育活动,包括健康大课堂、青少年体质健康知识竞赛、健康知识宣传栏等。此外,定期检查家庭健康教育活动的开展情况,并对实施效果进行评估。

体质健康文化空间或体质健康虚拟空间的塑造源于当前信息化水平的不断提高。智能手机、电脑等设备的普及导致青少年的社会活动逐渐从现实空间转向由网络组成的虚拟空间。越来越多的青少年通过QQ、微信等应用程序来维持社交关系,通过微博、抖音、快手等应用程序来获取知识和信息，逐渐形成了青少年虚拟时空角色。因此，青少年体质健康促进信息时空的改造应注重文化空间或虚拟空间的建设。首先，我国青少年体质健康文化空间或体质健康虚拟空间基于知沟理论构建。知沟理论认为，由于社会经济状况存在一定的差异，比如城乡差异、东西部差异等，社会经济地位高者通常能比社会经济地位低者更快地获得信息，大众信息传递越多，两者的差距越大。① 随着社会经济的发展，社会不同阶层之间青少年体质健康促进的差异逐渐增大，而体质健康虚拟空间的塑造将用于缩小社会发展带来的阶层差异。智能手机和电脑等网络课堂设备的普及使得青少年对群体媒介的接触机会增加，从而导致不同收入家庭的青少年的知识鸿沟不断缩小。其次，加强对乡村和偏远山区学校多媒体设备的普及。再次，针对低收入家庭的青少年实施政策倾斜，以提高青少年的媒介使用能力。最后，通过虚拟现实交互技术开发针对青少年的智能体感虚拟现实交互运动系统，以增加青少年的运动兴趣；同时，通过网络课堂、QQ群、抖音健康课堂等形式实现青少年体质健康文化空间或虚拟空间的构建。

三、完善青少年体质健康数据平台

青少年体质健康促进数据平台的不断完善。《国家学生体质健康标准》、《国家学生体质健康标准》上报数据抽查复核和全国学生体质与健康调研是我国青少年体质健康促进数据云平台的一个雏形。目前，中国教育科学研究院、北京体育大学、北京师范大学、上海体育大学和首都体育学院正联合开发基于青少年健康数据管理系统的青少年健康服务平台。以"挖掘数据价值、服务青少年体质健康"为宗旨，青少年体质健康促进数据云平台的建立将是实现人人体育、人人参与和全面育人等体质健康促进目标的路径之一。随着我国5G技术、区块链技术、人工智能、大数据、虚拟现实技术等的发展，以青少年体质健康数据云平台为基础的青少年体质健康促进虚拟网络平台将会成为集青少年体质健康政策执行、监测、评价、促进于一体的时空平台。政策执行的效率和青少年体质状况的调查与分析，乃至应对政策制定的时间将会得到前所未有的提

① 徐雪高，李靖．"知沟"假设理论研究综述[J]．江汉论坛，2010(5)：141-144．

升和缩减。未来,青少年体质健康促进虚拟网络平台将会成为我国体质健康促进工作的主要抓手。

四、优化青少年体质健康促进时间结构

信息空间的建设使得青少年体质健康促进的社会时间发生了相应的变化。青少年体质健康促进的家庭、社区、学校的信息空间建设以及虚拟时空和数据平台建设,使得青少年体质健康促进的社会时间发生了一定的变化。首先,结构时间和事件时间的改变。随着信息传递的速度不断加快,很多体质健康促进信息不再以传统的纸质为载体,而是以新媒体为主要载体,家长、学校、社区的沟通和相关政策执行的效率得到了改善,信息和政策的传递更加快速和精准。其次,虚拟时空建设和数据平台搭建可在短时间内进行大范围的体质健康教育和体质健康促进专项行动。最后,随着信息技术的发展,更多依赖网络平台进行的体质健康专项行动得以开展,体感游戏和体育慕课更是为青少年体质健康促进提供了新的动力。

第四节　关系时空改造:增强青少年体质健康促进的社会支持

关系时空是指由社会主体之间的关系构建的世界。关系时空从地理空间发生发展,其空间内部充斥着各种各样的权力关系、人际关系。我国青少年体质健康促进关系时空的改造主要包括权力关系改造、人际关系改造、事件时间改造等方面。

一、化解权力冲突,平衡权力间的关系

青少年体质健康促进权力关系的改造主要处理青少年体质健康促进政策实施过程中出现的涉及学生、家长、学校、地方政府和中央政府在内的个体之间以及群体之间的权力冲突。首先,中央政府和地方政府之间存在权力冲突。中央政府与地方政府分别扮演了政策的制定者和执

行者的角色,中央和地方需要相互配合、相互联系才能有效完成健康促进工作,但往往在执行过程中出现"上有政策,下有对策"的情况。中央政府是为实现长期的社会利益而进行社会政策的制定,地方政府在执行青少年体质健康促进政策的同时,在有限的资源内还要执行其他方面的社会政策,地方政府需要对权力关系和政策实施过程中的权力冲突进行合理协调与配置。因此,针对上述问题需要采取以下措施:一是增加地方政府的资源补贴,降低政策的执行成本;二是强化惩罚机制,增加地方政府不执行青少年体质健康促进政策的惩罚比例(比如当前的近视防控责任书制度);三是降低中央政府的查处成本,建立高效有序的监管制度。其次,权力实施过程中个体与集体的利益冲突。在青少年体质健康促进政策权力的执行过程中,在地方政府与地方政府之间、学校与学校之间以及学科与学科之间都存在个体权力与集体权力的冲突问题。青少年体质健康促进政策的实施需要政府之间、部门之间、学校之间,甚至学科之间和学科教师之间的相互配合与相互协调。因此,为实现上述目标应该做到以下三个方面:一是优化资源配置,节约政策权力的执行成本,加大奖励力度,提高权力主体的收益;二是提高对执行单位的查处频率,加大对不执行政策的惩罚;三是保证健康政策的长期性和稳定性。最后,青少年体质健康促进的专职机构除教育系统外,还包括体育局、卫生健康委、财政系统等。专职机构之间也存在权力冲突。因此,为解决上述权力冲突问题需做到以下三个方面:一是建立利益表达机制,适当满足执行主体的利益诉求;二是加强部门之间的利益整合,推进合作式执行方式;三是促进部门之间的有效沟通,实现执政主体信息公开化。

二、改造人际关系,助力健康促进

我国青少年体质健康促进人际关系的改造。人与人之间的社会关系形成了人际关系网络,人际网络关系的改造主要是使与青少年相关的人际关系形成社会支持,人际关系和社会支持对青少年体质健康促进心理时空的改造和生命时空的改造均具有重要意义。人际关系网络包括同学网络、师生网络、亲人网络、邻里网络和朋友网络等。青少年人际关系网络包括网络成员的规模(成员的多少)、联系紧密度(相互联系的紧密程度)、构成复杂性(各类成员的构成比例,以及各种联系的不同作用)、同质性(网络成员与网络中心成员在年龄、性别、经济等社会特征上的一致性)和异质性(网络成员彼此之间的差异性)等参数。社会支持包括情感性支持(对青少年的关心、关爱、信任、同情和理解)、工具性支持(为青少年提供具体、切实的物质帮助)、信息性支持(向青少年提供建议、忠告和信息)、赞评性支持(向青少年提供正向评价或赞扬,使青少年对自我行动达到满意)。基于上述理论,青少年体质健康促进人际关系的改造应该包括以下 4 个方面:一是增强人际关系网络体质健康保护作用的干预立足点,亲人网络和师生网络能够为青少年提供情感性、工具性、信息性和赞评性支持,同学网络和朋友网络能够为青少年提供情感性、信息性和赞评性支持;二是增进现有网络成员之间对青少年体质健康促进的社会支持;三是发挥学校教师和核心领导的支持作用;四是通过增强学校能力建设来增强青少年的人际网络支持。

三、调整事件时间,优化关系互动

青少年体质健康促进关系的时空改造和社会时间改造是互相结合的。社会空间改造更多的是创造有利于青少年体质健康促进的环境,而社会时间改造则是青少年体质健康促进实施路径执行的根本和重要保障。青少年体质健康促进关系的时间改造主要是事件时间的改造,事件时间主要是指有起点、终点的时间,例如睡眠时间、休息时间、体育锻炼时间、体育课程时间、户外体育锻炼时间等。学校、家庭、社区在青少年体质健康促进事件时间的改造中发挥着至关重要的作用。例如,江苏省徐州市睢宁县庆安镇骑路小学在缺乏体育专任教师的情况下,提倡全校学生跳绳促进身体健康,共开发出 300 多种花样跳法,全校 200 多名学生零近视零肥胖的新闻火爆自媒体网络,这是当代学校自主开发事件时间推动青少年体质健康的一个缩影。① 从青少年个体出发,在学校空间之外,在家庭和社区的支持下,增加青少年课外体育锻炼的事件时间,家庭或教师鼓励青少年在学习之余走到户外享受阳光,增加青少年的体育锻炼时间。

---

① 徐州日报.睢宁县庆安镇骑路小学"花式跳绳"受到新华社关注[EB/OL].(2021-02-03)[2022-11-27]. http://www. jrsncn. com/news/2021/0203/389642. html.

第五节　心理时空改造：提升青少年
体质健康促进的内在动力

青少年体质健康促进心理时空的改造主要借鉴健康信念模式、计划行为理论和阶段性变化理论等健康促进理论对青少年的知识、信念、态度、价值观和心理时间进行改造。

一、通过时空改造，提升健康认知

增加我国青少年的健康知识尤其是体质健康知识，是青少年体质健康促进的必要不充分条件。健康知识对青少年体质健康促进行为的形成具有重要作用。青少年健康知识的增加主要通过权力时空、关系时空和信息时空的改造来完成，尤其是信息时空改造中的青少年体质健康教育，其是促进青少年健康知识增加的主要因素。首先，在青少年权力时空改造中明确健康教育尤其是健康课程中包含行为和生活方式、饮食习惯、用眼习惯、作息规律等内容的政策支持。虽然，国家颁布了《体育与健康课程标准》和"学生健康教育"相关规定，但是相关调查显示仍有33.6%的初中生没有接受过健康教育课程。① 因此，增加青少年体质健康促进相关健康教育政策的执行力度，尤其以社会时间（在政策中规定课时数）和实际的实施时间为评价标准，能够有效增加青少年的健康知识。其次，通过对青少年体质健康促进关系空间的改造来促进青少年健康知识的储备。青少年体质健康促进关系时空的改造主要通过增进现有网络成员的支持、发挥以学校为核心的支持作用等来实现。增进现有网络成员对青少年的信息支持，包括对青少年健康知识的传达，同时也包括增加教师、家长等网络成员健康知识的储备，增设教师健康教育培训班以及针对家长的健康教育知识宣讲会等以达到增强网络成员健康

① 朱厚伟，史曙生，申翠梅，等．我国初中生视力的影响因素研究——基于CEPS（2014—2015学年）追访数据的多项Logistic回归模型分析[J]．中国体育科技，2022，58（4）：52-61．

知识储备的效果。此外，应以学校为中心增加青少年体质健康促进网络的凝聚性，以加强对青少年健康教育知识的传递。最后，通过信息空间的改造来实现青少年健康知识的增加，以及青少年健康知识传递渠道的增加。比如，通过晨会、班会、体育与健康课程以及健康促进学校的创建，QQ群、抖音等渠道，扩大青少年体质健康的知识面。青少年体质健康知识在立足于课本教材的同时，还应超脱课本。

二、借助时空改造，增强健康信念

青少年体质健康信念的改变主要基于学习行为理论和认知理论。借鉴健康信念模式，青少年体质健康信念的改变主要包括提高青少年对体质健康水平下降和体质健康问题（肥胖、近视、失眠、抑郁等）带来的威胁和后果的认知，熟知体力活动行为、饮食行为、用眼行为、作息习惯等生命运动节律对青少年体质健康的影响，了解上述行为改变将要付出的代价和所带来的益处。比如，过度肥胖或体质下降带来的身体感知将作为行动线索促进青少年体质健康促进行为的形成。此外，关系空间和信息空间的改造有助于青少年健康信念的增强。在关系网络空间中，关系网络成员对青少年的情感性支持、信息性支持和赞评性支持有助于加强青少年对体质健康问题的认知，增强青少年体质健康促进行为改变的信念，降低或减少青少年对行为改变所要付出代价的恐惧或阻碍，增强青少年的自我效能。

三、通过行为后果评价，转变行为态度

青少年体质健康态度的改变主要基于计划行为理论和整合行为理论。体质健康态度是指青少年对某种体质健康行为存在的一般而稳定的倾向或立场，由每个行为信念乘以相应的结构评价之积的总和作为间接指标。因此，青少年体质健康态度是体质健康信念与相应结构评价的乘积。相关研究指出，体育活动态度对青少年近视的预防具有积极作用。[1]　因此，青少年体质健康态度的改变要基于对青少年体质健康信念

---

① 王炳南，王丽娟，陈如专，等. 儿童青少年身体活动与近视的关系：系统综述和Meta分析[J]. 中国体育科技，2022，58（4）：62-72.

和行为后果评价的改变。青少年体质健康行为后果评价主要是青少年对行为所产生结果或特性的评价，这一评价同样涉及关系空间和信息空间。

四、凭借时空改造，提升健康价值观

青少年价值观的改变与其价值观和行为的选择紧密相联。虽然人们都珍惜自己的生命和健康，但自相冲突的价值观还是相当普遍的。青少年价值观的塑造与关系空间和信息空间有着很大的关联，很多价值观可能是与青少年体质健康促进相违背的。例如，为增加和增强青少年未来的就业机会和就业能力，很多青少年家长或教师以牺牲青少年的体力活动时间、休息时间、饮食时间来换取青少年学习成绩的提高。因此，基于上述现象，需对权力时空、信息时空、关系时空进行改造。首先，在权力时空中，国家政府部门、专职机构应加强对青少年体质健康的重视程度，尤其在相关政策、重要领导讲话以及重要会议中彰显对青少年体质健康的重视。其次，信息时空的改造是在权力空间的支持下，通过网络、报刊、电视、书籍等渠道扩大对青少年体质健康价值观的宣传。最后，关系时空的改造主要通过对青少年关系网络成员的价值观进行改造来影响青少年的价值观。

五、缩短心理时间，增强健康促进信念

青少年心理时间的改造主要是缩短青少年体质健康促进行为的心理时间。很多青少年在参加运动时总会感觉运动时间过于漫长难熬，不利于青少年体质健康信念的形成。通过增加健康教育促进青少年对体质健康促进行为的认知，增强青少年体质健康促进的信念，引导青少年长时间、有规律地进行体质健康促进行为，享受体育健康促进行为给体质健康带来的益处，将有助于改变青少年对体质健康促进行为的心理时间，增强青少年体质健康促进的信念。

第六节　生命时空改造：创新青少年 体质健康促进的行为模式

　　第三层级时空改造主要是对青少年体质健康促进的生命时空进行改造，青少年体质健康促进生命时空改造的主要内容包括体力活动行为、用眼行为、饮食行为、作息行为等方面。从时空的角度分析，青少年体质健康促进的生命时空改造主要可分为两个方向，分别是生命时空延伸和生命时空效益。生命时空延伸是增加青少年生命时空相关行为的时间和空间属性（包括自然属性和社会属性），而生命时空效益则是在有限的生命时空内追求时空的有效性和利用率，最终实现提高效益的目的。

一、生命时空延伸

　　青少年社会实践的过程可简单地分为有利于体质健康的实践和不利于体质健康的实践。青少年体质健康促进生命时空延伸的意义在于调整青少年的时间和空间配比。该配比是青少年体质健康促进的关键，即减少不利于青少年体质健康实践的时间和空间配比，增加有利于青少年体质健康实践的时间和空间配比。在第一层级时空改造和第二层级时空改造的基础上，实现青少年体力活动时间和空间的延伸。首先，第一层级权力时空通过体质健康促进相关政策提供青少年在学校、家庭和社区内的体育活动时间和空间保障，并由专职机构作为主要管理者，有效的运行机制、科学技术和经济作为青少年体力活动行为的权力保障。其次，在第二层级时空改造中，相关体质健康促进知识的传递、体质健康平台的监控以及教师、家长等关系网络成员提供的情感性支持、工具性支持、信息性支持、赞评性支持都在一定程度上影响了青少年的心理时空和体力活动行为的产生。最后，当青少年得到很多由体力活动不足导致的不良后果的认知后，会增加其对体力活动的信念和体育行为的意向，最终达到提高青少年体力活动空间扩展、体力活动时间延长的效果。

　　在第一层级时空改造和第二层级时空改造的基础上，实现青少年用眼行为在时间和空间的延伸。首先,第一层级权力时空通过体质健康促进相关政策控制青少年在学校和家庭内的近距离用眼时间,增加青少年在学校和家庭中的户外远视时间,并由专职机构作为主要管理者,有效的运行机制、科学技术和经济作为青少年用眼行为改变的权力保障。其次,在第二层级时空改造中,相关护眼知识的传递、体质健康平台的监控以及教师、家长等关系网络成员提供的情感性支持、工具性支持、信息性支持、赞评性支持都在一定程度上影响了青少年的心理空间和用眼行为的改变。最后,当青少年在认知上理解了视力不良带来的后果以后,会增加其用眼行为改变的信念和行为意向,最终达到提高青少年远视空间的扩展和远视时间延长的效果。

在第一层级时空改造和第二层级时空改造的基础上,实现青少年饮食行为在时间和空间上的转变。首先,第一层级权力时空通过体质健康促进相关政策规定青少年在学校、家庭和社区内饮食结构的调整和能量摄入,并由专职机构作为主要的管理者,有效的运行机制、科学技术和经济作为青少年饮食行为的权力保障。其次,在第二层级时空改造中,相关体质健康促进知识的传递、体质健康平台的监控以及教师、家长等关系网络成员提供的情感性支持、工具性支持、信息性支持、赞评性支持都在一定程度上影响了青少年的心理空间和饮食行为的改变。最后,当青少年认识到饮食结构不合理和能量摄入过多的后果以后,会增加其调整饮食习惯的信念和行为意向,最终达到改善青少年饮食结构的效果。

二、生命时空效益

青少年的生命时空效益是指在有限的时间和空间内获得更高的时空利用率,从而取得更好的效果和更大的利益。只有提高效益,才能使青少年的体质健康在时间和空间日益紧张的当下得到更好的发展。人的实践活动是有意识和有目的的,它受到人为因素的制约。人的复杂性、活动过程的复杂性和活动方法发展的复杂性导致时空效益结果的复杂性。青少年体质健康促进的关键是实现时空效益的最大化,青少年体质健康促进的目标是促进行为的改变,进而达到健康的目的。而健康行为与健康之间的关系同样受到很多因素的影响。从时空效益的角度来看,将"健康的人"视为"产品"的社会生产,同样可以从投入与产出两个视角进行分析。在健康行为的诸多投入中,时间和空间的投入是最珍贵的投入。从时间的角度来看,任何形式的健康行为都离不开时间,缺乏时间的健康行为是不存在的。因此,健康行为时间的节省就是一种时间效益。从空间的角度来看,空间即健康行为的存在形式,任何健康行为活动都不可能不占据空间。而人类的活动空间是十分有限的,尤其是青少年在学校这种封闭空间中,其行为活动的空间十分有限,如何发挥有限空间的作用,使有限的空间产生最大的效益,这就是青少年体质健康促进追求的时间和空间效果与利益的统一。青少年体质健康促进生命时空效益的增强主要通过改变青少年体质健康促进行为的时间和空间节奏来实现。改变青少年体质健康行为的时间节奏可以通过厘清体质健康促进行为的时序(体质健康促进行为的时序优化,是在一定条件下为达到青少年体质健康促进行为全面、充分、和谐的发展,在若干时序模式中选择最好的模式并付诸实践,例如在体育训练中遵从循序渐进的时间顺序原则)、捕获最佳的体质健康促进行为时机(体育最佳时机的捕获是青少年在心理上对体育活动产生强大的信念和需求,增强在体育活动中的态度和自我效度,实现事半功倍的效果)、调整体质健康促进行为周期(阶段性变化理论指出,行为的促进存在反复性、阶段性和周期性。因此,青少年体质健康促进的变化周期并不是固定的,而是受到周围空间环境的影响而发生变化。需要确立体质健康促进项目活动的目标和任务,研究体质健康促进行为过程的周期形态变化特征,从而设计各种周期的序列结构,预测各种周期的时间)、调控体质健康促进行为节奏(体质健康促进行为周期反映的是体质健康促进行为循环运动的特征,而体质健康促进行为节奏反映的是周期性快慢的特征,比如青少年的作息周期、体力活动的每周活动量、用眼周期等,调节青少年体质健康促进节奏要符合生物节律原则、超前适应原则、相对稳定原则和快慢适应原则)、增加体质健康促进行为密度(密度是指青少年为达到提高体质健康的目的,在单位时间内付出的劳动数量和质量)来实现。提高青少年体质健康促进行为密度就必须确保行为内容与促进项目任务之间的高度统一。在行为学习过程中保持适当的紧张度和积极的学习态度,促使青少年整体协调发展,从而实现青少年体质健康促进生命时空效益的增强。改变青少年体质健康促进的空间节奏需明确体质健康促进行为的目标(包括宏观的促进行为目标、中观的促进行为目标和微观的促进行为目标)、选择有效的组织形式(组织形式的选择应符合青少年的个性特点,能够促进青少年身体素质和心理素质的发展;能够促进青少年体质健康促进项目目标的实现,并确定最佳的促进效果;与学校的教学目标相一致)并结合自然环境(了解并应用热环境、冷环境、日光、空气、水环境、山川森林环境,在不同的自然环境下采取与之相适应的组织或促进形式,例如阳光体育运动等)。青少年体质健康促进的生命时空效益也可通过提高时间和空间的交互作用来实现。青少年体质健康促进生命时空效益的交互作用主要表现为青少年体质健康促进的时空一体化(时空是指任何体质健康促进行为都是时间和空间的有机结合,任何行为都强调时间和空间的高度统一,因为不同行为的时间和空间各有侧重,例如体育运动更注重时间和空间的结合,用眼行为更注重时间,饮食行为更注重空间等。因此,在实际运用中应注意时间和空间的整体性和侧重性)、青少年体质健康行为的时空交叉(时空交叉是指两个或两个以上物体运动路线交叉的现象,青少年体质健康促进行为的时空交叉一方面是青少年个体的身心发展是一条由时间和空间构成的曲线,身心发展的不同阶段其行为学习能力也不同,在合适的时空下进行行为改造和学习能够取得事半功倍的效果;另一方面时空交叉体现在具体的行为过程中,尤其体现在各种体育运动中的接球时机和动作衔接等方面,还表现在饮食行为和用眼行为中,青少年的饥饿时间感知和食物空间分布的时空交叉)、青少年体质健康行为的时空互换(时间和空间存在互换的特性,以时间换取空间、以空间换取时间。例如在体育课堂组织中,如果想要青少年获得更多的体育练习时间,就要通过增加器材设施或者教学场地的空间扩展来实现;又如,如果青少年动作学习较慢,可以通过延长学习时间来实现)。

本章小结

权力时空改造:完善青少年体质健康促进实施路径的顶层设计。我国青少年体质健康促进时空社会学模式的实施路径通过不同层级的时空改造来改变青少年体质健康状况。第一层级以权力时空的改造为主,在空间改造的基础上实现青少年社会结构时间的调整和事件时间的增加。其中,政策权力是驱动力,专职机构是管理者,权力运行机制是运行动力,科学技术是加速反应剂,经济基础是运行保障,时间是权力施展的量化标准。

物质空间改造:统筹青少年体质健康促进的场所使用。青少年体质健康促进的场所设施主要通过体力活动空间的扩展、健康食堂的建设、青少年视觉空间的改造等方面来实现。体力活动空间的扩展是青少年体质健康促进物质空间改造的重要组成部分,体力活动物质空间的扩展包括学校、家庭和社区中的物质空间建设。学校根据自身食堂条件应积极推广建立智慧食堂,针对学生的身体发育状况,提供智能午餐搭配,减少学校、社区、家庭空间中不健康零食和高糖饮料的供给。家庭和社区空间应遵从青少年《推荐的每日膳食营养素供给量标准》搭配早餐和晚餐。青少年视觉空间的改造主要包括青少年印刷品质量、采光照明、眼镜质量、视远空间等方面。

信息时空改造:优化青少年体质健康促进的文化环境。青少年体质健康促进信息时空的改造主要包括健康教育或健康知识的传播、体质健康文化空间或体质健康虚拟空间的塑造和青少年体质健康促进数据平台的建立。健康教育或健康知识的传播主要以青少年获得的活动空间为主要空间,进行健康信息的传递和传播。目前,青少年健康教育或健康知识的传播主要通过学校、社区和家庭实施。青少年体质健康促进信息时空的改造应注重文化空间或虚拟空间的建设,基于知沟理论构建我国青少年体质健康文化空间或体质健康虚拟空间。此外,青少年体质健康促进信息时空的改造还包括青少年体质健康数据平台的不断完善。

关系时空改造:增强青少年体质健康促进的社会支持。关系时空是指由社会主体之间的关系构建的世界,关系空间从地理空间发生发展,其空间内部充斥着各种各样的权力关系、人际关系。我国青少年体质健康促进关系时空的改造主要包括权力关系改造、人际关系改造和事件时间改造。青少年体质健康促进权力关系的改造主要是处理青少年体质健康促进政策实施过程中出现的涉及学生、家长、学校、地方政府和中央政府在内的个体之间和群体之间的权力冲突。青少年体质健康促进关系时间的改造主要是事件时间的改造,事件时间主要是指有起点、终点的时间，例如睡眠时间、休息时间、体育锻炼时间、体育课程时间、户外体育锻炼时间等。

心理时空改造：提升青少年体质健康促进的内在动力。青少年体质健康促进心理时空的改造主要是借鉴健康信念模式、计划行为理论和阶段性变化理论等健康促进理论对青少年的知识、信念、态度和价值观进行改造。增加我国青少年的健康知识尤其是体质健康知识，是青少年体质健康促进的必要不充分条件。健康知识对青少年体质健康促进行为的形成具有重要作用。青少年健康知识的增加主要通过权力空间、关系空间和信息空间的改造来完成。尤其是信息时空改造中的青少年体质健康教育，其是促进青少年健康知识增加的主要因素。青少年心理时间的改造主要是缩短青少年体质健康促进行为的心理时间，增强体质健康促进的信念。

生命时空改造：创新青少年体质健康促进的行为模式。第三层级时空改造主要是对青少年的生命时空进行改造。在第一级时空改造和第二级时空改造的基础上实现对青少年第三层级生命时空的改造，主要包括体力活动行为、用眼行为、饮食行为、作息行为等的改造。从时空的角度分析青少年体质健康促进的生命时空改造，主要可分为两个方向，分别是生命时空延伸和生命时空效益。生命时空延伸增加青少年生命时空相关行为的时间和空间属性，而生命时空效益则是在有限的生命时空内追求时空的有效性和利用率，最终实现提高效益的目的。

研究结论与展望

一、研究结论

中华人民共和国成立以来,全国人民为实现中华民族伟大复兴的中国梦而不断奋斗。尤其是改革开放以来,我国迅速扩大了国家的物质财富规模,推动了社会的全面转型,开辟了现代化模式的多元路径,融合和丰富了世界文明。社会的快速发展也带来了很多社会问题,其中青少年体质健康问题是受到党中央、国务院以及全社会高度关注的问题之一。习近平总书记指出,青少年是国家和民族的未来,少年强则中国强,青少年的健康关系到家庭的幸福和祖国的未来。[①] 随着社会理论的发展,时间和空间是透析现代社会的主要视角。社会时空分析被应用于包括社会学在内的许多社会科学领域。鉴于此,基于时空社会学理论,对我国青少年体质健康促进重新进行考察,构建青少年体质健康促进新模式,为破除青少年体质健康水平持续下降的困境,寻找新的解题思路。

首先,本书探寻了青少年体质健康促进的时空变迁性,挖掘其切合时空社会学理论的学理必要性,并以此明确了青少年体质健康促进时空社会学考察的理论工具和考察要点。其次,通过时空社会学考察剖析我国青少年体质健康状况的时空演变特征及其影响因素的时空转变过程,结合我国青少年体质健康促进政策与实践干预的时空变化,阐明我国青

---

① 人民网.开展全民健身,建设健康中国 习近平总书记一直在关心[EB/OL].(2019-08-07)[2022-12-22]. http://sports. people. com. cn/n1/2019/0807/c14820-31281297. html? ivk_sa=1024320u.

少年体质健康促进面临的现实困境。再次，通过对经典健康促进理论的时空观解析，找出时空社会学视角下青少年体质健康促进的一般规律，为构建新的干预模式提供理论支撑。最后，基于我国青少年体质健康促进的时空考察结果，构建我国青少年体质健康促进的时空社会学模式，并提出相应的实施路径和改革举措。由此，本书得出以下研究结论。

第一，行为改变和环境创建是青少年体质健康促进的核心，代际差异是行为改变和环境变化的主要时空表现。时空压缩和时空延伸是社会时空视角下青少年体质健康促进面临的主要问题。本书进一步明确了时空观、时空特征和超越进化的时空理念是青少年体质健康促进时空社会学考察的理论工具，体质健康状况、影响因素、干预政策和实践以及经典健康促进理论是时空考察要点。

第二，基于时空社会学理论，从社会环境、物质环境、生活方式三个层面对我国青少年体质健康影响因素的时空转变进行考察，并总结青少年体质健康影响因素时空转变的中国特色：社会环境的转变特点是传统性、现代性和后现代性并存，内外部的时空压缩并存且发展不平衡；自然环境的转变特点是城市化进程不断加快和不平衡发展；生活方式的转变特点是时空囚禁、脱域。

第三，从时空社会学的视角，考察青少年体质健康促进政策、实践和困境。本书论述了我国青少年体质健康促进的政策目标、政策主体、互动场所和政策内容的时空改变，将我国体质健康促进实践项目的时空特色总结为：认知时空改造、现实时空拓展、虚拟时空雏形、国际时空延伸和中国特色时空创建。"时间荒"和"空间分异"是我国青少年体质健康促进实践的主要困境。

第四，理论是实践的基础，基于时空社会学理论，对经典健康促进理论的时空观进行考察。时空社会学视角下，个体水平健康促进理论多注重心理空间的改造，人际水平健康促进理论多注重关系空间的改造，社区水平健康促进理论多注重微观社会时空的改造，综合健康促进理论多注重宏观社会时空的改造。但各种健康促进理论的时空观存在一定的局限性，个体水平、人际水平和社区水平的健康促进理论缺乏对整体社会时空的考量，综合健康促进理论缺乏对社会时间的考量。

第五，青少年体质健康促进的时空社会学模式以传统性、现代性和后现代性相统一、普遍与特殊相统一、时空压缩与时空延伸相统一的超越进化为理念定位,通过时空改造达到促进青少年体质健康的目的。本书将青少年体质健康变化归纳为狭义社会和自然时空对生命时空的制约,论述了青少年体质健康促进的关键在于减少不利于青少年体质健康的时间和空间配比,增加有益于青少年体质健康的时间和空间配比,在适度范围内提高有益于青少年体质健康实践的时空效益。

第六,基于时空社会学模式,以学校为代表的封闭时空和以家庭、社区为主的开放时空是青少年体质健康促进的主要互动场所;权力空间、关系空间、信息空间、心理空间、物理空间、结构时间、事件时间、心理时间和生命时空是青少年体质健康促进实施路径的基本要素。此外,本书还提出了青少年体质健康促进实施路径的实施步骤:体质健康状况的时空考察、生命时空考察、狭义社会时空和自然时空考察、干预实施过程、近期效果评价、中期效果评价、远期效果评价。

第七,在时空社会学模式的基础上,本书提出了我国青少年体质健康促进的改革举措:权力时空改造,完善青少年体质健康促进的顶层设计;物质空间改造,统筹青少年体质健康促进的场所使用;信息时空改造,优化青少年体质健康促进的文化环境;关系时空改造,增强青少年体质健康促进的社会支持;心理时空改造,提升青少年体质健康促进的内在动力;生命时空改造,创新青少年体质健康促进的行为模式。

二、研究展望

第一,本书局限于理论模式的构建,缺乏具体干预方案探索。本书研究的重点在于构建我国青少年体质健康促进的时空社会学模式,并提出了青少年体质健康促进时空社会学模式的实施路径。但是,由于缺乏针对某个区域的干预方案,本书的研究从理论模型应用到干预方案还存在一定的距离。

第二,实施路径操作性和可行性仍需进一步实践。本书的研究提出了我国青少年体质健康促进时空社会学模式的实施路径,具体包括权力空间、信息空间、物质空间、关系空间、心理空间、社会时间和生命时空等多个维度,并进行了详细的时空改造阐述。但是,由于缺乏时空社会学模式实施路径践行方案的反馈调节机制,设计的可操作性和可行性还有待检验。为此,后续的研究可利用案例分析、实证研究等方法考察青少年体质健康促进时空社会学模式的运行特征,为推进我国青少年体质健康促进有序发展找寻新的良策。

附　录

相关概念界定

时空观:时间与空间的简略集合名词(时间＋空间),时、空都是绝对概念,是存在的基本属性。时空观是指关于时间和空间的基本观点,它是哲学世界观的重要内容和有机组成部分,是人类在长期的生产活动和生活历史实践过程中形成的。人们对时空的研究主要从客观方面、主观方面、客观和主观综合考察等途径展开。客观方面是以牛顿为代表的绝对时空观和以爱因斯坦为代表的相对时空观;主观方面有康德的唯心主义时空观和胡赛尔的内在时空观;马克思主义则从客观和主观两个方面对时空观念进行了阐述。

时空社会学:社会学研究方式多样、研究范围广泛,社会学研究既包括定性研究也包括定量研究,既关注微观层面的社会行动和人际互动,也注重宏观层面的社会系统和社会结构。时间和空间是界定人类社会发展和人类文明的基本维度。时空问题是社会理论的核心。在国外,时空社会学虽然可以追溯到马克思等经典大师的奠定性贡献,并且在此之后,古尔维奇、列斐伏尔、福柯、哈维以及吉登斯等学者都推动了时空社会学的形成与发展,但是时空社会学的兴起,主要是对当代关于全球化与本土化、中心与边缘、传统与现代性,以及不公平与不平衡等发展问题的挑战作出的理论回应。在国内,面对国家经济快速发展和社会转型,亟需总结中国经验、中国模式,解释中国发展。基于经济全球化下的社会矛盾,特别是对中国崛起的条件和困境的思考和研究,时空社会学得以快速发展。时空社会学是从时间和空间特别是社会时空的特性和视角,运用时空分析方法,研究社会结构和过程的一门分支社会学。简而言之,它是研究社会的空间结构和时间变化的社会学。

社会时空:社会时空可分为广义的社会时空和狭义的社会时空。广义的社会时空是人类实践或劳动的创造物,它作为社会运动的节律,包含生命时空、物理时空和狭义的社会时空三个层面之间的相互制约关系。狭义的社会时空包括劳动时空、社会关系和分工协作。社会时空按照二分法可分为自然时空和狭义社会时空;按照三分法可分为自然时空、生命时空和狭义社会时空。

社会时空分析:从社会主体的角度审视时空的本体论意义,进而将时空的存在理解为社会性的建构,即所谓"社会时空"。时间和空间是现代社会生产和生活的构成性要素,社会时空是构建社会理论的核心范畴,社会时空成为理解现代社会的重要视角和方法。国内关于社会时空的看法主要是:区别于自然时空的社会时空源于社会实践,实践是事物发展的顺序性和持续性,空间是事物存在范围的广延性和伸张性,事物的空间展开对应事物的时间序列发展等。时间和空间不仅仅是理解宏观社会过程和社会制度的逻辑起点,更是分析微观个体和群体日常生活行为的重要工具。社会时间是社会现象的内在因素,它对于形成社会行动、社会生活和社会过程具有构成性意义。

时空压缩:"时空压缩"概念最初是麦肯齐在其1933年出版的《都市社区》一书中提出的。时空压缩表明,现代社会交往的近距离化既是"时间的空间化",也是"空间消灭时间"的过程,进入时空压缩阶段的现代社会具有既集约化又分散化的辩证性质。时空延伸是与时空压缩相对应的概念,是指突破现有时间和空间的限制,实现时间和空间延伸的理论,很多研究将时空压缩与时空延伸相互对应或相互对立。

超越进化:超越进化从批判社会达尔文主义着手,主张社会发展的多元化。超越进化一是超越传统与现代的二元对立,实现两者的结合和统一;二是超越连续性与非连续性的二元对立,实现两者的结合和统一;三是超越普遍性与特殊性的二元对立,实现两者的结合和统一;四是超越时空压缩与时空延伸的二元对立,实现两者的结合和统一。

体质:形态结构(体格、体型、成分、姿态等)、生理功能(呼吸、循环、代谢、感觉、平衡等）、心理因素（自尊自信、协调与应对、幸福满足感等）、身体素质（速度、力量、耐力、灵敏、柔韧等）、适应（自然、社会、心理等）等方面综合的、相对稳定的特征。

体质健康促进："体质健康促进"是本书研究的核心概念，可将其拆解为"体质"和"健康促进"两部分。体质健康促进是健康促进的一部分，对健康促进的定义有很多，但是世界公认的是《渥太华宪章》所下的定义："健康促进是促使人们维护和改善自身健康的过程。"这是一个涵盖社会变迁和政治改革的综合过程，它不仅加强个人的技能和能力，还包括改变社会、环境、经济的条件来减少不健康行为对大众和个人的影响。因此，健康促进是增强人们对健康决定因素的控制能力，从而改善其健康的过程。在 2000 年第五届全球健康促进大会上，世界卫生组织前总干事布伦兰特对健康促进作出了更进一步的阐释："健康促进就是要使人们尽一切可能让他们的精神和身体保持最优状态，宗旨是使人们知道如何保持健康，在健康的生活方式下生活，并有能力作出健康的选择。"①本书的研究借鉴并认同《渥太华宪章》和布伦特兰的观点，对体质健康促进进行定义：体质健康促进是在健康教育的基础上产生的，体质健康促进是促使人们维护和改善自身体质健康的过程，体质健康促进就是要使人们尽一切可能让他们精神和身体的各项维度保持最优状态，宗旨是使人们知道如何保持体质健康，在健康的生活方式下生活，并有能力作出健康的选择。

健康促进模式：模式是主体行为的一般方式，包括科学实验模式、经济发展模式、企业盈利模式等，是理论和实践之间的中介环节，具有一般性、简单性、重复性、结构性、稳定性、可操作性等特征。模式在实际运用中必须结合具体情况，实现一般性和特殊性的衔接并根据实际情况的变化随时调整要素与结构才具有可操作性。健康促进模式则是以促进某一人群的健康为最终目标而制定的主体行为的范本。

---

① 郑频频，史慧静，傅华，等.健康促进理论与实践［M］.上海：复旦大学出版社，2011.

我国青少年体质促进政策一览表

时 间	部门/领导人	类 型	内 容
1949.09.29	政务院	纲领	《共同纲领》第四十八条·提倡国民体育
1949.10.26	冯文彬	报告	《新民主主义的国民体育》
1949.10.26	朱德	讲话	《在中华体育总会筹备会议上的讲话》
1950.06.19	毛泽东	信	致信马叙伦:要各校注意健康第一·学习第二。营养不良·宜酌增经费。
1950.08.20	教育部	标准	《小学体育课程体育暂行标准》(草案)
1951.08.06	中央人民政府政务院	决定	《关于改善各级学校学生健康状况的决定》
1951.01.15	毛泽东	信	第二次致信马叙伦:健康第一·学习第二的方针·我以为是正确的。
1952.06.10	毛泽东	指示	"发展体育运动·增强人民体质"
1952.06.20	中华全国体育总会	章程	《中华全国体育总会章程》
1952.07.20	教育部和国家体委	规定	《学校体育工作暂行规定》
1953.05.03	毛泽东	报告	中国中央政治局会议:"要注意青年健康。对大、中学生要增加助学金。学生健康不好。要增加营养·搞好卫生·减少负担·克服忙乱现象。"
1953.06.30	毛泽东	号召	向青年号召"身体好·学习好·工作好"
1954.01.08	中共中央国务院	指示	《中共中央批转中央体委党组关于加强人民体育运动工作的报告的指示》
1954.01.16	贺龙	报告	《1953 年体育工作报告》
1954.05.01	国家体委	条例	《准备劳动与卫国体育制度》暂行条例

244

续表

时　间	部门/颁导人	类　型	内　容
1954.05.04	三部一委	指示	《关于在中等以上学校中开展群众性体育运动的联合指示》
1954.06.11	三部一委	指示	《关于开展学校保健工作的联合指示》
1954.08.24	两部一委	指示	《关于在全国小学中推行少年广播体操的联合指示》
1954.09.20	全国人大	法律	《中华人民共和国宪法》第94条
1955.07.01	国家体委、共青团中央	指示	《关于在青年中开展国防体育活动的联合指示》
1956.04.03	教育部	通知	《关于1956—1957学年度在中学、师范学校及高等师范学校推行劳动和卫国体育制度的通知》
1956.07.12	教育部	指示	《关于改进小学体育工作的指示》
1956.07.20	教育部	大纲	《小学体育教学大纲》《中学体育大纲》《普通高等学校体育课教学大纲》（草案）
1957.03.05	教育部	通知	《关于1957年学校体育工作的几点意见的通知》
1958.02.27	国家体委	纲要	《体育运动十年发展纲要》
1958.09.01	国家体委	规划	《体育运动十年规划》
1958.10.25	国务院	条例	《劳动卫国体育制度条例》
1959.08.05	共青团中央	指示	《关于更广泛地组织青少年参加体育运动的指示》
1960.04.01	毛泽东	指示	《中共中央卫生工作的指示》
1960.04.06	教育部、卫生部	通知	《关于在各级学校中大搞爱国卫生运动和加强体育运动的通知》

续表

时　间	部门/领导人	类　型	内　容
1960.05.01	中共中央、国务院	指示	《关于保证学生、教师身体健康和劳逸结合问题的指示》
1960.12.01	中共中央、国务院	通知	《关于保证学生、教师身体健康的紧急通知》
1961.02.10	国家体委	意见	《国家体委关于1961年体育工作的意见》
1962.12.05	国家体委	报告	《全国体育工作会议报告》
1963.03.12	国家体委	会议纪要	《1962年全国体育工作会议纪要》
1963.09.12	体育运动委员会	报告	《体育运动委员会关于群众体育工作座谈会的报告》
1964.04.21	国家体委	报告	《1964年全国体育工作会议的报告》
1964.08.19	国务院	报告	《关于中、小学学生的健康状况和改进学校体育卫生工作的报告》
1964.09.09	四部一委	办法	《中小学校保护学生视力减轻学生负担,保证学生健康问暂行办法(草案)》
1965.10.20	教育部	报告	《关于1966年全国体育工作会议的报告》
1966.03.15	国家体委	报告	《1971年体育工作要点》
1974.02.12	国家体委	工作要点	《1971年体育工作要点》
1975.03.26	国务院	条例	《国家体育锻炼标准条例》
1978.01.22	国家体委	会议纪要	《1978年全国体育工作会议纪要》
1978.03.10	教育部	大纲	《十年制小学体育教学大纲》
1978.03.10	教育部	大纲	《十年制中学体育教学大纲》

续表

时　间	部门/颁导人	类　型	内　容
1978.04.12	两部一委	通知	《关于加强学校体育卫生工作的通知》
1978.08.26	两部一委	通知	《关于进行中国青少年、儿童身体形态、机能、素质调查研究的通知》
1978.09.22	教育部	条例	《全日制中学暂行工作条例》(试行草案)
1978.09.22	教育部	条例	《全日制小学暂行工作条例》(试行草案)
1978.09.22	教育部	条例	《全国重点高等学校暂行工作条例》
1979.03.20	国家体委	意见	《关于加强群体工作的意见》
1979.04.29	国家体委、教育部	意见	《关于在学校中进一步试行国家体育锻炼标准的意见》
1979.09.25	两部一委、共青团	纪要	《全国学校体育、卫生工作经验交流会议纪要》
1979.10.05	国家体委、教育部	规定	《高等学校体育工作暂行规定(试行草案)》
1979.10.05	国家体委、教育部	规定	《中、小学体育工作暂行规定(试行草案)》
1979.12.06	教育部、国家体委	规定	《中小学卫生工作暂行规定》
1980.02.08	国家体委	意见	《关于认真贯彻落实全国学校体育卫生工作经验交流会议精神抓好学校体育工作的意见》
1980.08.26	教育部	规定	《高等学校卫生工作暂行规定》(草案)
1981.07.28	教育部	办法	《保护学生视力工作实施办法(试行)》的联合通知
1981.08.18	国家体委	通知	《关于积极推行第六套广播体操的联合通知》

续表

时　间	部门/领导人	类　型	内　容
1982.06.12	教育部	通知	《关于保证中小学学生每天有 1 小时体育活动的通知》
1982.08.27	国家体委	标准	《国家体育锻炼标准》
1983.05.15	国家体委	通知	《《关于进一步加强学校体育工作的意见》等三个文件的通知》
1983.11.09	国家体委、教育部	办法	《国家体委、教育部颁发体育传统项目学校试行办法》
1983.10.28	国务院	通知	《国家体委关于进一步开创体育新局面的请示的通知》
1981.10.05	中共中央	通知	《关于进一步发展体育运动的通知》
1981.12.20	国家体委	意见	《关于加强县体育工作的意见》
1985.03.02	两部一委	通知	《关于中国学生体质、健康调研工作的若干具体问题的通知》
1986.06.09	国家教委	通报	《关于采取措施、加强管理、防止学生意外伤亡事故发生的通报》
1987.07.08	国家体委、卫生部	办法	《关于加强视力保护、全面开展学校卫生保健工作的通知》
1987.09.27	国家体委	办法	《中小学体育合格标准的试行办法》
1987.08.28	国家体委	报告	《全国第二届体育战略发展研讨会议报告》
1987.12.30	国家教委、国家体委	通知	《关于中国学生体质、健康状况调查研究结果和加强学校体育卫生给工作的意见的通知》
1988.01.27	国家教委	意见	关于实施《中学生体育合格标准的试行办法》的意见
1988.02.01	国家教委	通知	关于发出《中小学生近视眼防治工作方案》〈试行〉的通知

续表

时　间	部门/领导人	类　型	内　　容
1988.03.24	国家教委	公报	中国学生体质与健康调查研究公报
1988.08.22	教委、体委、卫生部	报告	《全国学校体育卫生工作会议工作报告》
1989.12.09	国务院	办法	《国家体育锻炼标准施行办法》
1990.02.20	国务院、国家体委	条例	《学校体育工作条例》
1990.05.28	卫生部	条例	《学校卫生工作条例》
1991.09.04	全国人大常务委员会	法律	《中华人民共和国未成年人保护法》
1992.08.06	国家教委	纲要	《全国普通高等学校体育教学指导纲要》
1993.06.05	国家体委	意见	《关于深化体育改革的意见》
1993.06.20	国家体委	意见	《关于培育体育市场加速体育产业化进程的意见》
1993.12.04	国家体委	制度	《社会体育指导员技术等级制度》
1994.06.14	国务院	会议纪要	《第二次全国教育会议纪要》
1994.10.10	国家教委、国家体委、共青团	通知	《关于开展"到阳光下,到操场上,到大自然中去陶冶身心"活动的通知》
1995.06.20	国务院	纲要	《全民健身纲要》
1995.03.04	国家教委	通知	《关于加强学校体育活动中安全教育和安全管理工作的通知》
1995.06.23	国家体委	意见	《关于贯彻〈全民健身计划纲要〉实施"全民健身一二一工程"意见》
1995.09.07	国家教委	流程	《中小学卫生保健机构工作流程》

249

续表

时　间	部门/领导人	类　型	内　容
1995.08.29	全国人民代表大会	法律	《中华人民共和国体育法》
1997.01.22	国家体委	决定	《关于加强体育法制建设的决定》
1999.06.13	国务院	决定	《关于深化教育改革全面推进素质教育的决定》
2000.12.15	国家体育总局	纲要	《2001—2010 年体育改革与发展纲要》
2000.12.15	教育部	纲要	《九年义务教育全日制中小学体育与健康教学大纲（适用修订版）》
2001.02.12	国家体育总局	规定	《国民体质监测工作规定》
2001.05.29	国务院	决定	《国务院关于基础教育改革与发展的决定》
2002.07.22	国务院	意见	《中共中央、国务院关于进一步加强和改进新时期体育工作的意见》
2002.07.04	国家体育总局	办法	《〈国家学生体质健康标准〉实施办法》
2002.08.19	国家体育总局	标准	《学生体质健康标准》
2002.09.01	教育部	标准	《体育与健康课程标准》
2003.06.11	教育部	通知	《关于开展"全国学生体质健康标准推广活动"的通知》
2003.07.04	国家体育总局	办法	《国民体质测定标准施行办法》
2005.01.12	卫生部	通知	《关于印发〈全国健康教育与健康促进工作规划纲要（2005—2010 年）〉的通知》
2006.07.11	国家体局总局	规划	《体育事业"十一五"规划》

续表

时　间	部门/领导人	类　型	内　容
2006.08.31	教育部	公告	《教育部关于 2005 年全国学生体质与健康调研结果公告》
2006.12.20	教育部、国家体育总局	意见	《关于进一步加强学校体育工作切实提高学生健康素质的意见》
2006.12.21	教育部、国家体育总局	通知	《关于开展全国亿万学生阳光体育运动的通知》
2006.12.29	全国人大常委会	法律	修订《中华人民共和国未成年保护法》
2007.10.24	中共十七大	报告	《中国共产党第十七次全国代表大会上的报告》
2007.04.29	教育部	通知	《关于全面启动全国亿万学生阳光体育运动的通知》
2007.05.07	国务院	意见	《中共中央国务院关于加强青少年体质的意见》
2007.10.18	教育部、国家体育总局	通知	《阳光体育与奥运同行冬季长跑活动通知》
2008.05.13	教育部、国家体育总局	办法	《国家学生体质健康标准》实施办法
2008.09.20	教育部、国家体育总局	方案	《第二届全国亿万学生阳光体育冬季长跑活动方案》
2008.12.08	教育部	纲要	《中小学健康教育指导纲要》
2009.10.01	国务院	法规	《全民健身条例》第二十一条至二十三条
2010.02.20	教育部、国家体育总局	通知	关于实施《国家学生体质健康标准》的通知
2010.10.22	国务院办公厅	意见	《关于加快发展体育产业的指导意见》
2011.04.01	国家体育总局	规划	《体育事业发展"十二五"规划》
2011.09.02	教育部	公告	《教育部关于 2010 年全国学生体质与健康调研结果公告》

续表

时 间	部门/领导人	类 型	内 容
2011.07.04	教育部	规定	《切实保证中小学生每天一小时校园体育活动的规定》
2012.09.21	卫生部	规范	《学校卫生监督工作规范》
2012.10.22	国务院	通知	《国务院办公厅转发教育部等部门关于进一步加强学校体育工作若干意见的通知(53号文)》
2012.12.11	教育部	纲要	《中小学心理健康教育指导纲要(2012年修订)》
2013.11.15	国务院	决定	《中共中央关于全面深化改革若干重大问题的决定》
2013.11.20	教育部	制度	《国家学生体质健康标准》测试数据上报制度
2014.03.20	教育部	通知	《关于开展2014年全国学生体质与健康调研工作的通知》
2011.03.26	教育部	计划	《实施中小学心理健康教育特色学校争创计划》
2014.07.7	教育部	标准	《国家学生体质健康标准(2011年修订)》
2014.08.16	习近平	讲话	习近平在南京青奥会开幕式中指出,体育是提高人民健康水平的重要手段,也是实现中国梦、能为中华民族伟大复兴凝心聚气的伟大精神力量
2015.01.13	国务院	意见	《国务院关于进一步加强新时期爱国卫生工作的意见》
2015.03.08	国务院	方案	《中国足球改革发展总体方案》
2015.07.27	教育部	意见	《关于加快发展青少年校园足球的实施意见》
2015.10.12	中央委员会	建议	《中共中央关于制定国民经济和社会发展第十三个五年规划的建议》

续表

时　间	部门/领导人	类　型	内　容
2016.06.05	国务院	意见	《国务院办公厅关于强化学校体育促进学生身心健康全面发展的意见（27号文）》
2016.09.09	体育总局	规划	《青少年体育"十三五"规划》
2016.10.25	国务院	纲要	《"健康中国2030"规划纲要》
2016.10.28	国务院	意见	《国务院办公厅关于加快发展健身休闲产业的指导意见》
2016.11.30	国务院	通知	《国务院关于印发全民健身计划（2016—2020年）的通知》
2017.04.28	国务院	意见	《国务院办公厅关于加强中小学幼儿园安全风险防控体系建设的意见》
2017.09.04	教育部	办法	《学生体质健康监测评价办法》
2017.09.24	教育部	意见	《关于深化教育体制机制改革的意见》
2018.08.28	习近平	指示	共同呵护好孩子的眼睛，让他们拥有一个光明的未来。
2018.08.30	教育部等八部门	方案	《综合防控儿童青少年近视实施方案》
2018.09.10	习近平	讲话	在全国教育大会上强调"要树立健康第一的教育理念，开齐开足体育课，帮助学生在体育锻炼中享受乐趣、增强体质、健全人格、锤炼意志"。
2018.09.29	教育部	办法	《关于2018年落实学生体质健康监测评价办法》
2018.10.12	国务院	意见	《关于建立健全基本公共服务标准体系的指导意见》
2019.05.24	习近平	讲话	"少年强中国强，体育强中国强"
2019.07.15	国务院	意见	《国务院关于实施健康中国行动的意见》

续表

时间	部门/领导人	类型	内容
2019.09.2	国务院	纲要	《体育强国建设纲要》
2020.04.21	习近平	讲话	习近平总书记在考察陕西省安康市平利县老县镇中心小学时说："现在孩子普遍眼镜化，这是我的隐忧。还有身体的健康程度。由于体育锻炼少，有所下降。文明其精神，野蛮其体魄。我说的'野蛮其体魄'就是强身健体"
2020.05.07	中央全面深化改革委员会	意见	《关于深化体教融合促进青少年健康发展的意见》
2020.06.01	习近平	寄语	"刻苦学习知识坚定理想信念努力锻炼强健体魄 为实现中华民族伟大复兴的中国梦时刻准备着"
2020.08.28	教育部等七部门	通知	《全国青少年校园足球人大体系建设行动计划》
2020.08.31	国家体育总局，教育部	通知	《关于印发深化体教融合 促进青少年健康发展意见的通知》
2020.09.22	习近平	讲话	习近平在教育文化卫生体育领域专家代表座谈会上的讲话。建立体育和卫生健康等部门协同，全社会共同参与的运动促进健康新模式。要坚持健康第一的教育理念，加强学校体育工作，推动青少年文化学习和体育锻炼协调发展，帮助学生在体育锻炼中享受乐趣、增强体质、健全人格。
2020.10.15	中共中央办公厅，国务院办公厅	意见	《关于全面加强和改进新时代学校体育工作的意见》

续表

时 间	部门/领导人	类 型	内 容
2020.10.23	国家卫生健康、教育部办公厅、市场监管总局、体育总局、共青团中央、全国妇联	通知	《关于印发儿童青少年肥胖防控实施方案的通知》
2021.04.12	教育部办公厅	通知	《关于加强义务教育学校作业管理的通知》
2021.04.21	教育部办公厅	通知	《关于进一步加强中小学生体质健康管理工作的通知》
2021.07.24	中共中央办公厅、国务院办公厅	意见	《关于进一步减轻义务教育阶段学生作业负担和校外培训负担的意见》
2021.09.03	教育部等五部门	意见	《关于全面加强和改进新时代学校卫生与健康教育工作的意见》
2021.09.27	国务院	通知	《关于印发中国妇女发展纲要和中国儿童发展纲要的通知》
2021.11.02	教育部	通知	《生命安全与健康教育进中小学课程教材指南》
2022.04.18	教育部办公厅	通知	《关于印发〈2022年全国综合防控儿童青少年近视重点工作计划〉的通知》
2022.04.21	教育部	通知	《教育部关于印发义务教育课程方案和课程标准（2022年版）的通知》
2022.06.24	全国人大常委会	法律	《中华人民共和国体育法》
2022.06.30	教育部办公厅	纲要	《〈体育与健康〉教学改革指导纲要（试行）》
2022.07.06	国家体育总局办公厅、教育部办公厅、国家发展改革委办公厅	通知	《关于提升学校体育课后服务水平 促进中小学生健康成长的通知》

参考文献

[1] 布林尼.生态学[M].李彦,译.北京:三联书店,2003:192.

[2] 陈振明,黄强,骆沙舟.政策科学原理[M].厦门:厦门大学出版社,1993.

[3] 东方网.华北雾霾,重化产业是祸首[EB/OL].(2015-12-16)[2022-12-22].https://finance.sina.cn/stock/jdts/2015-12-16/detail-ifxmpnuk1612947.d.html.

[4] 杜发强,樊晶晶.我国青少年学生体质健康致因探析[J].体育与科学,2014,35(3):60-67.

[5] 福柯.规训与惩罚[M].刘北成,杨远缨,译.北京:生活·读书·新知三联书店,2019.

[6] 国家体育总局.2014年全民健身活动状况调查公报[EB/OL].(2015-11-17)[2022-10-17].https://www.sport.gov.cn/n315/n329/c216783/content.html.

[7] 何光华,张艳丽,张敏.渐进多焦点眼镜的不良验配对少年儿童视功能的负面影响[J].中国斜视与小儿眼科杂志,2014,22(4):38-39,4.

[8] 何晓龙,翁锡全,林文弢,等.中国澳门地区4~6年级学童超重/肥胖与步行及住所周边环境因素的关系[J].中国体育科技,2016,52(5):104-111.

[9] 胡潇.当代社会行为方式嬗变的时空关系论[J].天津社会科学,2019(1):29-38.

[10] 胡业瑢,丁枫,周云,等.镇江市润洲区小学生肥胖状况及其影响因素分析[J].中国学校卫生,2010,31(1):23-24.

[11] 黄敬亨.健康教育学[M].北京:科学出版社,2000.

[12] 季浏.增进学生身心健康是我国学校体育发展的根本和方向——学习贯彻习近平总书记在全国教育大会上的重要讲话精神[J].吉首大学学报(社会科学版),2020,41(1):28-37.

[13] 贾英健.马克思社会时空观的实践维度与虚拟转向[J].理论学刊,2013(4):69-76.

[14] 景天魁.底线公平[M].北京:北京师范大学出版社,2009.

[15] 景天魁.时空社会学在中国的兴起[J].西北师大学报(社会科学版),2018,55(2):10-16.

[16] 景天魁.中国社会发展的时空结构[J].社会学研究,1999(6):54-66.

[17] 景天魁.超越进化的发展——"十二五"时期中国经济和社会发展回眸与思考[J].社会学研究,2016,31(2):1-17,241.

[18] 景天魁,何建,邓万春,等.时空社会学:理论和方法[M].北京:北京师范大学出版社,2012.

[19] 卡斯特.网络社会的崛起[M].夏铸九,等,译.北京:社会科学文献出版社,2003.

[20] 乐生龙,陆大江,夏正常,等."家庭—社区—医院—高校"四位一体运动健康促进模式探索[J].北京体育大学学报,2015,38(11):23-29.

[21] 利伯曼.人体的故事[M].蔡晓峰,译.杭州:浙江人民出版社,2017:383.

[22] 林其标,林燕,赵维稚.住宅人居环境设计[M].广州:华南理工大学出版社,2001.

[23] 刘奔.时间是人类发展的空间——社会时一空特性初探[J].哲学研究,1991(10):3-10.

[24] 刘向兵.教育强国的核心要义思考[J].中国人民大学教育学刊,2023(6):12-15,182.

[25] 吕姿之.健康教育与健康促进[M].北京:北京医科大学出版社,2002.

[26] 马克思.黑格尔法哲学批判[M].曹典顺,译.北京:人民出版社,1963.

[27] 马克思,恩格斯. 马克思恩格斯全集(第四十三卷)[M].中共中央马克思恩格斯列宁斯大林著作编译局,译. 北京:人民出版社,1982.

[28] 马克思,恩格斯. 马克思恩格斯全集(第二十六卷)[M].中共中央马克思恩格斯列宁斯大林著作编译局,译. 北京:人民出版社,2014.

[29] 马军,吴双胜. 中国学龄儿童青少年超重肥胖流行趋势分析[J].中国学校卫生,2009,30(3):195-197.

[30] 马晓. 健康教育学[M].北京:人民卫生出版社,2004.

[31] 马小明.不同海拔地区大学生在高原地区体质与健康状况调查研究[J].天津体育学院学报,2004(3):100-108.

[32] 苗艳青.空气污染对人体健康的影响:基于健康生产函数方法的研究[J].中国人口·资源与环境,2008,18(5):205-209.

[33] 彭莉,谢慧松. 城市中学生的营养状况及其与生活时间分配的关系[J].北京体育大学学报,2006(12):1651-1653.

[34] 乔玉成,王卫军.全球人口体力活动不足的概况及特征[J].体育科学,2015,35(8):8-15.

[35] 秦毅妮.国民体质监测中青少年各指标的地域性分析[D].南京:南京师范大学,2013.

[36] 人民网. 开展全民健身,建设健康中国 习近平总书记一直在关心[EB/OL]. (2019-08-07)[2022-12-22]. http://sports.people.com.cn/n1/2019/0807/c14820-31281297.html? ivk_sa=1024320u.

[37] 赛迪网. 2015全国青少年新媒体论坛开幕《中国校园微博发展报告》出炉[EB/OL]. (2015-08-19)[2021-10-22]. https://tech.huanqiu.com/article/9CaKrnJOHB7.

[38] 申亮,陈悦,孙海春.同伴支持对内高班青少年体力活动水平影响的研究——以自我效能感,运动愉悦感作为中介变量[J].体育科学研究,2022,26(6):78-86.

[39] 世界银行数据库. 1999年世界各国GDP数据[EB/OL]. (2020-08-07)[2022-10-22]. https://databank.worldbank.org/.

[40] 施拉姆,波特. 传播学概念(第二版)[M].何道宽,译.北京:中国人

民大学出版社,2010.

[41] 史曙生. 均衡博弈:青少年体质健康促进的生态竞争模式及其实践 [M].南京:河海大学出版社,2019.

[42] 司琦. 体育健康促进研究的行为理论与方法[M].杭州:浙江大学 出版社,2017.

[43] 唐时虎. 体育时空导论[M].长沙:国防科技大学出版社,2006.

[44] 陶应虎. 公共关系原理与实务[M].北京:清华大学出版社,2010.

[45] 王炳南,王丽娟,陈如专,等. 儿童青少年身体活动与近视的关系: 系统综述和 Meta 分析[J].中国体育科技,2022,58(4):62-72.

[46] 王南湜. 社会时空问题的再考察[J].社会科学战线,2009(3): 225-233.

[47] 王雅琴. 探析卡尔·霍夫兰的说服研究[J].东南传播,2008,3 (12):122-123.

[48] 王智勇,瞿佳,周翔天,等.不同颜色簿本和墨水亮度及色度对眼疲 劳影响[J].中国公共卫生,2004(4):113-114.

[49] 吴志建,王竹影,宋彦李青. 我国肥胖青少年运动减肥效果的 meta 分析[J].沈阳体育学院学报,2017,36(3):67-75.

[50] 习近平. 决胜全面建成小康社会 夺取新时代中国特色社会主义伟 大胜利——在中国共产党第十九次全国代表大会上的报告[J].前 线,2017(11):4-28.

[51] 肖子华. 健康第一,学习第二——毛泽东关于解决学生健康问题方 针的背景、内涵和启示[J].人口与社会,2021,37(4):24-34.

[52] 谢辉元. 社会进化论与马克思主义历史哲学观念的递嬗[J].人文 杂志,2018,62(5):7-14.

[53] 新华社. 教育部:中小学生近视率比去年上升 11.7%[EB/OL]. [2022-09-20]. https://www. gov. cn/xinwen/2020-08/27/content _5537954. htm.

[54] 新华社. 习近平近日作出重要指示强调 共同呵护好孩子的眼睛 让他们拥有一个光明的未来[J].思想政治工作研究,2018,35 (9):2.

[55] 新华社. 习近平作出重要指示强调 坚决制止餐饮浪费行为切实培

259

养节约习惯 在全社会营造浪费可耻节约为荣的氛围[EB/OL].
(2020-08-11)[2022-11-21]. https://www.mem.gov.cn/xw/ztzl/
xxzl/202008/t20200811_357448.shtml.

[56] 新华网.习近平主持召开中央全面深化改革委员会第十三次会议
强调 深化改革健全制度完善治理体系 善于运用制度优势应对风
险挑战冲击[EB/OL].[2022-10-27]. https://gov.cn/xinwen/
2020-04/27/content_550677.htm.

[57] 徐美苓.健康传播研究与教育在台湾——"传播"主体性的反思
[J].西南民族大学学报(人文社科版),2007(10):148-153.

[58] 徐雪高,李靖."知沟"假设理论研究综述[J].江汉论坛,2010(5):
141-144.

[59] 徐亚涛.中国儿童青少年身体发育状况及其影响因素的研究[D].
上海:华东师范大学,2019.

[60] 徐州日报.睢宁县庆安镇骑路小学"花式跳绳"受到新华社关注
[EB/OL].(2021-02-03)[2022-11-27]. http://www.jrsncn.com/
news/2021/0203/389642.html.

[61] 颜静.城市小学生课外活动现状的研究[D].长沙:湖南师范大
学,2013.

[62] 营立成,刘迟.社区研究的两种取向及其反思——以为斐迪南·滕
尼斯为起点[J].城市发展研究,2016,23(2):71-77.

[63] 詹晓梅,潘珊珊,陈文鹤.运动干预对肥胖青少年体成分、血脂、胰
岛素抵抗及超敏C反应蛋白的影响[J].上海体育学院学报,2012,
36(6):62-66.

[64] 张明仓.社会时空·科学技术·人的自由——从马克思的视角看
[J].自然辩证法研究,2001(3):57-61.

[65] 张少哲.老年健康不平等的形成机制研究[D].武汉:武汉大
学,2019.

[66] 张绣蕊,王爱芬.心理空间的历史渊源和概念解析[J].教育理论与
实践,2019,39(25):49-53.

[67] 张园,杨剑.基于世界卫生组织健康促进学校架构的学校健康服务
及效果:Scoping 综述[J].中国康复理论与实践,2023,29(7):

791-799.

[68] 赵用强,汤长发,沈红霞,等.有氧运动延缓衰老线粒体 DNA 突变的机制[J].中国组织工程研究与临床康复,2007,11(41):8356-8359.

[69] 郑频频,史慧静,傅华,等.健康促进理论与实践[M].上海:复旦大学出版社,2011.

[70] 中国教育报.文明精神野蛮体魄 培养健康阳光少年[EB/OL].〔2022-10-29〕. paper. jyb/zgjyb/images/2022-06/23/01/ZGJYB2022062301.pdf.

[71] 中国科技网.2020 中国青少年近视防控大数据报告发布[EB/OL].(2020-08-30)〔2021-03-19〕.https://www. stdaily. com/index/kejixinwen/2020-08/30/content_1012515. shtml.

[72] 中国青年报.教育部:到 2025 年再创建 3 万所校园足球特色学校[EB/OL].(2019-07-23)〔2022-12-25〕.https://baijiahao. baidu. com/s? id=1639820759199945623&wfr=spider&for=pc.

[73] 中国青年报.被电子鸦片围困[EB/OL].中国青年报,2018-07-02(11).

[74] 中国青年网.北京晒 2019 年蓝天成绩单:PM2.5 年均浓度再创新低 同比下降 17%[EB/OL].(2020-01-03)〔2021-08-19〕.https://t. m. youth. cn/transfer/index/url/news. youth. cn/gn/202001/t20200103_12160495. htm.

[75] 中国新闻网.北京一学校花 500 万美元建"帐篷馆"防霾[EB/OL].(2014-03-01)〔2021-08-19〕.https://www. chinanews. com/tp/hd2011/2014/03-01/312995. shtml.

[76] 中国学生体质与健康研究组.2014 年中国学生体质与健康调研报告[M].北京:高等教育出版社,2016.

[77] 钟亚平,蒋立兵.多学科视域下青少年体质健康促进的困境与突破[J].体育学刊,2018,25(3):38-43.

[78] 周誉,冯强.北京市西城区高一学生静坐少动行为研究[J].中国运动医学杂志,2018,37(10):833-838.

[79] 朱厚伟.时空社会学视角下青少年体质健康促进模式研究[D].南

京:南京师范大学,2021.

[80] 朱厚伟,史曙生,申翠梅,等.我国初中生视力的影响因素研究——
基于 CEPS(2014—2015 学年)追访数据的多项 Logistic 回归模型
分析[J].中国体育科技,2022,58(4):52-61.

[81] Ajzen I. From intentions to actions: A theory of planned behavior
[M]. Heidelberg: Springer,1985.

[82] Alter C,Hage J. Organizations working together[M]. Newbury
Park, CA: Sage Publications,1993.

[83] Anderson P M,Butcher K E. Childhood obesity: Trends and
potential causes[J]. Future Child,2006,16(1): 19-45.

[84] Annesi J J. Relationship between self-efficacy and changes in rated
tension and depression for 9- to 12-yr.-old children enrolled in a
12-wk. after-school physical activity program[J]. Perceptual and
Motor Skills,2004,99(1): 191-194.

[85] Archer E,Shook R P,Thomas D M,et al. 45-year trends in
women's use of time and household management energy
expenditure[J]. PLoS One,2013,8(2): e56620.

[86] Bandura A. Self-efficacy: Toward a unifying theory of behavioral
change[J]. Advances in Behaviour Research and Therapy,1977,1
(4): 139-161.

[87] Bargh J A,Chen M,Burrows L. Automaticity of social behavior:
Director effects of trait construct and stereotype activation on
action[J]. Journal of Personality and Social Psychology,1996,71
(2): 230.

[88] Barker E,Wright H. One boy's day [M]. New York:
Harper,1951.

[89] Barnes J A. Class and committees in a Norwegian island parish
[J]. Human Relations,1954,7(1): 39-58.

[90] Berkman A M,Brewster A M,Jones L W,et al. Racial
differences in 20-year cardiovascular mortality risk among
childhood and young adult cancer survivors [J]. Journal of

Adolescent and Young Adult Oncology,2017,6(3): 414-421.

[91] Berkman L, Syme S. Social networks, host resistance, and mortality: A nine-year follow-up study of Alameda county residents[J]. American Journal of Epidemiology, 1979,109(2): 186-204.

[92] Bronfenbrenner U. Ecology of the family as a context for human development: Research perspectives[M]. Binghamton: Haworth Pr Inc, 2013.

[93] Bruhn J, Stewart W. The Roseto story: An anatomy of health [J]. Medical Care, 1980, 18(7): 784-785.

[94] Carlson J A, Sallis J F, Conway T L, et al. Interactions between psychosocial and built environment factors in explaining older adults' physical activity[J]. Preventive Medicine, 2012, 54(1): 68-73.

[95] Chang Y K, Liu S, Yu H H, et al. Effect of acute exercise on executive function in children with attention deficit hyperactivity disorder[J]. Arch Clin Neuropsychol, 2012, 27(2): 225-237.

[96] Ding D, Sallis J F, Conway T L, et al. Interactive effects of built environment and psychosocial attributes on physical activity: A test of ecological models [J]. Annals of Behavioral Medicine, 2012, 44(3): 365-374.

[97] Ewing R, Cervero R. Travel and the built environment[J]. Journal of the American Planning Association, 2010, 76(3): 265-294.

[98] Fishbein M, Ajzen I. Belief, attitude, intention, and behavior: An introduction to theory and research [J]. Contemporary Sociology, 1977, 6(2): 244.

[99] Florin P, Mitchell R, Stevenson J. Identifying training and technical assistance needs in community coalitions: A developmental approach[J]. Health Education Research, 1993, 8 (3): 417-432.

[100] Foster L, Nysse L J, Levine J A. Labor saved, calories lost: The energetic impact of domestic labor-saving devices [J]. Obesity Research, 2003, 11(10): 1178-1181.

[101] Galvis V, Lopez-Jaramillo P, Tello A, et al. Is myopia another clinical manifestation of insulin resistance? [J]. Med Hypotheses, 2016, 90 (2): 32-40.

[102] Glanz K E, Lewis F M E, Rimer B K. Health behavior and health education: Theory, research, and practice [M]. San Francisco: Jossey-Bass, 1990.

[103] Gold R S, Miner K R. Report of the 2000 joint committee on health education and promotion terminology [J]. Journal of School Health, 2002, 72(1): 3-7.

[104] Green L W, Kreuter M W. Health program planning: An educational and ecological approach [M]. 4th edition. New York: McGraw-Hill Higher Education, 2005.

[105] He M, Xiang F, Zeng Y, et al. Effect of time spent outdoors at school on the development of myopia among children in China: A randomized clinical trial[J]. JAMA, 2015, 314(11): 1142-1148.

[106] Heaney C A, Israel B A. Social networks and social support[J]. Health Behavior and Health Education: Theory, Research, and Practice, 2008(4): 189-210.

[107] Hochbaum G M. Public participation in medical screening programs: A socio-psychological study[R]. US Department of Health, Education, and Welfare, Public Health Service, Bureau of State Services, Division of Special Health Services, Tuberculosis Program, 1958.

[108] Hochbaum G M, Rosenstock I, Kegels S. Health belief model [R]. Washington DC: United States Public Health Service, 1952.

[109] Hyde R, Vermillion J. Driving quality through Hoshin planning [J]. The Joint Commission Journal on Quality Improvement,

1996，22(1)：27-35.

[110] Janis I，Mann L. Emergency decision making：A theoretical analysis of responses to disaster warnings[J]. Journal of Human Stress，1977，3(2)：35-45.

[111] Jaworska N，Courtright A K，Somma E D，et al. Aerobic exercise in depressed youth：A feasibility and clinical outcomes pilot[J]. Early Interv Psychiatry，2019，13(1)：128-132.

[112] Jin J，Hua W，Xuan J，et al. Effect of outdoor activity on myopia onset and progression in school-aged children in northeast China：The Sujiatun eye care study［J］. BMC Ophthalmology，2015，15(1)：73.

[113] Kalzuny A D，Hernandez S R. Organizational change and innovation[M]// Prochaska J O，Diclemente C C. Health care management：A text in organization theory and behavior. 2nd edition. New York：John Wiley and Sons，1988.

[114] Kasprzyk D，Montaño D，Fishbein M. Application of an integrated behavioral model to predict condom use：A prospective study among high HIV risk groups1[J]. Journal of Applied Social Psychology，1998，28(17)：1557-1583.

[115] Lea A J，Martins D，Kamau J，et al. Urbanization and market integration have strong，nonlinear effects on cardiometabolic health in the Turkana[J]. Sci Adv，2020，6(43)：1430.

[116] Lee Y，Lo C，Sheu S，et al. What factors are associated with myopia in young adults? A survey study in Taiwan military conscripts[J]. Investigative Opthalmology & Visual Science，2013，54(2)：1026.

[117] Lewin K. Intention，will and need[M]. New York：Columbia University Press，1951.

[118] Ludwig D S，Peterson K E，Gortmaker S L. Relation between consumption of sugar-sweetened drinks and childhood obesity：A prospective，observational analysis［J］. Lancet，2001，357

(9255)：505-508.

[119] Luo D，Yan X，Xu R，et al. Chinese trends in adolescent marriage and fertility between 1990 and 2015：A systematic synthesis of national and subnational population data[J]. The Lancet Global Health，2020，8(7)：e954-e964.

[120] Maiman L A，Becker M. The health belief model：Origins and correlates in psychological theory [J]. Health Education Monographs，1974，2(4)：336-353.

[121] Mcdonald N C. Active transportation to school：Trends among U. S. schoolchildren，1969—2001[J]. Am J Prev Med，2007，32(6)：509-516.

[122] Montano D E，Kasprzyk D. Theory of reasoned action，theory of planned behavior，and the integrated behavioral model[J]. Health behavior：Theory，Research and Practice，2015，70(4)：231.

[123] Morgan I，Rose K. How genetic is school myopia? [J]. Progress in Retinal and Eye Research，2005，24(1)：1-38.

[124] Myszkowska-Ryciak J，Harton A，Lange E，et al. Reduced screen time is associated with healthy dietary behaviors but not body weight status among Polish adolescent. Report from the wise nutrition—healthy generation project[J]. Nutrients，MDPI AG，2020，12(5)：1323.

[125] Nilsson A，Bo Andersen L，Ommundsen Y，et al. Correlates of objectively assessed physical activity and sedentary time in children：A cross-sectional study (The European Youth Heart Study)[J]. BMC Public Health，2009，9(1)：322-322.

[126] Papas M A，Alberg A J，Ewing R，et al. The built environment and obesity[J]. Epidemiologic Reviews，2007(29)：129-143.

[127] Pikora T，Giles-Corti B，Bull F C，et al. Physical environmental correlates of walking near home[J]. Medicine & Science in Sports & Exercise，2003，35(5)：65-66.

[128] Pisarski A. Commuting in America III: The third national report on commuting patterns and trends [R]. Washington DC: Transportation Research Board, 2006.

[129] Pontifex M B, Saliba B J, Raine L B, et al. Exercise improves behavioral, neurocognitive, and scholastic performance in children with attention-deficit/hyperactivity disorder [J]. J Pediatr, 2013, 162(3): 543-551.

[130] Poole P P, Gioia D A, Gray B. Influence modes, schema change, and organizational transformation[J]. The Journal of Applied Behavioral Science, 1989, 25(3): 271-289.

[131] Porras J I, Robertson P J. Organizational development: Theory, practice, and research[M]. California: Consulting Psychologists Press, 1992.

[132] Prochaska J O, Diclemente C C. Stages and processes of self-change of smoking: Toward an integrative model of change[J]. Journal of Consulting and Clinical Psychology, 1983, 51(3): 390-395.

[133] Robinson J P. Time, housework, and the rest of life[J]. Journal of Family and Economic Issues, 1996, 17(3-4): 213-229.

[134] Robinson J P, Steven M. Changes in American daily life: 1965 - 2005[J]. Social Indicators Research, 2009, 93(1): 47-56.

[135] Rogers E M. Diffusion of innovations[M]. 5th edition. New York: Free Press, 2003.

[136] Rogers E M. The field of health communication today: An up-to-date report[J]. Journal of Health Communication, 1996, 1(1): 15-23.

[137] Rose K A, Morgan I G, Ip J, et al. Outdoor activity reduces the prevalence of myopia in children[J]. Ophthalmology, 2008, 115(8):1279-1285.

[138] Rose K A, Morgan I G, Smith W, et al. Myopia, lifestyle, and schooling in students of Chinese ethnicity in Singapore and

Sydney[J]. Arch Ophthalmol，2008，126(4)：527-530.

[139] Rosenstock I M，Strecher V J，Becker M H. Social learning theory and the health belief model [J]. Health Education Quarterly，1988，15(2)：175-183.

[140] Rotter J B. Level of aspiration as a method of studying personality：A critical review of methodology[J]. Psychological Review，1942，49(5)：463-474.

[141] Sallis J F，Owen N，Fisher E. Ecological models of health behavior[J]. Health Behavior：Theory，Research，and Practice，2015，5(1)：43-64.

[142] Skimmer B F. Science and human behavior[M]. New York：Simon and Schuster，1965.

[143] Stevens J M，Beyer J M，Trice H M. Assessing personal，role，and organizational predictors of managerial commitment[J]. The Academy of Management Journal，1978，21(3)：380-396.

[144] Tudor-Locke C，Johnson W D，Katzmarzyk P T. Frequently reported activities by intensity for U. S. adults：The American time use survey[J]. Am J Prev Med，2010，39(4)：e13-e20.

[145] Water C. Community building practice [M]//Minkler M. Community organizing and community building for health and welfare. New Brunswick：Rutgers University Press，2004.

[146] Weisdorf J L. From foraging to farming：Explaining the neolithic revolution[J]. Journal of Economic surveys，2005，19(4)：561-586.

[147] Wethington H，Pan L，Sherry B. The association of screen time，television in the bedroom，and obesity among school-aged youth：2007 national survey of children's health[J]. Journal of School Health，2013，83(8)：573－581.

[148] World Health Organization. WHO | global health risks：Progress and challenges [J]. Bulletin of the World Health Organization，2009，87(9)：646.

［149］ Yang B Y，Li S，Zou Z，et al. Greenness surrounding schools and visual impairment in Chinese children and adolescents［J］. Environmental Health Perspectives，2021，129(10):100-106.

［150］ Zimring C，Nicoll J，Nicoll G L，et al. Influences of building design and site design on physical activity：Research and intervention opportunities［J］. American Journal of Preventive Medicine，2005，28(2，Supplement 2)：186-193.

图书在版编目（CIP）数据

时空社会学视角下青少年体质健康促进模式研究 /
朱厚伟著. -- 杭州：浙江大学出版社，2024.5
　　ISBN 978-7-308-24868-6

　　Ⅰ．①时… Ⅱ．①朱… Ⅲ．①青少年－体质－健康教
育－研究－中国 Ⅳ．①G479

中国国家版本馆 CIP 数据核字(2024)第 081692 号

时空社会学视角下青少年体质健康促进模式研究

朱厚伟　著

责任编辑	曲　静
责任校对	朱梦琳
封面设计	周　灵
出版发行	浙江大学出版社
	（杭州市天目山路 148 号　邮政编码 310007）
	（网址：http://www.zjupress.com）
排　　版	浙江大千时代文化传媒有限公司
印　　刷	浙江新华数码印务公司
开　　本	710mm×1000mm　1/16
印　　张	17.25
字　　数	257 千
版 印 次	2024 年 5 月第 1 版　2024 年 5 月第 1 次印刷
书　　号	ISBN 978-7-308-24868-6
定　　价	88.00 元